培根铸魂

"十四五"时期国家重点出版物出版专项规划项目

迈向体育强国之路

中国体育改革与创新发展研究文丛

总 主 编 ｜ 易剑东

副总主编 ｜ 李树旺　龙斌

ON THE WAY
TO A SPORTS POWER

培根铸魂

体育教师核心素养的内涵与培养

尹志华 等　著

北京体育大学出版社

丛 书 总 策 划：赵月华　赵海宁
丛 书 责 任 编 辑：赵海宁
本 册 责 任 编 辑：李光源
本册责任校对：郝　彤
封 面 设 计：刘星逸
版 式 设 计：杨　俊

图书在版编目（CIP）数据

培根铸魂：体育教师核心素养的内涵与培养 / 尹志华等著 . -- 北京：北京体育大学出版社，2024.6.

(迈向体育强国之路：中国体育改革与创新发展研究文丛 / 易剑东总主编). -- ISBN 978-7-5644-4131-9

Ⅰ . G807

中国国家版本馆 CIP 数据核字第 20245WU715 号

培根铸魂——体育教师核心素养的内涵与培养
PEIGEN ZHUHUN——TIYU JIAOSHI HEXIN SUYANG DE NEIHAN YU PEIYANG

尹志华 等 著

出版发行：北京体育大学出版社
地　　　址：北京市海淀区农大南路 1 号院 2 号楼 2 层办公 B-212
邮　　　编：100084
网　　　址：http：//cbs.bsu.edu.cn
发 行 部：010-62989320
邮 购 部：北京体育大学出版社读者服务部 010-62989432
印　　　刷：北京昌联印刷有限公司
开　　　本：710mm×1000mm
成品尺寸：170mm×240mm
印　　　张：21
字　　　数：319 千字
版　　　次：2024 年 6 月第 1 版
印　　　次：2024 年 6 月第 1 次印刷
定　　　价：98.00 元

编写人员名单

（按编写章节排序）

尹志华　　孙铭珠　　万　雪　　张古月

孟　涵　　黄　帅　　贾晨昱　　种静萍

刘嘉欣　　徐丽萍　　刘皓晖　　陈莉林

田　越　　田恒行　　徐　悦

总序

体育强国建设的理论贡献和学术追求

体育强国，对中国人来说至少是一个百年梦想。

早在 1907 年，我国著名教育家张伯苓就提出我国派运动员参加奥运会的设想。

随后的 1908—1909 年，中国大地上流传着著名的"奥运三问"："中国何时派一人参加奥运会？中国何时派一支队伍参加奥运会？中国何时举办奥运会？"

到了 1910 年，在中国历史上第一届全国运动会[1]举办之前，新的"奥运三问"在媒体出现了，其中的第二个问题换成了"何时能于万国运动大会[2]时独得锦标"。

这三个梦想，中国人花了百年才完全实现。

百年前的 1924 年巴黎奥运会，中国曾有四名运动员报名参加网球男子比赛，可惜后来因为种种原因未能如愿。

1928 年，宋如海代表当时的中华全国体育协进会参观了荷兰阿姆斯特丹奥运会。他回国后出版了《我能比呀·世界运动会丛录》，将"Olympia"置换成"我能比呀"，发出了中国人期待在奥运会展露风采的强音。

1932 年美国洛杉矶奥运会上，中国运动员刘长春孤身一人踏上了赛场，成为中国奥运第一人。

1980 年 2 月，中华人民共和国首次派团参加了在美国普莱西德湖举办的第 13 届冬奥会。

1984 年 7 月 29 日，许海峰在美国洛杉矶奥运会射击场上夺得当届奥运会第一枚金牌，国际奥委会主席萨马兰奇亲自颁奖，称这是中国体育史上伟大的一天。

---

[1] 原名"全国学校区分队第一次体育同盟会"，辛亥革命后追认为"第一届全国运动会"。

[2] "万国运动大会"即当时国人对于奥运会的称呼。

2001 年 7 月 13 日，北京成功获得 2008 年奥运会主办权。

大约半年后，杨扬在美国盐湖城举办的第 19 届冬奥会上夺得两枚金牌，实现了中国冬奥会金牌零的突破。

我们的首次夏季奥运会和冬季奥运会之旅都是在美国开启的，金牌零的突破也是在美国实现的，特别是夏季奥运会，首次之旅和金牌零的突破都是在美国洛杉矶。这是一个历史的机缘巧合，似乎也预示着中国人的强国梦的开启和落实。

2008 年 8 月 8—24 日，北京奥运会成功举办，获得了国际奥委会"无与伦比"的评价。2022 年 2 月 4—20 日举行的北京冬奥会，国际奥委会再次给出了完全一样的评价——"truly exceptional"，我们称之为"无与伦比"！

中国的体育强国梦想，从一开始就是在国际环境中自我激励和砥砺前行的产物。我们在与其他国家（或地区）的比较中生发出民族强盛的梦想，我们在屈辱的近代历史中希望通过体育的强大洗刷曾在战争中遭受的屈辱。体育成为中国人强大心灵和强盛梦想的显性承载平台。因为这个平台鲜明、直观、庞大，极易打动人心，也最能凝聚人心。

根据历史记载和旧人回忆，我国最早出现"体育强国"一词应该在 1980 年前后。在中央电视台拍摄的一部体育纪录片中，曾经担任国家体委主任的李梦华亲口坦诚地说："体育强国一词是我提出来的。"

2008 年北京奥运会结束以后，在总结表彰大会上，国家主席胡锦涛在讲话中提出了中国从体育大国向体育强国迈进的战略目标。

2019 年，国务院办公厅发布了《体育强国建设纲要》。

笔者曾经阅读过 20 世纪 80 年代初出版的《体育理论》《体育概论》教材，发现其中已经出现了体育强国建设的指标，包括奥运会金牌总数进入前六名这个硬指标，还有群众体育参与人数比例、人均体育场地面积数、青少年体育成绩达标人数、体育经费占比等指标。这个体育强国的指标，后来还在四个现代化的目标描述中被引用，成为"2000 年的中国体育"中关于中国体育贡献与国家现代化的一个核心表述。

如果说过去提出"体育强国"的概念和口号，代表着我们依托国民经济和社会发展的目标对体育发展提出的要求，那么 2019 年发布的《体育强国建设纲要》则是在我们建设现代化强国的征途中体育与国家同步走向现代化的一个切实而具体的目标。

体育强则中国强，国运兴则体育兴。这句简洁的话语背后，蕴含着体育强国的深刻内涵和深层逻辑。只有在国家经济社会发展处于不断进步的背景下，体育才能获得发展的环境和条件。在国际舞台上，体育的强大往往是国家强盛的重要标志之一。体育强国，必然是先有强国才有强体育，而强体育是展示强国实力的重要标志。这也是体育成为强国标志性力量重要组成部分的应有之义。所以，我们的体育强国建设，包含着两个必然的逻辑进程：体育在国家经济社会发展支撑下逐步强大，进而通过体育的强大昭示和展现国家的强大实力。

《体育强国建设纲要》提出了全民健身、竞技体育、体育产业、体育文化、体育外交五个关键领域逐步发展更好的目标、任务和步骤，开启了中国体育全面实现高质量发展的新征程。

我们来看下具体的表述。

"全民健身更亲民、更便利、更普及"，这是让大众体育走进百姓日常生活的具体要求，是增加群众体育人口和人均体育场地面积乃至体育经费的必然要求，需要我们付出巨大的努力。

"青少年体育服务体系更加健全，身体素养显著提升，健康状况明显改善"，这是国家层面加大对青少年体育投入以取得显著效果的必由之路，展示了对当前我国青少年体育现实加以改变和完善的决心。

"把竞技体育搞得更好、更快、更高、更强"，这是对我国参与国际体育竞争的目标和能力的表述，将"更好"置于"更快、更高、更强"之前，也体现出我们追求中国竞技体育高质量发展和高水平治理的战略目标。

"体育产业更大、更活、更优"，这是我国将体育产业建成国民经济支柱性产业的战略目标的表述，该目标势必要求体育产业规模更大、机制更灵活、效益更优。这不仅可以为体育事业提供强有力的支撑，也可以为国民经济和社会发展作出更大贡献。

"体育文化感召力、影响力、凝聚力不断提高。"体育文化发展是体育事业和体育产业发展的根基和灵魂，指引着体育改革的方向。体育赛事和群众体育活动、体育新闻报道和文化艺术作品等，只有充分发挥感召世人、影响舆论、凝聚人心的功能，才能助推体育强国建设。

"体育对外和对港澳台交往更活跃、更全面、更协调。"体育是举世公认的身体语言和世界语言，体育对外交往是塑造可亲、可敬、可信的中国形象的独特平台。宏大、激越、亲和、直观的体育交往平台是不可替代的对外交往场域。使体育对外交往增加活跃度、拓展影响面、注重协调性是中国建成体育强国的必然要求。

今年1月，笔者有幸参与了国家体育总局政策法规司组织的一次关于构建体育强国建设指标体系的座谈会，其间有机会听取了我国交通运输部一位专家讲解的"交通强国"建设指标体系的构建思路和做法。这次座谈会的召开，也昭示着体育强国建设已经进入了分领域、分阶段、分步骤推进的实质性、全方位谋划与评估的新阶段。

如何分领域和任务、分阶段和步骤建设体育强国，已经成为摆在我们前面的一项具体而切实的使命。

北京体育大学出版社"迈向体育强国之路：中国体育改革与创新发展研究文丛"（以下简称"文丛"）就是在这样的背景下出版的，这是体育文化人对体育强国建设的战略审视、策略思考，更是对中国体育改革和发展实践的理论观照、现实把握。在中国竞技体育，特别是奥运会成绩已经稳定在世界前三名的背景下，我们的文丛首先聚焦在体育强国建设的基础领域：全民健身和青少年体育。这是一次对中国体育基础性、根本性、前提性问题的全面关注，也是一次对体育强国建设奠基性和战略性工程的系统观照。

《使命在肩——我国青少年体育活动促进制度体系研究》的主编肖林鹏教授，目前是北京体育大学管理学院教授、博士生导师，多年来致力于体育管理实践领域的研究和探索，是我国体育公共服务、青少年体育研究学术影响力最大的几位学者之一。他二十多年来深得教育部、国家体育总局等相关部门的信任，主持了一系列关于青少年体育领域的重要研究项目和政策文本的研制，如他先后承接了体育总局青少年体育司"青少年体育活动促进计划"等多项工作性研究项目，主编了《中国青少年体育活动促进发展报告》《中国青少年体育俱乐部发展报告》年度系列等，在我国的青少年体育研究中属于领军型学者。该书着力于我国青少年体育活动促进制度体系的研究，全方位探索社会制度、体育制度和青少年制度的有机整合，力求提炼出支撑我国青少年体育的完整制度元素及其有机互动，为青少年体育活动的全面、深入、普遍开展提供坚实的制度保障。体育强国的根基在青少年，青少年体育是体育强国建设的基础性工程和标志性体现。

《薪火相传——科学计量学视角下我国体育科学学科史研究》一书的作者是王琪教授，现任北京师范大学体育与运动学院副院长、博士生导师，中国高等教育学会体育专业委员会副秘书长、理事，中国教育学会体育与卫生分会理事，教育部普通高校师范类专业认证专家等职。王琪教授长期主要从事体育科学史、学校体育教育、体育教师教育等方面的教学与研究工作，发表了一系列学术界公认的研究成果。该书以科学计量学为研究方法，对1949年以来的体育学科知识流动进行了系统性梳理，从史学视角回顾和归纳了其发展概况、演进阶段、知识特征、流动规模与机制，旨在为中国式现代化建设背景下有序地推进中国特色体育学科体系建设添砖加瓦。习近平总书记曾指出："了解历史、尊重历史才能更好把握当下，以史为鉴、与时俱进才能更好走向未来。"体育强国建设不能缺少对中国体育学科史的探赜，这是由体育学科史自身价值所证明的。当下追溯与挖掘中国体育学科史，总结中国体育学科的历史根源和发展规律，反思中国体育学科在知识流入和知识流出层面上的知识生产模式，可以为未来一段时间内如何围绕中国体育学科基本议题加快构建体育学科体系提供理论参照，也可以为新时代中国体育改革事业持续走向纵深提供历史性支撑。

《培根铸魂——体育教师核心素养的内涵与培养》的作者尹志华教授，现任华东师范大学体育与健康学院教授、博士生导师、博士后合作导师，曾先后担任教育部体育与健康课程标准修订专家组成员兼秘书、教育部体育教师培训课程标准研制组专家、教育部体育与健康教材审查指标研制组专家、教育部全国专业学位水平评估专家等。长期从事体育教师教育、体育课程与教学等方面的教学与研究工作，在体育教师素质与能力研究领域成果丰硕，受到学界的普遍认可，其学术成果具有广泛的社会影响和学术影响。该书基于当前我国核心素养导向体育课程改革的发展趋势，秉持"培养学生体育与健康核心素养的体育教师应该具备相应核心素养"的原则，在系统归纳国内外相关研究的基础上，立足体育教师的核心使命和主要任务，建构了顺应体育教育改革和教育理念更新的体育教师核心素养体系，在内涵阐释和要义明晰的基础上，提出了高水平体育教师核心素养培养的主要策略。学校体育和青少年体育所需要的关键资源之一是高水平的体育师资，这是中国体育强国建设必须补齐的短板。因此，该书的理论价值和现实意义毋庸置疑。

《强国有我——青少年体质健康的社会决定因素及政策应对研究》的作者郇昌店教授，现就职于山东体育学院体育管理学院，教授，教育学博士，硕士研究生导师，兼任中国体育科学学会体育社会科学分会委员、中国体育科学学会青年工作委员会委员。郇昌店教授多年来笔耕不辍，产出了大量高水平的体育学术成果，特别在青少年体育、公共体育服务、体育产业等领域，成果较多，影响较大。该书针对建设体育强国的关键问题，坚持理论与实践相结合，综合运用多学科理论方法，站在健康社会决定因素的视角，关注青少年体质健康的社会决定基础，并讨论了这些因素之间的内在关系，从理论系统性和现实完备性的角度讨论了促进青少年体质健康的公共政策应对问题。体育强国建设的使命之一是为建设健康和谐的社会作出贡献，并在国家经济和社会发展的基础上实现体育事业高质量的发展，该书阐明了青少年体质健康的社会决定因素，提出了政策建议，抓住了体育强国建设的核心问题和关键环节之一，为体育强国建设提供了理论参照与实践指引。

《凝心聚力——全民健身志愿服务心理契约治理研究》的作者夏树花副教授，现为河南师范大学体育学院副院长、硕士研究生导师。在全民健身、志愿服务等研究领域取得了众多优秀成果，出版专著《城市社区体育志愿者服务模式研究》，参编国家级规划教材《体育科学研究方法》第三版和第四版、参编群众体育蓝皮书《中国社会体育指导员发展报告（2016—2020）》等。该书从心理契约的研究视角，结合经济学、心理学、管理学等研究理论，讨论了我国全民健身志愿服务的治理问题。要想做好体育强国建设的广泛深入的持续推进工作，必须做好全民健身事业的一个重要群体——全民健身志愿者的工作，一个关键环节——志愿服务治理的工作，把握好心理特质和契约治理就是有力的抓手。本研究从以往鲜受关注的领域深入开展，探讨我国全民健身公共服务体系建设必须面对的现代化治理长效化的核心问题，具有重要的理论价值和切实的决策价值。

毋庸讳言，此次的五部著作之间的逻辑关系并不严密，也无法覆盖体育强国建设的五个领域。然而，这五部著作分别基于作者团队扎实的研究基础、独特的研究视角、深入的研究方法，既提出了助力体育强国建设的全民健身、青少年体育、体育教育、体育学科方面的重要问题、理论框架、政策建议或思考，也都从自身视角提出了我国体育改革和发展的思路、策略和改革建议，从而推动我国体育强国建设走向深入、理性和持续。

在后续的竞技体育、体育产业、体育文化、体育对外交往等领域，我们将竞争性地选择优秀作品，针对性地遴选优秀学者，聚焦改革和发展的核心问题，推出更多高水平著作，为推动我国的体育强国建设如期完满地实现战略目标和完成主要任务，为建设现代化强国作出新的更大贡献。

巴黎奥运会将于当地时间 7 月 26 日 19∶30（北京时间 7 月 27 日凌晨 1∶30）开幕，成绩已经稳定在世界前三名的中国体育代表团将毫无疑问占据奥运会金牌榜的前列。然而，对于致力于 2035 年建成体育强国的我国来说，通过巴黎奥运会检视我们在国际体育秩序和格局盘整中的战略、国际体育组织决策和管理权力的争取、国际体育事务规则制定和调整中的智慧输出等，将是更加艰难、更加重要的工作。

冀望我们的"文丛"汇入这一潮流，有助于推进我国体育事业的高质量发展和体育治理体系和能力的现代化。

易剑东
2024 年 6 月于瑞士洛桑

前言

  2019 年 8 月，国务院办公厅印发的《体育强国建设纲要》指出："将促进青少年提高身体素养和养成健康生活方式作为学校体育教育的重要内容，把学生体质健康水平纳入政府、教育行政部门、学校的考核体系，全面实施青少年体育活动促进计划。"众所周知，提高青少年身体素养最关键的方式是实施高质量的体育课程。基于此，核心素养导向的课程改革成为当前关注的焦点。

  2014 年 3 月，教育部印发《教育部关于全面深化课程改革落实立德树人根本任务的意见》，提出要"研究提出各学段学生发展核心素养体系，明确学生应具备的适应终身发展和社会发展需要的必备品格和关键能力"，意味着我国正式开始在国家层面推进核心素养相关工作。2022 年 3 月，教育部印发《义务教育课程方案和课程标准（2022 年版）》，则标志着我国基础教育课程改革全面进入核心素养时代。体育与健康核心素养的构建、实施与落实，离不开高质量体育教师的支撑。基于此，探究并培养体育教师的核心素养则成为体育强国、健康中国等新时代背景下体育教师教育发展的重任。

  为了帮助体育教育工作者理解体育教师核心素养，更加清晰地阐述体育教师应该具备的各类素养的内涵及相应培养策略，本书构建了逻辑体系完整的框架结构。首先，在第一章分析了新时代体育教师专业发展的核心素养转向，总体构建了体育教师核心素养的三维结构体系，提出了体育教师核心素养的 12 个维度；其次，在第二章至第十三章，从提出缘由、价值定位、具体构成、现状反思、培养策略等方面，对体育教师应具备的价值观念（制度观、职业观、学生观），必备品格（体育人文底蕴、体育科学精神、体育品德），关键能力（体育运动能力、体育课程领悟能力、体育教学实施能力、课外体育执行能力、体育教研能力、学习与反思能力）等方面的核心素养进行了重点分析。

本书具有以下几个方面的特点：一是以"完整人"的视角系统描绘了新时代具备核心素养的体育教师"画像"，阐释了这幅"画像"各要素背后的原理，是对体育教师长期深入剖析的结果；二是以"全景式"构图的思维指明了新时代体育教师专业发展的要点和方向，有助于读者从主要关注体育教师"操作性"的能力转向更多关注价值观和品格等软实力；三是以"反光镜"的方式为体育教师提供了自身专业发展的"实然样态"和"应然期望"之间的检视机会，能够帮助体育教师通过"清单对照"来促进自身全面成长。

本书是团队集体智慧的结晶，总体设计由尹志华负责，各部分撰写人员如下：前言（尹志华）、第一章（尹志华、孙铭珠）、第二章（万雪、尹志华）、第三章（张古月、尹志华）、第四章（孟涵、尹志华）、第五章（黄帅、尹志华）、第六章（贾晨昱、种静萍）、第七章（刘嘉欣、贾晨昱）、第八章（徐丽萍、贾晨昱）、第九章（刘皓晖、孙铭珠）、第十章（陈莉林、刘皓晖）、第十一章（田越、尹志华）、第十二章（田恒行、孙铭珠）、第十三章（徐悦、尹志华）。最后由尹志华对全书所有章节进行了逐字逐句的仔细统稿。

众所周知，教育是国之大计、党之大计，而教师则是教育大计之基础。在当前高质量体育教师队伍建设已经成为体育教育高质量发展需求的背景下，我们期望本书能为体育教师队伍行政管理者、体育教育研究者、一线体育教师等开展体育教师管理、研究和实践提供启发和借鉴，也期望本书能成为高等学校体育教师、体育专业本科生和研究生学习的参考书籍，以帮助读者更深入地理解体育教师，从而为推动体育与健康课程实施，建设健康中国和体育强国，并进而为培养具备体育与健康核心素养的儿童青少年奠定扎实的人力资源基础。

然而，由于我们的水平和能力有限，加之编写本书的时间较短，书中难免存在许多不足之处，敬请读者批评指正。我们将正视读者所提出的宝贵意见和建议，以便今后对本书进行修订和完善。同时，本书直接或间接地引用了不少专家学者的研究成果中的理论和观点，在此表示衷心的感谢。如若存在未能一一列出或遗漏的参考引用，在此表示歉意。最后，对北京体育大学出版社领导和编辑的辛勤工作和鼎力支持表示最诚挚的谢意！

尹志华

2023 年 10 月

目录

第一章

体育教师核心素养体系构成

2014 年 3 月，教育部印发《教育部关于全面深化课程改革落实立德树人根本任务的意见》，提出："要根据学生的成长规律和社会对人才的需求，把对学生德智体美全面发展总体要求和社会主义核心价值观的有关内容具体化、细化，深入回答'培养什么人、怎样培养人'的问题。教育部将组织研究提出各学段学生发展核心素养体系，明确学生应具备的适应终身发展和社会发展需要的必备品格和关键能力，突出强调个人修养、社会关爱、家国情怀，更加注重自主发展、合作参与、创新实践。"这一文件正式拉开了我国核心素养导向课程改革的序幕。2016 年 9 月，《中国学生发展核心素养》发布；2017 年 12 月，教育部印发《普通高中课程方案和语文等学科课程标准（2017 年版）》，标志着具有中国特色的核心素养体系正式形成。2022 年 3 月，教育部印发《义务教育课程方案和课程标准（2022 年版）》，标志着我国基础教育课程改革（以下简称"新课改"）全面进入核心素养时代。学生发展核心素养和各学科核心素养的形成，从宏观层面和各学科层面很好地回答了"培养什么人"的本质问题。以体育与健康课程为例，核心素养包括运动能力、健康行为和体育品德 3 个方面，即是对学生接受完整的体育与健康课程的教育后应该具备的正确价值观、必备品格与关键能力的整体描述。学科核心素养的发布与落实，无论是理论研究还是实践操作层面都已逐渐成熟。然而，当前面临的问题是，无论核心素养体系多么完善，如果实施体育与健康课程的体育教师不能跟随核心素养时代的新要求转型升级，即自身不具备培养学生核心素养的能力，那么他们将对核心素养导向的基础教育与健康改革产生巨大的阻碍作用[1]。基于此，精准认识新时代体育教师自身应该具备的核心素养及其提升策略，显得尤为急迫。

第一节　新时代体育教师专业发展的核心素养转向

在中华五千多年文明史上，英雄辈出，大师荟萃，这与一代又一代教师的辛勤耕耘是分不开的。教师之重要在于其工作注重塑造灵魂、塑造人，高质量、专业化的教师队伍是社会培养高质量人才的根本。21世纪以来，学校教育的重心已经从知识的传授转向能力提升，进而转向核心素养培养。如前所述，若想要让学生具备核心素养，教师不仅需要熟悉核心素养的培养方式，其自身更要具备相应的核心素养。因此，从"能力到核心素养"是新时代体育教师专业发展的转向。基于此，新时代体育教师专业发展必须要从重视能力转向重视核心素养，具体缘由包括3个方面。

一、体育教师专业发展的终极目标是服务于学生体育与健康学科核心素养的培养

体育教师通过专业发展成为真正的专业人员，这是当代教师教育的普遍观点，但这只是从教师主体而言的，也只是过程目标。实际上，教师专业发展的好坏不能仅以自身专业水平的高低而论，而应该指向学生培养的情况。从当前基础教育体育与健康课程改革的现实需求来看，培养学生的学科核心素养已成为基本要求。过去的教育更加重视知识的传授，但是现在教师还要教会学生了解课堂之外的事物，学会用自己的学习经验去解决复杂的社会问题，并且树立

---

[1] 付凌一，孙铭珠，尹志华.体育教师发展核心素养构建的缘起与现实意义[J].运动精品，2019，38（4）：11-14.

完善的人格，这是社会发展的必然要求。基于此，体育教师专业发展的终极目标必须要定位于培养学生的体育与健康学科核心素养。为了更好地实现体育教师专业发展终极目标的新定位，就必须要将提升体育教师的核心素养作为培养学生学科核心素养的前提和基础。品格只能由品格来塑造，人格只能由人格来培养[1]，这句话形象地阐明了教师核心素养对培养学生学科核心素养的基础性和重要性。

二、能力导向的体育教师专业发展割裂了"专业人员的完整性"

过去，能力导向的体育教师专业发展更加重视体育教师作为专业人员所应具备的各种能力，如教学能力、科研能力、运动训练与竞赛组织能力等。这些能力的确非常重要，也很好地体现了体育教师与普通人在专业层面的差异性。但是，这种仅仅指向能力的专业发展观念在某种程度上割裂了"专业人员的完整性"。一个真正完整的体育教育工作者，仅有超强的专业能力是远远不够的，还应该具备诸如正确的价值观、良好的品性和人格魅力等看不见摸不着却至关重要的素养。比如，一位体育教学技能高超、课余活动组织与训练能力突出的体育教师，如果他存在师德师风问题，那么很显然其并不符合当前人们对体育教师的定位需求。"立德树人"是新时代教育的根本任务，此处所提及的"树人"除了"树学生"之外，同样也包括要"树教师"。因此，未来符合完整要求的体育教师应该从具备能力转向具备核心素养。

三、从数量到质量的新需求更加重视体育教师的核心素养

党的十九大报告明确指出，中国特色社会主义进入新时代，我国社会主要矛盾已经转化为人民日益增长的美好生活需要和不平衡不充分的发展之间的矛盾，党的二十大报告也提出了同样的观点。具体到体育教师，当前我国对体育教师的需

---

[1]　常虎温. 核心素养中的"关键能力"和"必备品格"及对教师教学的启示 [J]. 教育理论与实践，2018，38（20）：53-54.

求已从数量严重缺乏与体育课正常开设需求间的矛盾，转化为高质量体育教师缺乏与优质体育教育需求之间的矛盾。经过改革开放四十多年来的发展，虽然当前在国内一些偏远地区仍存在严重的体育教师结构性缺编情况，但大部分地区体育教师的数量已经基本能够满足教学需求，因而对高质量体育教师的需求已经成为新的诉求。处于满足数量时代的体育教师，定位于符合体育教师基本要求；而处于提高质量时代的体育教师，则必须要具备良好的核心素养。换言之，高质量体育教师必须要具备一些核心的、主要的和关键的要素，这与核心素养所强调的必备品格与关键能力等要素不谋而合。

第二节　体育教师核心素养结构的探索

从前文所述的新时代体育教师专业发展的核心素养转向可知，清晰地描述体育教师应具备的核心素养以及探讨提升方法，是当前课程改革和教师专业发展工作的关键。有学者进一步提出了基于核心素养变革的三大要素是"教师发展核心素养、学科核心素养、学生发展核心素养"[1]。因此，构建教师发展核心素养是未来我国核心素养导向课程改革的关键工作，是新时代确立教师新形象、促进教师自身专业发展和培育学科核心素养的迫切需求[2]。当前，国际上对教师发展核心素养的研究集中于素养要素遴选[3]、指标框架分析[4]，同时对教师应该

[1] 杨志成.核心素养的本质追问与实践探析 [J].教育研究，2017，38（7）：14-20.
[2] 付凌一，孙铭珠，尹志华.体育教师发展核心素养构建的缘起与现实意义 [J].运动精品，2019，38（4）：11-14.
[3] 饶从满.美国"素养本位教师教育"运动再探——以教师素养的界定与选择为中心 [J].外国教育研究，2020，47（7）：3-17.
[4] 王美君，顾銮斋.论国际视野中的教师核心素养 [J].天津师范大学学报（社会科学版），2018（1）：44-50.

具备的一些特定素养，如语言评价素养[1]、健康素养[2]、融合素养[3]等也进行了较为深入的研究；国内学者在宏观层面尝试构建了教师核心素养的模型 [4][5][6][7]，但已有研究较少关注具有学科取向的教师核心素养，这使得其应用的针对性有限。基于此，本节将聚焦特定的体育学科领域，秉持"自下而上"的逻辑起点，在无预设的前提下，采用质性研究方法中的扎根理论（grounded theory），基于收集的资料构建出体育教师核心素养[8]的结构，并对结构中所包含的要素进行解释，从而对体育教师应该具备何种核心素养进行整体刻画 [9]。

一、体育教师核心素养结构探索的程序

（一）资料收集

扎根理论的基本逻辑是从下向上的资料浓缩并建立理论，研究者事先不做出假设，而是直接从资料入手进行归纳、分析。因此，研究者在收集资料时需要保证资料的针对性和有效性。本研究收集的资料包括已发表文献、访谈内容、观察备忘录等。

首先，研究者通过中国知网、科学网（Web of Science）等国内外数据库检

---

[1] COOMBE C，VAFADAR H，MOHEBBI H. Language assessment literacy：what do we need to learn，unlearn，and relearn?[J]. Language testing in Asia，2020，10（3）：1–16.

[2] SØRENSEN K，BROUCKE S V D，FULLAM J，et al. Health literacy and public health：a systematic review and integration of definitions and models[J]. BMC Public Health，2012，12（1）：1–13.

[3] MAJOKO T. Teacher key competencies for inclusive education：tapping pragmatic realities of zimbabwean special needs education teachers[J]. SAGE open，2019，9（1）：2158244018823455.

[4] 刘科 ."以生为本"的教师核心素养：动因、内涵与培养途径 [J]. 中国成人教育，2020（6）：76–80.

[5] 刘丽强，谢泽源 . 教师核心素养的模型及培养路径研究 [J]. 教育学术月刊，2019（6）：77–85.

[6] 王光明，黄蔚，吴立宝，等 .教师核心素养和能力双螺旋结构模型[J].课程·教材·教法，2019，39（9）：132–138.

[7] 王潇晨，张善超 .教师核心素养的框架、内涵与特征 [J]. 教学与管理，2020（3）：8–11.

[8] 在一些文献中，"教师核心素养"和"教师发展核心素养"都在使用，二者实质上是同一个概念。"教师发展核心素养"是为了与"学生发展核心素养"相对应，但很多时候又将"教师发展核心素养"简称"教师核心素养"。基于此，在本书或作者发表的相关研究成果中，"体育教师核心素养"等同于"体育教师发展核心素养"。

[9] 体育教师核心素养结构探索的详细研究过程，可参考《体育教师发展核心素养研究》（尹志华著，华东师范大学出版社 2022 年版）一书的第三章。

索体育教师核心素养相关文献，共获得 271 篇中文文献和 55 篇英文文献。以这些文献资料为来源分析初步概念，并用于解释文中建构的理论体系。

其次，研究者编制了包含 10 个开放性问题的《体育教师核心素养结构访谈提纲》，涉及两个方面：一是核心素养下体育教师发展面临的挑战等问题认知；二是体育教师应具备哪些方面的核心素养。在该访谈提纲编制过程中，研究者征求了 4 位学者的意见，从内容、结构、语句等方面进行了两轮修改；确定了 38 名访谈对象，包括体育教研员 2 名、大学教师 8 名、中小学教师 11 名、职前教师 17 名；主要采用面对面访谈（个人访谈、集体访谈）和笔谈两种形式，访谈结束后对录音进行逐字转录，对笔谈文字进行整理，形成了共约 10 万字的访谈资料。

最后，研究者收集了 2019 年 CCTV-5《我是体育教师》大型综艺节目中来自重庆、江苏、宁夏、浙江、上海、新疆、广东、福建等全国不同地区 14 名体育教师的访谈视频（包括 9 名小学教师、3 名中学教师和 2 名大学教师，涵盖 10 个不同专项），对视频中的画面进行观察，对其中的话语进行记录，以形成观察备忘录。观察备忘录主要用于理论饱和度检验，即为了保证建构的体育教师核心素养结构体系完整，在最后还需要与未使用过的原始资料进行匹配验证，以保证现有结构体系的不断完善，使之逐步接近饱和。

（二）资料分析

扎根理论研究方法（grounded-theory analysis，GTA）由格拉泽（Glaser）和施特劳斯（Strauss）于 1967 年创立，其主要宗旨是在没有理论假设的前提下，直接在原始经验资料的基础上建立理论[1]。即研究者首先通过文献整理和深入访谈来收集原始资料，再对资料进行编码。编码过程包括 3 个步骤：①开放性编码；②主轴性编码；③选择性编码。开放性编码是指将最原始的数据标签化（初步概念化）、概念化和范畴化，从而得到最初的概念或范畴；主轴性编码是指通过将开放性编码得到的各种概念或范畴进行分类与比较，从而提炼出主要概念或

---

[1] 王世权，牛建波. 利益相关者参与公司治理的途径研究——基于扎根理论的雷士公司控制权之争的案例分析 [J]. 科研管理，2009，30（4）：105-114.

主要范畴，即得到"主范畴"；选择性编码是指通过分析主轴性编码得到的不同的主要概念或主要范畴之间的联系，进行持续比较，从而进一步挖掘出能够统领所有概念或范畴的"核心范畴"。本研究借助质性数据分析软件NVIVO（11.0版）对资料进行编码，通过编码过程形成体育教师核心素养不同层级的结构体系。编码结束后，使用观察备忘录与编码结果进行比较，以检验理论是否饱和。

二、体育教师核心素养结构探索结果

（一）开放性编码结果

开放性编码是指研究者在定性资料分析中对概念的初始分类和标注。它包括3个基本过程，即标签化、概念化和范畴化。标签化又称初步概念化，是指研究者将所有原始资料进行归纳、分析、比较，凝练成初步的语句，这些语句之间相对独立，每一条语句表达了某个方面的内涵。概念化是指研究者将标签化形成的语句进行进一步的提炼和浓缩，组合其中相对集中的内容，形成最初的概念。所谓范畴化，是指研究者在概念的基础上，进一步抽绎出带有统整性的范畴，并为范畴命名，这些范畴之间保持独立，但所有范畴下面又包含了所有的概念。在开放性编码过程中，研究者在NVIVO（11.0版）中采用逐句编码的形式，对所有与体育教师核心素养相关的资料进行标签化、概念化和范畴化处理，并凝练其中重复的内容，使其达到饱和状态。

1. 标签化结果

研究者通过对原始资料标签化处理，共获得了307条有关体育教师核心素养的标签化节点（表1-1）。从这些语句可知，体育教师核心素养涉及教学、训练、管理、课程、职业认知、个人发展、研究、学生培养、专业团体、社会联动等方面，比较全面地反映了我国体育教师在核心素养大背景下对自我专业形象的期待。

2. 概念化结果

研究者在大量标签化节点的基础上，逐步进行概念化，即根据一定原则将大量标签化资料加以逐级缩编，用概念来正确反映资料的内容，并把资料记录以及抽象出来的概念打破、揉碎并重新综合的过程（表1-2）。

表1-1 原始资料标签化结果的示例

标签化节点	标签化节点
E1 能够明确不同阶段体育教学的培养目标	E155 能够承担传承体育教学智慧的使命
E2 能够充分挖掘身边的现代信息技术学习资源	E156 能够在个人运动时遵守规则
……	……
E151 广泛地阅读电子书籍	E305 能够主动将立德树人理念与体育教学融合
E152 能够建立终身体育观念	E306 引领学生掌握体育与健康知识
E153 制订有效的训练计划，合理选材，合理分项	E307 掌握引导学生互相沟通的手段
E154 能够策划体育活动	

表1-2 从原始资料到概念化的过程示例

开放性编码 - 概念化	开放性编码 - 标签化	原始资料示例
D23 能够在学校体育工作中与他人进行交流、合作	E121 学会组建团队并合理分工	我觉得我们可以跟其他人，比如说科研人员、体育学科教研员或者是其他的一些骨干老师，一起形成一个科研团队
D42 能够根据情况主动调整自己的专业发展策略与方法	E34 为适应未来社会发展的需要，提前做好准备	所以它一定会越来越受到人们的重视，这也要求我们一定要时刻准备着，不断地提高自身的素养。当机会来临的时候，你就能抓住机遇趁势而上。如果你的能力达不到社会的需求，你就会被淘汰
D37 能够理解与掌握公共卫生健康的原理与思维方法	E18 能够解决教学突发与安全状况	我们是在室外上课，会有很多的突发情况，比如说学生在运动当中摔倒了，如果摔得很厉害，那么我们所具有的急救损伤的这些知识肯定能用得上
D67 能够具备开展体育与健康教学评价的能力	E77 能够洞察学生行为表现与教学评价相关要点	其次是你要在情境当中去发现和感受到你要评价的内容，这也是评价的一个关键点

最终，研究者将 307 条标签化节点进一步概念化抽绎出了 79 条概念。其中，标签化节点条数是指将原始材料所有"参考点"进行合并后总计的节点数量；参考点数字是指原始资料中提取点的数量；材料来源数字是指标签化节点从多少份原始资料中提取（表 1-3）。

表 1-3　307 条标签化节点的概念化结果示例

序号	概念化节点	标签化节点	参考点	材料来源
D1	能够具备坚定地从事体育教师工作的信念	6 条：E42、E164、E263、E288、E114、E229	54	5
D2	能够积极主动地抵制外界对体育教师的污名化	1 条：E33	3	2
……				
D26	能够在学校体育工作中对他人保持文明礼貌和尊重	6 条：E85、E27、E102、E147、E134、E262	7	4
D27	能够在学校体育工作中保持积极乐观的心态	4 条：E129、E254、E58、E22	24	7
……				
D78	能够具备设计课外运动训练计划的能力	2 条：E126、E49	5	3
D79	能够具备设计课外体育活动方案的能力	2 条：E169、E154	3	3
合计		307 条	1154	22

3. 范畴化结果

在完成概念化过程后，下一步就是对概念进行范畴化，即对获得的概念进行分类、比较，提炼出范畴并为范畴命名。按照以上范畴化程序，最终形成了制度观、职业观、学生观、体育人文底蕴、体育科学精神、体育品德、体育运动能力、体育课程领悟能力、体育教学实施能力、课外体育执行能力、体育教研能力、学习与反思能力共 12 个范畴（表 1-4）。

表1-4　79条概念的范畴化结果

范畴化节点	概念化节点
C1　制度观（4）	D10　能够深刻领会并对学校体育相关制度形成正确的认知
	D11　能够了解党和国家颁布的学校体育相关政策与法规文件
	D12　能够积极主动地贯彻落实学校体育相关制度
	D13　能够积极主动地传播学校体育相关制度的精神
C2　职业观（5）	D1　能够具备坚定地从事体育教师工作的信念
	D2　能够积极主动地抵制外界对体育教师的污名化
	D3　能够对体育教师职业价值、意义与作用有清醒的正面认知
	D4　能够对从事体育教师职业感到自豪
	D14　能够尊重与维护体育教师的尊严
C3　学生观（5）	D5　能够理解"立德树人"在学生接受学校体育中的引领作用
	D6　能够主动了解不同学生的个性化体育学习需求
	D7　能够树立"以学生发展为中心"的理念
	D8　能够认识到体育学习对学生人生发展的重大意义
	D9　能够理解与掌握学生的身心发展规律与特点
C4　体育人文底蕴（7）	D15　能够掌握优秀体育人文思想中所蕴含的认识与实践方法
	D16　能够掌握体育艺术领域的知识与方法
	D17　能够掌握古今中外体育人文领域的基本知识和成果
	D18　能够在不同情境中拓展和升华体育美
	D19　能够欣赏体育文化的多样性
	D20　能够具备体育的审美和表达意识

续表

范畴化节点	概念化节点
C4 体育人文底蕴（7）	D21 能够观照学生通过体育而进行的生存、发展与幸福健康
C5 体育科学精神（7）	D31 能够在学校体育工作中尊重既定的事实和证据
	D32 能够在学校体育工作中具备一定的好奇心
	D33 能够在学校体育工作中具备实证与求真务实的态度
	D34 能够用科学思维解决体育与健康问题
	D35 能够引导学生通过学习体育科学知识形成科学思维
	D36 能够理解与掌握体育运动人体科学的原理与思维方法
	D37 能够理解与掌握公共卫生健康的原理与思维方法
C6 体育品德（9）	D22 能够在学校体育工作中遵守相关规则
	D23 能够在学校体育工作中与他人进行交流、合作
	D24 能够在学校体育工作中具备良好的自信心
	D25 能够在学校体育工作中具备较强的责任担当
	D26 能够在学校体育工作中对他人保持文明礼貌和尊重
	D27 能够在学校体育工作中保持积极乐观的心态
	D28 能够在学校体育工作中保持积极进取、超越他人的精神
	D29 能够在学校工作中善于认同和理解他人
	D30 能够在学校工作中诚信、自律
C7 体育运动能力（4）	D43 掌握常见运动项目的原理与方法
	D44 能够掌握常见运动项目的技战术
	D45 能够具备与年龄相适应的体能水平

续表

范畴化节点	概念化节点
C7 体育运动能力（4）	D46 能够具备常见运动项目展示或比赛的能力
C8 体育课程领悟能力（7）	D47 能够主动学习和掌握国家体育与健康课程标准
	D48 能够积极主动地构建一体化的体育与健康课程内容体系
	D49 能够理解与应用国内外主流的体育与健康课程模式
	D50 能够理解和执行地方体育与健康课程方案的要求
	D51 能够理解和掌握国家课程方案对体育课程的要求
	D52 能够具备开发体育与健康校本课程的能力
	D53 能够具备构建体育与健康课程目标体系的能力
C9 体育教学实施能力（11）	D61 能够设置丰富的体育与健康教学情境
	D62 能够开展结构化的体育与健康教学
	D63 能够具备在体育与健康教学中进行运动负荷监测的能力
	D64 能够具备在体育与健康教学中进行安全防护的能力
	D65 能够具备实施体育与健康教学的能力
	D66 能够具备设计各类体育与健康教学计划的能力
	D67 能够具备开展体育与健康教学评价的能力
	D68 能够具备开发与利用体育与健康教学资源的能力
	D69 能够具备管理体育与健康课堂教学的能力
	D70 能够将现代信息技术应用到体育与健康教学中
	D71 能够尝试在体育与健康课程教学中开展慕课、微课和翻转课堂教学

续表

范畴化节点	概念化节点	
C10 课外体育执行能力（8）	D72	能够组织学生有效地开展课外运动训练
	D73	能够指导学校运动队开展运动竞赛活动
	D74	能够顺利推进课外体育活动的实施
	D75	能够带领学校运动队在各类运动竞赛中取得好成绩
	D76	能够积极主动地带领学生开展体育社团活动
	D77	能够具备体育社团活动设计与组织能力
	D78	能够具备设计课外运动训练计划的能力
	D79	能够具备设计课外体育活动方案的能力
C11 体育教研能力（7）	D54	能够主动将体育科研成果运用到学校体育工作中
	D55	能够主动尝试撰写体育科研论文
	D56	能够主动尝试申请体育科研课题
	D57	能够在面对重大危机时主动发挥体育专业的作用
	D58	能够具备体育科研方法与手段
	D59	能够积极主动地发现体育教研工作中存在的问题
	D60	能够掌握常见体育教研活动的程序与方法
C12 学习与反思能力（5）	D38	能够主动参与各类体育相关的学习与培训活动
	D39	能够开展与体育相关的在线学习
	D40	能够清醒地认识自己的优势并反思不足之处
	D41	能够积极主动地学习各类前沿知识、方法与技能
	D42	能够根据情况主动调整自己的专业发展策略与方法

需要说明的是，在对 12 个范畴进行命名时，由于考虑到价值观念具有普适性，即体育教师与其他学科教师的价值观念在学科层面差异不大，主要是身份层面的区别，因此制度观、职业观和学生观这 3 个范畴的命名并未加上"体育"二字。对于必备品格和关键能力而言，体育教师与其他学科教师在学科层面的差异较大，比如体育教师的教学实施能力和化学教师的教学实施能力在本质上就有很大的差别，因此在对其他 9 个范畴命名时加上了"体育"二字，以体现体育本身的特色。而本书第二章至第十三章的章节标题中，均为"体育教师××××"，这是出于统一规范章节标题的考虑，与此处的范畴命名并无本质差异。

（二）主轴性编码结果

主轴性编码是指研究者借由演绎与归纳，通过不断比较的方法将近似的概念或范畴链接在一起的过程。主轴性编码的过程是为了发展主范畴和副范畴，即进一步发展范畴。在主轴性编码环节，研究者通过对不同范畴间的关系进行深入分析和比较，以进一步挖掘出主范畴。本研究根据已提炼的"范畴"，最终形成了价值观念、必备品格和关键能力 3 个主范畴（表 1-5）。其中，价值观念主范畴包括制度观、职业观和学生观 3 个范畴；必备品格主范畴包括体育人文底蕴、体育科学精神和体育品德 3 个范畴；关键能力主范畴包括体育运动能力、体育课程领悟能力、体育教学实施能力、课外体育执行能力、体育教研能力和学习与反思能力 6 个范畴。

表 1-5　12 个范畴的主轴性编码结果

主范畴	范畴化节点	
B1　价值观念	C1	制度观
	C2	职业观
	C3	学生观
B2　必备品格	C4	体育人文底蕴
	C5	体育科学精神

主范畴	范畴化节点
B2 必备品格	C6 体育品德
B3 关键能力	C7 体育运动能力
	C8 体育课程领悟能力
	C9 体育教学实施能力
	C10 课外体育执行能力
	C11 体育教研能力
	C12 学习与反思能力

（三）选择性编码结果

选择性编码是指研究者选择核心范畴，把它系统地和其他范畴予以联系，验证其间的关系，并把概念化尚未发展完备的范畴补充完整的过程。该过程的主要任务包括：①识别出能够统领其他所有范畴的核心范畴；②用所有资料及由此开发出来的范畴、关系等扼要说明全部现象；③通过典范模型将核心范畴与其他范畴联结，用所有资料验证这些联结关系；④继续开发范畴使其具有更细微、更完备的特征。选择性编码中的资料分析与主轴性编码的差别不大，只不过所处理的分析层次更为抽象。根据具体情况，本研究在选择性编码过程中遵循以下原则：一是以体育教师核心素养的历史特点、现实情况与发展趋势作为选择核心范畴的依据；二是核心范畴的选择必须具有真实性、专属性、导向性、美誉性和认同性；三是核心范畴的选择应该坚持"以人为本"，突出体育教师应该具备的核心素养的具体形象。

研究者通过对制度观等12个范畴的继续考察，尤其是对价值观念（B1）、必备品格（B2）和关键能力（B3）这3个主范畴的深入分析，同时结合原始资料记录进行比较，发现可以用体育教师核心素养（A）这一核心范畴来统领其他所有范畴。此外，通过与《中国学生发展核心素养》的内涵进行比较，发现《中国学生发展核心素养》也涵盖了价值观念、必备品格与关键能力 3 个维度。而体育教师核心素养与学生发展核心素养的主要区别是对象不同，各个核心素养的内涵也有所区别，但总体框架较为相似。因此，用体育教师核心素养作为核心范畴来统领所有范畴与概念具有合理性。

基于上述过程，通过标签化→概念化→范畴→主范畴→核心范畴的编码进程，形成了体育教师核心素养的结构体系（图 1–1）。该结构体系包含价值观念、必备品格和关键能力 3 个方面，12 个维度，79 条概念和 307 条语句。

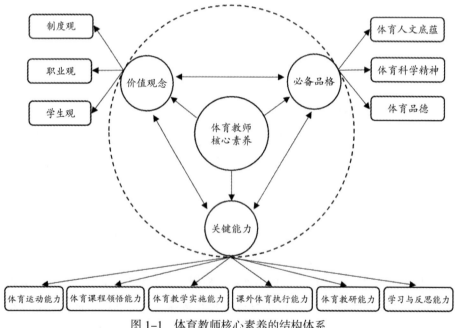

图 1–1 体育教师核心素养的结构体系

（四）理论编码的饱和度检验结果

研究者通过三级编码形成的体育教师核心素养的结构体系具有统整性，建立在大量资料编码基础之上。因此，是否还能进一步在新的资料中抽绎出新的概念和范畴，是判断目前已形成的结构体系是否完备的标准。基于此，本研究以 2019 年 CCTV-5《我是体育教师》大型综艺节目的视频为参照，对 14 名来自全国不同地区体育教师的采访视频文本内容进行了理论饱和度检验，结果显示并未出现新的节点，由此认为编码内容已达饱和。至此，编码过程全部结束，形成的体育教师核心素养的结构体系较为客观、科学。

第三节　体育教师核心素养的三维：价值观念、必备品格、关键能力

当前教师应该具备什么样的核心素养已经逐步引起了关注，而目前全球关于教师核心素养的框架类型主要有二维度说、三维度说、四维度说以及融合说等 [1]。从本章构建的体育教师核心素养的结构体系来看，可对应三维度说，即价值观念、必备品格和关键能力 3 个维度，以及相应的具体表现。

一、体育教师价值观念的内涵

价值观念是人们关于价值的根本观点、根本看法，反映客观事物对于人的意义或价值，是人们基于生存、享受和发展的需要对某类事物的价值以及普遍价值的根本看法，是人们所持有的关于如何区分好与坏、对与错、符合与违背意愿的总体观念，是关于应该做什么和不应该做什么的基本见解，具体包括价值内容、价值规范和价值理想 3 个方面 [2]。价值观念本身有好有坏，因而体育教师应该要秉持正确的价值观念，具体是指所持有的价值内容、价值规范和价值理想应正面、积极向上，符合事实、规律、道理或某种公认的标准。体育教师的价值观念反映了体育教师的基本认知，新时代的体育教师应拥有的价值观

---

[1]　王潇晨，张善超 . 教师核心素养的框架、内涵与特征 [J]. 教学与管理，2020（3）：8-11.
[2]　吴向东 . 论价值观的形成与选择 [J]. 哲学研究，2008（5）：22-28.

念包括 3 个层次，一是制度层次，二是教师自身层次，三是学生层次，可分别概括为制度观、职业观和学生观。

制度观反映了体育教师对新时代党和国家、各级教育行政部门颁布的有关学校体育、课程与教学改革等政策、法规文件的认知与看法。制度的重要性就在于它可以提供正确的激励，使人们发挥创新能力，引导人们沿着正确的方向前进。据不完全统计，近年来约有 40 多份与体育教育相关的制度性文件颁布，如《国家中长期教育改革和发展规划纲要（2010—2020 年）》《关于进一步加强学校体育工作的若干意见》《国务院办公厅关于强化学校体育促进学生身心健康全面发展的意见》《中共中央　国务院关于深化教育教学改革全面提高义务教育质量的意见》《国务院办公厅关于新时代推进普通高中育人方式改革的指导意见》和《教育部办公厅关于开展体育美育浸润行动计划的通知》等。这些文件代表了国家在教育各个方面的顶层设计和发展导向，具有指引性作用。体育教师作为政策、制度的执行者，首先要形成正确认知，深入认识这些政策、制度背后潜藏的内涵，基于自身专业职责提高政治站位；其次，要积极主动地了解和学习政策文件，并在学校体育工作中严格执行和贯彻落实。此外，体育教师不仅自身要形成积极的制度观，还要向学校体育利益相关者普及和传播相关制度，帮助他人形成正确认知，打造有利于制度落实的舆论环境。

职业观反映了体育教师对自身职业的看法，对提升职业认同感起着关键作用。众所周知，体育教师面临着严重的"污名化"困境[1]，大众对体育教师的身份认同不平等，这种固有形象的压迫使得很多体育教师不自信甚至自卑，只将成为体育教师当作养家糊口的途径，甚至时刻准备逃离。已有研究表明，体育教师虽然是教师群体的重要组成部分，但相比其他学科的教师来说往往被边缘化[2]。实际上，这些现象的背后体现了外界对体育教师职业价值不正确的认

---

[1] 张志斌.体育教师污名化的成因、逻辑与自我救赎 [J].体育与科学，2020，41（3）：66-71.
[2] 尹志华，贾于宁，叶静雯，等.成为"社会人"：体育教师社会化的探索与思考——美国普渡大学 Thomas Templin 教授和阿拉巴马大学 K. Andrew Richards 教授跨代际学术访谈录 [J].体育与科学，2019，40（1）：18-27.

知。但在面对这些不正确的体育教师职业观时，大多数体育教师的态度是沉默和自我放任，其根本原因便是缺少职业信念的支撑。职业信念对于改善体育教师污名化状况、促进体育教师发展有着不可忽视的作用。虽然外界的非正确认知是体育教师难以控制和改变的，但体育教师首先要具备正确的职业观，对体育教师职业的重要性、价值与意义有清醒的认知，具备良好的职业精神和职业意识，坚定从事体育教师工作的职业信念。在面对提升青少年身心健康、促进中华民族伟大复兴的历史重任时，体育教师应对自己的职业感到无比自豪；在面对外界的质疑与歧视时，体育教师要敢于维护职业尊严，以高度的责任感和无畏的勇气进行反驳。

学生观则反映了体育教师对"培养什么人"这一关键问题的认知。体育教师的服务对象是青少年学生，其工作职责就是促进青少年健康全面发展。新时代对于学生的体育学习提出了新的要求，体育教师应清醒地认识到当前对于学生的要求不再是学习刻板的知识，而是要通过体育学习的健身育人价值促进学生成为完整的人。学生不再是被动接受体育知识与技能的"机器"，而是主动建构的学习个体，并成为具备学科核心素养的个体。对此，体育教师面对学生时必须要具备"立德树人"的观念，在关注知识传授的同时，更加关注学生在体育学习中的能力和品格发展是否健全，注重在运动中促进学生的人格发展，重视并发挥体育对学生成长的重大价值。在此基础上，体育教师还要分析学生体育与健康课程核心素养培养的要求，主动了解不同年龄、不同学段学生的个性化体育学习需求，深入剖析青少年在身心发展方面的规律性差异，将学生成长作为体育教学工作的出发点和根本归宿。

二、体育教师必备品格的内涵

品格是一个宽泛的概念，不同学科对品格的定义的侧重点也不一样。比如，哲学家认为品格是"普遍确认的那些美德的和谐统一体"[1]；心理学家认

---

[1]　袁桂林.当代西方道德教育理论[M].福州：福建教育出版社，1995.

为品格"一般指人对现实的态度和行为方式中比较稳定的、具有核心意义的个性心理特征"[1]；教育学家认为品格是指"采取与道德相关的行为和发表某些与道德相关的言语，或者说是不采取某些行为或发表某些言语"[2]。基于此，综合各方观点，本文认为品格是个体在与外界互动的过程中体现出来的一种正面向上的稳定特征或表现[3]。对于体育教师而言，需要具备的品格有很多，其应该具备的最核心品格即为必备品格。体育教师核心素养在必备品格方面涵盖了体育人文底蕴、体育科学精神和体育品德 3 个范畴，并分别具有相应的内涵。

体育人文底蕴是指体育教师在学习、理解、运用人文领域知识和技能等方面所形成的基本能力、情感态度和价值取向。此处所说的人文领域主要是指体育人文社会学这一具有体育特定指向的人文领域，但也涉及文史哲等一般性的人文领域。体育人文底蕴主要是从体育教师的人文特质、审美表达等层面描绘体育教师的形象，涵盖体育教师的人文思想、所掌握的人文知识、体育文化浸润、对体育美的理解与升华等要素。体育人文底蕴彰显出对人的尊严、价值、命运的维护、追求和关切，对人类长期形成的各种优秀体育文化的高度珍视，对人的全面健康发展的理想人格的肯定和塑造。但体育教师在体育人文底蕴方面存在缺失现象，对文史哲的学习和优秀文化的了解较少，甚至很多体育教师不积极主动地提升自身的人文素养。因此，新时代的体育教师要大力提升体育人文底蕴，要了解国内外优秀传统体育思想的精华，积累体育人文领域的优秀知识和成果，意识到体育文化的多样性和丰富性，学会对体育艺术进行审美和表达，观照人的生存与幸福。具备体育人文底蕴的体育教师，其所蕴含的情感态度和价值取向将对学生产生正面积极的影响。

体育科学精神是指体育教师在学习、理解、运用科学知识和技能等方面所形成的价值标准、思维方式和行为表现。此处所说的科学知识和技能主要针

[1] 朱智贤. 心理学大辞典 [M]. 北京：北京师范大学出版社，1989.
[2] WYNNE E A. Developing character: transmitting knowledge [J]. Educational leadership, 1984（4）：15-21.
[3] 尹志华. 论核心素养下体育品格与体育品德的关系 [J]. 体育教学，2019，39（12）：4-7.

对体育运动人体科学的知识和技能，但也涉及与体育相关的公共卫生健康、化学、物理和生物等科学知识和技能。体育科学精神要求体育教师要具备相应的科学知识、科学思维和良好的解决问题的能力。具体而言，新时代的体育教师要掌握公共卫生健康、运动人体科学等方面的科学原理与知识，为提升学校体育工作的科学性奠定基础。在当前重大突发公共卫生事件频发的背景下，体育教师对公共卫生健康等方面的知识掌握还不够充分[1]。而这是应对公共健康危机需求下体育教师需要具备的知识，有助于体育教师在健康危机应对中发挥专业的作用[2]。科学思维意味着体育教师要改变冲动、感性等性格特质，要具备冷静、好奇、求真务实等方面的素养，以科学的视角形成思考的习惯。解决问题的能力则要求体育教师能够利用自己所掌握的科学知识和形成的科学思维，仔细分析和思考自身专业发展、学生健康促进等方面的困难，并大胆利用专业素养帮助学生解决问题。

体育品德是指体育教师在处理工作中的各种关系时所形成的情感态度、价值取向和行为方式。体育品德主要是从人际交流合作、责任担当、积极乐观的心态、文明礼貌、尊重他人、遵守规则、诚信自律、自信心、勇于挑战、理解他人等角度体现出的对体育教师的行为准则要求。体育品德更多强调的是体育教师的为人处世，体现在精神激励、伦理规范和品性修养 3 个方面。在精神激励方面，体育教师作为专业工作者和学生成长的引路人，要能够积极进取、勇于担当和敢于超越，以对职业的热情和默默坚守感染和激励他人；在伦理规范方面，体育教师应将长期在运动体验中所形成的公平、诚信、自律等特质发扬光大，成为自信和有责任的担当者；在品性修养方面，体育教师应该具备文明礼貌、乐观开朗、同理心等特质，大力提升修养，成为"体育文明人"。

---

[1] 尹志华，贾于宁，孙铭珠，等 . 新型冠状病毒肺炎疫情下我国高校体育教育专业建设的挑战与治理策略 [J]. 北京体育大学学报，2020，43（3）：142–148.

[2] 尹志华，张古月，孙铭珠 . 关照健康：重大疫情下体育与健康课程面临的挑战、责任和未来转向 [J]. 体育成人教育学刊，2020，36（2）：20–25.

三、体育教师关键能力的内涵

如果体育教师应该具备的价值观念和必备品格还相对比较隐晦，且与其他学科教师在这两个方面应该具备的核心素养具有一定的共通性，那么其应该具备的关键能力则非常外显，具有非常明显的体育学科特色。可以说价值观念和必备品格是新时代体育教师核心素养的"软实力"，而关键能力则是"硬实力"[1]，涵盖了体育运动能力、体育课程领悟能力、体育教学实施能力、课外体育执行能力、体育教研能力和学习与反思能力 6 个范畴，可大致划分为基础能力、实施能力和拓展能力 3 个层次。需要指出的是，这些关键能力在过去大多已经被反复提及，但在新时代更加强调的是这些关键能力与学生学科核心素养培养的结合。

（一）关键能力的基础层

体育教师关键能力的基础层主要是指其应具备的运动能力，这是体育工作从业者独一无二的能力，也是体育教师能够开展教学、训练、竞赛等工作的基础，是体育教师与专业对话的途径。需要指出的是，体育教师应该具备的基础性运动能力不仅仅只是运动项目技术本身，还包括运动原理与方法、体能水平、运动项目的展示和比赛应用能力等方面，是一个综合构成体系。近年来，基于升学、就业各种功利性原因，新入职的体育教师的运动能力越来越薄弱，亟须引起高度重视，否则就偏离了体育教师的工作本质。

（二）关键能力的实施层

体育教师关键能力的实施层主要是指其在课内外学校体育工作中应该具备的操作性能力，这是体育教师的"看家本领"，涵盖了课程领悟、教学实施和课外体育执行 3 个方面。课程作为教学的上位层面，是更加宏观层面的内容体系，很多体育教师聚焦操作性的教学事务，忽视了对课程的领悟，从而使得其工作被窄化和矮化。在核心素养导向的课程改革推进的背景下，体育教师要主

---

[1] 易宏 . "综合实力 = 硬实力^{软实力}" ——软实力和硬实力及综合实力关系的拟数学模型解读 [J]. 中国科技信息，2014（9）：275–276.

动学习国家课程标准的精神，理解国家课程方案和地方课程的要求，在体育课程目标体系构建、一体化课程内容选择与设计、校本课程开发和体育课程模式应用等方面形成深刻的认知，唯有如此才能站在课程层面铸魂育人。教学实施则将体育教师所领悟的课程进一步落地，从而与学生的体育学习直接对接。指向学生学科核心素养培养的体育教学实施，要求体育教师能够设计指向学科核心素养培养的体育教学计划，设置丰富的体育教学情境，开展结构化与统整化的体育教学，主动调控学生的运动负荷，尤其要将计步器、心率监测仪、智能穿戴设备等新工具，视频剪辑、动作轨迹捕捉等现代信息技术手段融入其中，通过慕课、微课和翻转课堂等重构体育教学新形态。总之，针对教学实施，与以往相比，新时代着重强调体育教师要以运动能力、健康行为和体育品德3个方面的学科核心素养为出发点，设计指向学科核心素养培养的各类体育教学计划，开展情境化、结构化、信息化等指向学科核心素养培养的教学实施，对体育课堂教学进行优化管理，以体育学业质量标准为依据开展指向学科核心素养测评的体育学习评价，并能通过开发体育课程资源为学生创造丰富的、复杂的多元体育学习情境，培养学生发现、分析和解决问题的能力。

在课外体育执行能力方面，新时代对体育教师的要求与过去有所差异，将从过去的聚焦学校课余竞技运动训练转向学生核心素养培养的"大课程观"，结合体育与健康课程标准中提出的学科核心素养培养路径，如体育课、健康教育课、课外体育锻炼、体育竞赛活动和体育社团活动，立足于体育课堂教学，通过其他几种途径多角度培养学生的学科核心素养，突破传统的课外体育活动和训练竞赛主要为学校争荣誉、拿成绩和培养体育特长生的思维，转向全方位培养所有学生的运动能力、健康行为和体育品德。总之，由于体育课堂教学时间有限，因此体育教师必须要将大量的课余时间利用起来培养学生的核心素养，即要拓宽对课程范畴的理解。基于此，体育教师要在课外通过体育锻炼、竞赛、社团等丰富多彩的活动，全方位提升学生的核心素养水平。

（三）关键能力的拓展层

体育教师关键能力的拓展层主要是指其开展教研、学习和反思方面的能力，是更加高阶的工作能力。长期以来，很多体育教师满足于完成日常教学工作，不主动开展教研活动，也不主动进行学习反思，工作于教学一线却脱离教学前沿，这不利于其关键能力的升华。其中，体育教研能力要求体育教师要围绕"培养什么人、怎样培养人"的根本问题，以开展教研活动、申报课题、撰写教研论文、钻研教学技巧等为突破点，从体育与健康课程科研与教学的关键问题出发，探讨在面向特定时代问题解决的前提下，如何培养学生的学科核心素养。以教学研究为例，体育教师可以聚焦体育与健康课程中的前沿问题，以研究的视角从设计基于核心素养的体育教学计划、探索基于核心素养的体育教学新方法、开发基于核心素养的体能学练方法、开展"中国健康体育课程模式"实践、思考结构化和关联性的知识和技能的内涵、创新基于核心素养的区域体育教研模式、推动基于核心素养的体育学习评价实践、促进信息技术与核心素养导向课程的融合等角度，深入开展教学研究工作，为学生学科核心素养的培养提供科学依据和指导方案。

学习与反思能力则要求体育教师在认真反思自身的优势和劣势的基础上，主动学习前沿的课程与教学设计、青少年健康促进、人工智能等方面的新知识、新技术与新方法，创新专业发展模式，尤其是要改变学习方式。比如，微信、微博、视频分享等社交媒体的应用普及给体育教师的专业发展带来了巨大挑战[1]，体育教师必须要转变学习观念，通过线上与线下相结合、正式与非正式相结合的方式提升自身核心素养。基于此，体育教师要在已经基本掌握体育科学知识、教育教学知识、体育基础理论知识、卫生保健知识等的基础上，及时根据基础教育体育课程改革的需求，通过持续学习更新自己的知识体系，如在线体育课程设计知识[2]，多媒体、电子白板、智能手机、运动手表、心率监测仪、计步器、加速度计等信息技术手段知识，体育微课、慕课、翻转课堂等的实施知识，运动负荷监测与评定知识，面对重大健康危机时的相关处置知识[3]等，从而保证自身所具

[1]　徐悦，尹志华. 社交媒体应用时代体育教师专业发展面临的挑战、机遇与抉择 [J]. 体育成人教育学刊，2021，37（6）：52−60.

[2]　尹志华. 基于国家课程标准的线上体育课程设计要点解析 [J]. 中国学校体育，2020，39（3）：8−10.

[3]　尹志华，张古月，孙铭珠. 关照健康：重大疫情下体育与健康课程面临的挑战、责任和未来转向 [J]. 体育成人教育学刊，2020，36（2）：20−25.

备的知识符合时代要求。而反思是与学习紧密相连的，良好的反思能力有助于体育教师更好地对自己的学习和工作状态进行审视，善于总结经验，并能够根据不同的情境和自身实际选择或调整学习策略和学习方法等。

四、体育教师核心素养的总体提升策略

（一）国家应在制度层面做好顶层设计

从能力导向到核心素养导向的教师专业发展是以素养为本的新课改的必然趋势，体育教师的专业发展亦是如此。教师发展观的转变，需要国家在制度层面进行宏观引领和方向把控，否则仅靠"自组织"的转换则需要更多的时间。基于此，在面对新时代的新挑战时，国务院和教育部等主管部门应该积极结合新课改的大背景与发展趋势，研制体育教师核心素养体系，在相应的教师队伍建设文件中明确提出未来体育教师的专业发展应该精准指向核心素养，出台相关的政策文件和法规，形成培养体育教师核心素养的制度，帮助各地教育行政主管部门和体育教师自身明晰未来的发展方向，尽快实现体育教师专业发展的转型升级，促使体育教师自身形成良好的核心素养。

（二）地方主管部门应在实践层面做好引导支持

地方教育行政主管部门在体育教师的专业发展中起着实际的引领作用，各地的教育局、体育局等部门和教学研究室应该针对体育教师核心素养的提升开展务实的实践工作，具体包括：依据国家有关教师核心素养培养的顶层设计规划地方体育教师核心素养培养方案，并出台地域性的文件；在各地的国培计划、省培计划等各类体育教师培训项目中，在培训方案设计、课程设置、具体实施和效果评估与反思等环节将体育教师核心素养的要求予以渗透，全方位搭建体育教师核心素养提升的载体；各地在体育教师职称评聘、评优评奖、岗位晋升等工作中，明确提出体育教师核心素养的相关要求，从而通过"以评促进、以评促建、以评促强"的方式倒逼体育教师提升自己的核心素养；有意识地在各地体育科研课题申报、体育教师基本功大赛、教学比武和教学展示等活动中

体现体育教师核心素养的要求。

（三）体育教师应在个体层面主动学习

新时代对体育教师的要求是不断变化的。体育教师要善于根据时代和学生的需求调整自己的学习重心，通过主动学习的方式提升自己的核心素养。具体而言，一方面，体育教师要加强理论学习，系统掌握基于核心素养的新课改所涉及的国家政策、课程标准、具体教学要求等，充分利用当前容易获取资源的优势，通过线上、线下、线上线下混合等多种方式阅读有关核心素养的书籍和文献，加强自身的理论储备，提高文化修养；另一方面，体育教师应该主动参与到基于核心素养的体育教育工作中去，如通过教学实践、课题引领、校本研修等多种方式，为自身寻找提升核心素养的平台和载体，强化对核心素养的理解，提升核心素养水平。总之，新时代体育教师核心素养的提升不会自动实现，需要广大体育教师下苦功夫，从而实现快速转型。

第二章

体育教师制度观

制度与人的关系一直以来都是人文社会科学研究与关注的焦点。在学校体育领域，体育教师受学校体育制度的指引、规训，又能够反作用于制度。制度观是体育教师在价值观念方面应该具备的核心素养之一，体育教师能否形成正确的制度观在一定程度上决定着其能否在学校体育制度中发挥自身的重要作用。为此，本章重点在于论述作为体育教师核心素养之一的体育教师制度观的内涵与培养策略。

第一节　体育教师制度观的内涵

制度观主要强调体育教师对学校体育制度的认识、理解及态度等，是体育教师核心素养的重要组成部分。本节将从体育教师制度观的提出缘由、价值定位和具体构成 3 个方面进行阐述。

一、体育教师制度观的提出缘由

（一）新时代国家在制度建设层面颁布了大量学校体育政策

改革开放以来，我国学校体育工作稳步推进，在体育课程教学、课余体育训练、课外体育活动与竞赛等多方面的综合改革都取得了显著成就。尤其是党的十八大以来，以习近平同志为核心的党中央高度重视学校体育工作，把深化学校体育改革作为落实教育立德树人根本任务的重大举措，学校体育再一次进入历史的新时期和发展的新阶段，各项工作的改革步伐明显加快。2012 年，国务院办公厅转发了教育部等部门《关于进一步加强学校体育工作的若干意见》，对学校体育工作做了新的部署和规划。2014 年，教育部印发了《学生体质健康监测评价办法》《中小学校体育工作评估办法》《学校体育工作年度报告办法》3 个文件，加快了推进学校体育评价体系建设的步伐。2016 年，国务院办公厅印发了《国务院办公厅关于强化学校体育促进学生身心健康全面发展的意见》，针对学校体育存在的问题提出了改进建议，进一步推动学校体育改革深化发展。2017 年 12 月，教育部印发《普通高中体育与健康课程标准（2017 年版）》，提出培养学生运动能力、健康行为、体育品德 3 个方面的体育与健康学科核心素养。2020 年，《关于深化体教融合　促进青少年健康发展的意见》《关于全面加强和改进新时代学校体育工作的意见》等文件先后出台，对新时代学校体育工作进行了再部署和再设计。2022 年 3 月，教育部印发了《义务教育体育与健康课程标准（2022 年版）》，进一步明确了新时代我国义务教育阶段体育与健康课程发展的要求。此外，2022 年修订的《中华人民共和国体育法》（以下简称《体育法》）还从法律层面规定了学校体育相关制度要求。

近年来，党和国家颁布的多个重要文件揭示了新时代学校体育工作仍面临着很大挑战，而体育教师肩负着持续深化学校体育改革的重大责任，必须对学校体育改革方向有清晰的认知，对学校体育改革政策有正确的理解，只有这样才能够保证学校体育改革稳步推进。因此，在新时代，国家在制度层面连续颁布多项重要政策文件，这对于促使体育教师形成正确价值观具有重大意义，也有利于国家制度在学校体育工作中的落实。

（二）体育教师制度观是落实党和国家政策的重要保障

2018 年 1 月，《中共中央　国务院关于全面深化新时代教师队伍建设改革的意见》发布，提出要"造就党和人民满意的高素质专业化创新型教师队伍，落实立德树人根本任务，培养德智体美全面发展的社会主义建设者和接班人，全面提升国民素质和人力资源质量"。同年 2 月，教育部等 5 部门印发《教师教育振兴行动计划（2018—2022 年）》，提出要"采取切实措施建强做优教师教育，推动教师教育改革发展，全面提升教师素质能力，努力建设一支高素质专业化创新型教师队伍"。2019 年 11 月，教育部等 7 部门印发《关于加强和改进新时代师德师风建设的意见》，提出要"把师德师风作为评价教师队伍素质的第一标准，将社会主义核心价值观贯穿师德师风建设全过程"。此外，习近平总书记也对新时代教师队伍建设提出了相关重要论述（表 2-1）。

表 2-1　习近平总书记关于新时代教师队伍的相关论述

关键词	出处
四个引路人	做学生锤炼品格的引路人，做学生学习知识的引路人，做学生创新思维的引路人，做学生奉献祖国的引路人
"四有"好老师	全国广大教师要做有理想信念、有道德情操、有扎实知识、有仁爱之心的好老师
四个相统一	坚持教书和育人相统一，坚持言传和身教相统一，坚持潜心问道和关注社会相统一，坚持学术自由和学术规范相统一
大先生	教师不能只做传授书本知识的教书匠，而要成为塑造学生品格、品行、品味的"大先生"
筑梦人	今天的学生就是未来实现中华民族伟大复兴中国梦的主力军，广大教师就是打造这支中华民族"梦之队"的筑梦人
奋进者、先行者、引导者	牢记使命、不忘初衷，扎根西部、服务学生，努力做教育改革的奋进者、教育扶贫的先行者、学生成长的引导者
信仰者、实践者	要坚定信念，始终同党和人民站在一起，自觉做中国特色社会主义的坚定信仰者和忠实实践者
工程师、传承者	教师是人类灵魂的工程师，是人类文明的传承者，承载着传播知识、传播思想、传播真理，塑造灵魂、塑造生命、塑造新人的时代重任
经师、人师	培养社会主义建设者和接班人，迫切需要我们的教师既精通专业知识、做好"经师"，又涵养德行、成为"人师"，努力做精于"传道授业解惑"的"经师"和"人师"的统一者
教育家精神	教师群体中涌现出一批教育家和优秀教师，他们具有心有大我、至诚报国的理想信念，言为士则、行为世范的道德情操，启智润心、因材施教的育人智慧，勤学笃行、求是创新的躬耕态度，乐教爱生、甘于奉献的仁爱之心，胸怀天下、以文化人的弘道追求，展现了中国特有的教育家精神

由此可见，无论是党和国家颁布的与教师相关的政策文件，还是习近平总书记关于新时代教师队伍的相关论述，都从制度层面对未来教师队伍建设做出了顶层设计。对于体育教师而言，这一系列政策文件就像在给体育教师画像，需要体育教师全方位提升自身的核心素养，才能满足学校体育制度对体育教师的高要求。如果体育教师未形成正确的制度观，可能会导致对制度执行不到位，从而难以跟上学校体育制度要求的步伐。实际上，体育教师制度观这一核心素养是发展其他核心素养的基本前提，是深刻贯彻和落实党和国家相关政策文件的重要保障。

（三）体育教师对学校体育制度内涵的领悟有待加强

近年来，随着各行政部门的强力推进，我国学校体育制度实施在较短时间内取得了丰硕的成果。但作为改革具体实践者的体育教师在当前却仍然存在制度执行动力不足等问题，根源之一就在于缺乏正确的制度观，对学校体育制度内涵的领悟有待加强，对课程改革精髓与要义的理解不深刻，难以根据新课改的要求和学生的特点进行教学改革，对"培养什么人、怎样培养人、为谁培养人"等关键问题未能形成较明确的认知。体育教师作为学校体育制度的执行主体之一，如果对制度内涵领悟不深，可能会导致一系列"连锁反应"，如对自身职责的定位不明晰，对"如何教、教什么"以及"何为主、何为辅"的认识与学校体育改革目标、内容存在较大偏离等。实践证明，没有基层实践者的充分响应，没有体育教师主体意识的觉醒和积极参与行动，学校体育改革可能会遇到不少困境[1]。广大体育教师也许会迫于压力做出一些象征性的应对姿态，但实际上并不能有效地调动他们的改革激情，也难以改变他们长期以来形成的行为模式。只有体育教师自身具备正确的制度观，才能够有效解决学校体育改革中"先进理念"与"现实实施"之间存在的"两张皮"问题，才能让体育教师在内心与学校体育改革产生共振，深刻理解制度的蕴意，从而自发地接纳、

---

[1] 潘凌云，赵震.体育与健康课程政策执行中的"上下互动"问题省思[J].吉林体育学院学报，2021，37（5）：6-13.

信任并融入学校体育改革。

二、体育教师制度观的价值定位

（一）正确的制度观有利于确保体育教师政治立场坚定

教师作为人类灵魂的工程师，肩负着塑造人类灵魂的重任，其对学生的世界观、人生观、价值观具有重大影响力，决定了从事这一职业必须具有较高的政治意识、大局意识、核心意识、看齐意识，必须做到忠诚于党、国家、人民以及教育事业。2021年4月19日，习近平总书记在清华大学考察时强调，教师"要坚定信念，始终同党和人民站在一起，自觉做中国特色社会主义的坚定信仰者和忠实实践者"。这就要求教师要有较高的理论修养，能够自觉扛起历史赋予的重任，投身育人事业，坚持把服务中华民族伟大复兴作为教育的重要使命，以培养社会主义建设者和接班人为根本任务，托起民族复兴的希望。坚持正确的政治方向、坚定政治立场是教师必须做到的政治要求。新时代的体育教师必须要树立正确的制度观，这是保证体育教师政治方向正确和政治立场坚定的前提。体育教师制度观决定了其政治素养的底色，具有正确的制度观才能塑造较高的政治修养，才能够准确地理解和把握社会主义核心价值观的深刻内涵，才能保证在"两个大局"背景下做出正确的价值判断和选择，主动迎接新挑战，自觉坚持贯彻党的教育方针、基本理论、基本路线，自觉提高政治站位，自觉发挥政治把关、政治引领作用，对学生的思想、政治、道德品质等方面进行正向引导，担起为党育人、为国育才的重任。

（二）正确的制度观有利于规范体育教师的职业行为

正确的制度观能够促使体育教师形成自我规范，养成自律意识。首先，在教学行为方面，课堂教学处于意识形态工作的最前沿，其指导性、思想性、政治性、传播性极强，教师职业行为是教师意识形态的外在体现，会对学生产生直接影响，规范教师职业行为是建立融洽和谐的师生关系的重要方式，也是实现学校教育目标的重要保证。当前，部分体育教师存在教学理念不清、教学方法不当、教学管理不力等不良教学行为，产生了不好的社会影响。其次，在工作方面，个别体育教师利用职务之便谋取私利，存在一定的失范行为，其使命感有待提升。实际上，体育教师失范行为在很大程度上是因为其对相关职业规定和制度的认识不足，缺乏自我约束和正确的制度认知。最后，在社会交往中，个别体育教师言行粗鲁，严重破坏了体育教师的职业形象。

2018 年 11 月，教育部印发了《新时代高校教师职业行为十项准则》《新时代中小学教师职业行为十项准则》《新时代幼儿园教师职业行为十项准则》，对教师行为规范提出了明确要求。对体育教师而言，一名合格的体育教师应做到坚定政治方向、自觉爱国守法、传播优秀文化、潜心教书育人、关心爱护学生、坚持言行雅正、遵守学术规范、秉持公平诚信、坚守廉洁自律和积极奉献社会。如果体育教师能树立起正确的制度观，则能使其将职业道德规范铭记在心，对自身行为进行有效监督，减少教师职业行为失范现象，帮助其形成内在自律，提高教学责任感和使命感。

（三）正确的制度观有利于保障以体育人工作的先进性

保持以体育人工作的先进性，是实现教育强国、体育强国的前提。新时代的体育教师既要加强政治理论学习，在思想上始终保持先进性，又要积极响应学校体育改革的要求，在教学理念上始终保持先进性。思想上的先进性是指体育教师必须要具备与时俱进的思想素质，用党的理论武装自己，在工作过程中坚决执行和捍卫党的路线、方针、政策，在思想上、政治上始终和党保持一致，防腐拒变，用先进的文化教育、引导学生，通过体育教学为社会主义建设培养有用人才。教学理念上的先进性是指体育教师在知识经济快速发展的时代，要坚持终身学习，摒弃落后的教学观、陈旧的学生观，改变过时的教学手段。尤其是当前新课改已向纵深推进，体育教师必须站在新课改的前沿，更新自身的教学理念，与时俱进，做好新课改的各项工作，将新课改的理念贯穿于教育教学的各个环节，引领学校体育改革向纵深发展。而无论是思想上的先进性还是教学理念上的先进性，体育教师都要树立正确的制度观，如此才能自觉地关注党和国家颁布的与学校体育相关的政策文件和法规，主动学习新精神，才能及时关注课程改革的发展动态，做出相应的调整。但当前部分体育教师忽视制度要求，连基本的体育课时都无法保障。造成此现象的根本原因在于体育教师对政策文件内涵理解出现偏差，缺乏正确的制度观，因而缺乏主动性。由此可见，体育教师仅有工作热情还远远不够，必须树立良好的制度观，才能够具有与时俱进的育人思想和理念，才能培养出高素质、适应社会和时代发展的人才。

（四）正确的制度观有利于提高体育教师的工作积极性

树立正确的制度观能使体育教师认识到学校体育制度的合理性、必要性及优越性，理解制度能够对学生成长、社会进步、国家发展所产生的重要意义，进而对自身工作产生成就感，提高工作积极性。比如，体育教学工作是体育教师的核心工作。随着教育部先后颁布了《普通高中体育与健康课程标准（2017年版）》《中等职业学校体育与健康课程标准（2020年版）》和《义务教育体育与健康课程标准（2022年版）》，核心素养导向的体育课程教学改革陆续拉开序幕。但在新课改过程中，部分体育教师教学积极性不高仍然是制约课程改革进度的重要因素，主要表现在3个方面：一是体育教师对新课改的重大意义认识不足，如一些体育教师在了解新课改的意义之前会主观地认为该理念过于高远，而教学是实践性的活动，并不需要任何抽象的理论做指导；二是体育教师自身的专业发展意识薄弱且方向不明确，无法突破自身教学能力的枷锁，现有知识体系与专业能力无法与新课改的要求实现完整对接，导致在课程改革实施过程中出现各种困难，心有余而力不足，从而挫伤其参与新课改的积极性；三是体育教师主体自身的"无为"心理，部分体育教师对以往的教学实施早已得心应手，认为重新探索、获得新的课程教学经验十分麻烦，因而不愿尝试新的课程教学方式。造成以上3个方面困难的原因虽然是多重的，但本质上都离不开体育教师薄弱的制度观所产生的影响。

因此，树立正确的制度观，一方面能够保证体育教师在第一时间明确党和国家的育人任务，深刻理解学校体育工作对中国特色社会主义建设的重大意义；另一方面有利于体育教师了解国家和人民需要什么样的体育教师，新时代的体育教师需要具备什么样的素养，从而有针对性地实践和适应不断更新的学校体育制度，以提升自身专业水平。此外，也只有树立了正确的制度观，体育教师才能明确自己的岗位责任和职责操守，以强烈的事业心和责任感来对待工作，保证其教师观与学生观等价值观念符合时代需要，从根本上改变"不作为""躺平"等消极思想，在积极工作中更好地发挥体育课程以体育人、以体育心的独特功能。

三、体育教师制度观的具体构成

（一）了解党和国家颁布的与学校体育相关的政策与法规文件

与学校体育相关的政策与法规文件是指一切由我国权力机关依照法定的职权和程序，制定、修改和颁布的有关学校体育方面的，具有法律性或规范性的指导文件。由于制度是由权力机关制定的，权力机关又具有职能差异和层级划分，因此生成的制度也具有多样性，如全国人民代表大会及其常务委员会可制定全国性法律，各省级人民代表大会及其常务委员会可制定省级地方性法规。在学校体育政策与法规文件的制定方面，涉及了中共中央、国务院和教育部、国家体育总局等多级党政部门。2007—2022 年部分与学校体育相关的制度性文件见表 2-2。

表 2-2　2007—2022 年与学校体育相关的制度性文件（部分）

时间	颁布单位	文件名称
2007 年	中共中央、国务院	中共中央　国务院关于加强青少年体育增强青少年体质的意见
2007 年	教育部、国家体育总局	教育部、国家体育总局关于实施《国家学生体质健康标准》的通知
2009 年	国家体育总局	国家体育总局关于加强青少年体育增强青少年体质的实施意见
2010 年	中共中央、国务院	中共中央、国务院关于印发《国家中长期教育改革和发展规划纲要（2010—2020 年）》的通知
2011 年	国家体育总局、教育部	国家体育总局、教育部关于印发《中等体育运动学校设置标准》的通知
2012 年	国务院办公厅	国务院办公厅转发教育部等部门关于进一步加强学校体育工作若干意见的通知

续表

时间	颁布单位	文件名称
2013 年	国家体育总局、教育部	体育总局、教育部关于加强全国青少年校园足球工作的意见
2013 年	国家体育总局、教育部	关于印发《体育传统项目学校管理办法》的通知
2014 年	国家体育总局	关于印发《奥运项目竞技体育后备人才培养中长期规划（2014—2024）》的通知
2014 年	教育部	教育部关于印发《高等学校体育工作基本标准》的通知
2015 年	国务院办公厅	国务院办公厅关于印发中国足球改革发展总体方案的通知
2016 年	国务院办公厅	国务院办公厅关于强化学校体育促进学生身心健康全面发展的意见
2016 年	中共中央、国务院	"健康中国 2030" 规划纲要
2017 年	国家体育总局、教育部	关于加强竞技体育后备人才培养工作的指导意见
2017 年（修订）	国务院	学校体育工作条例
2018 年	国家体育总局办公厅	关于印发《全国青少年体育冬夏令营专项经费管理办法（暂行）》的通知
2019 年	国家体育总局办公厅、教育部办公厅	体育总局办公厅 教育部办公厅关于进一步加强和规范运动技术等级称号授予管理及考生资格审核工作的通知
2019 年	国务院办公厅	国务院办公厅关于印发体育强国建设纲要的通知
2019 年	教育部办公厅	教育部办公厅关于开展体育美育浸润行动计划的通知
2019 年	中共中央、国务院	中共中央 国务院关于深化教育教学改革全面提高义务教育质量的意见
2019 年	国务院办公厅	国务院办公厅关于新时代推进普通高中育人方式改革的指导意见
2020 年	中共中央办公厅、国务院办公厅	中共中央办公厅 国务院办公厅印发《关于全面加强和改进新时代学校体育工作的意见》和《关于全面加强和改进新时代学校美育工作的意见》
2020 年	国家体育总局、教育部	体育总局、教育部关于印发深化体教融合 促进青少年健康发展意见的通知
2020 年	中共中央、国务院	深化新时代教育评价改革总体方案
2021 年	中共中央办公厅、国务院办公厅	关于进一步减轻义务教育阶段学生作业负担和校外培训负担的意见

续表

时间	颁布单位	文件名称
2021 年	国家体育总局	体育总局关于印发《国家高水平体育后备人才基地认定办法》的通知
2021 年	国家体育总局办公厅	体育总局办公厅关于做好课外体育培训行业服务监管工作的通知
2021 年	国家体育总局办公厅	体育总局办公厅关于印发《课外体育培训行为规范》的通知
2022 年（修订）	全国人民代表大会常务委员会	中华人民共和国体育法

以上文件代表了国家在体育和教育等各个方面的顶层设计和发展导向，具有指引性作用。体育教师应密切关注国家关于学校体育的政策动向，主动通过网站等平台学习学校体育相关政策与法规文件的内容，第一时间了解新时代国家对学校体育工作的部署和要求，在个人层面与国家制度要求保持一致。

（二）深刻领会并对学校体育相关制度形成正确的认知

深刻领会并对学校体育相关制度形成正确的认知，要求体育教师对学校体育相关制度的重要地位和作用形成深刻认识。

一方面，体育教师不能有"制度就是规定，照着做就行"的浅层认识，而应主动领会学校体育相关制度的意义、背景和内涵。建立制度的目的是能更好地维护团队利益与个人利益，提高效率，预防损失和避免不良风气。如《学校体育工作条例》，其制定的目的是保证学校体育工作的正常开展，促进学生身心的健康成长。该条例作为行政法规对学校体育工作有着重要的指导和保障作用，不仅能保障学生体育权利，还能保障体育教师的基本权利，如在第二十七条提到："对违反本条例，有下列行为之一的单位或者个人，由当地教育行政部门令其限期改正，并视情节轻重对直接责任人员给予批评教育或者行政处分。"其中，"有下列行为之一的单位或者个人"就包括"（四）不按国家规定解决体育教师工作服装、粮食定量的"。体育教师如能理解该条例的价值，便能对制度形成正确认知，信服并执行制度。

另一方面，体育教师不能忽视具体的规章制度。首先，体育教师在大方向上应坚持同党中央保持高度一致，遵守国家法律（这是红线、底线、高压线），同时也要明确学校体育相关制度的具体要求，在日常工作中培养过硬作风，严于律己，不能有"偶尔上课划水没关系""反正没人知道"的想法。其次，体育教师要对学校体育相关制度秉持积极的看法。当前个别体育教师对于学校体育相关制度执行中的一些复杂问题认识不清，对学校体育改革的长期性、复杂性和任务艰巨性认识不够，导致他们有时抱怨政策制度，和同事、学生讲述政策制度"阴暗面"，评价观点偏激、不客观，导致了消极的不良风气。体育教师应理解任何制度都是一个完善发展的过程，面对学校体育政策制度执行中的困难问题，每位体育教师都应树立正确的认识，有责任、有义务积极地看待、反映和解决问题，主动营造良好的制度学习氛围。

（三）积极落实学校体育相关政策与文件的要求

积极落实学校体育相关政策，首先要求体育教师应明确国家对该职业的素质要求，按照国家标准培养自身良好的职业素质。《国家教育委员会关于加强中、小学体育师资队伍建设的意见》中明确了国家对体育教师的要求："热爱党，热爱社会主义祖国和社会主义事业，热爱学校体育工作，具有高尚的道德品质和为学校体育事业献身的革命精神；有正确的教育思想和良好的文化素养，掌握教育的规律和人体发展的规律以及全面增强学生体质的手段和方法；具有多方面的实践能力，并学有所长；在学校体育工作中，有实事求是、锐意改革、勇于创新的科学精神。"《学校体育工作条例》第十七条明确规定："体育教师应当热爱学校体育工作，具有良好的思想品德、文化素养，掌握体育教育的理论和教学方法。"因此，贯彻落实学校体育相关政策与文件的要求，必须先成为德才兼备的教师。其次，落实学校体育相关政策要求，意味着体育教师依据相关规定做好体育课程教学、课外体育活动、课余体育训练与竞赛等工作。如《学校体育工作条例》第八条规定："体育课教学应当遵循学生身心发展的规律，教学内容应当符合教学大纲的要求，符合学生年龄、性别特点和所在地区地理、气候条件。""体育课的教学形式应当灵活多样，不断改进教学方法，改善教学条件，提高教学质量。"《关于全面加强和改进新时代学校体育工作的意见》中明确提出要不断深化教学改革，并对开齐开足上好体育课、加强体育课程和教材体系建设、推广中华传统体育项目、强化学校体育教学训练、健全体育竞赛和人才培养体系 5 个方面提出了具体要求。新时代的体育教师应把握日常工作细节，严格依据文件要求改进、完善学校体育工作。

（四）主动维护学校体育相关制度的权威性

主动维护学校体育相关制度的权威性，就是要求体育教师在日常工作中对制度树立敬畏之心。首先，体育教师要严格执行制度，在执行时不得打折扣。在实践中，部分体育教师缺乏敬畏和维护制度的意识，有意识或无意识地违背制度，最终受到处罚。体育教师要深刻认识到，学校体育制度是党和国家以及人民共同意志的体现，维护制度的权威是维护党和国家以及人民共同意志的权威，实施制度是实现党和人民的共同意志，因而必须自觉地尊重制度、维护制度，以制度自律、按制度办事，自觉地维护制度的严肃性。其次，体育教师面对违法违纪行为要敢于制止。例如：不按规定开设或者随意停止体育课的行为；未保证学生每天 1 小时体育活动时间；在体育竞赛中违反纪律、弄虚作假的行为；侵占、破坏学校体育场地、器材、设备的单位或者个人等。最后，在面对他人对学校体育制度的误解或诋毁时应及时进行澄清与制止。如部分体育教师可能会有误解，认为当前一些制度文件是专家"拍脑袋"想出来的，但实际情况并非如此，任何制度文件的出台都有严格的论证过程。比如，我国体育与健康课程标准是在教育部的指导下，由全国各地具有丰富教育经验的专家共同制定，在全国范围内展开过广泛且深入的实地调研，能够满足全国各地体育与健康教学的需要。体育教师可将这些政策的制定人员、制定流程等向他人介绍，消除他人对学校体育制度的误解。

（五）及时反馈学校体育相关制度存在的问题

任何制度都需要与时俱进才能得到改进和发展，体育教师需强化在坚持和巩固中不断完善和发展制度的意识，及时反馈学校体育相关制度存在的问题。

首先，从国家层面来看，国家主要以顶层设计的方式规定学校体育制度。如《义务教育体育与健康课程标准（2022 年版）》中指出，体育教师应承担健康教育的主要责任。但是在健康教育中除了运动健康以外还包含了大量生活健康的元素，体育教师现有的知识体系可能难以满足该课程标准的要求。为此，体育教师可以根据实际情况向国家相关部门反馈自身面临的困境，呼吁国家大力开设健康教育课程，提高体育教师的健康教育能力。其次，从地方层面制定的学校体育制度来看，国家主要通过颁布宏观文件来指导地方学校开展学校体育。以《学校体育工作条例》为例，其中指出体育教师应当热爱学校体育工作，具有良好的思想品德、文化素养。在评价体育教师是否具有良好的思想品德、高尚的师德师风时，其评价制度往往是以考查是否出现师德师风失范事件为主要内容。通过与体育教师谈话、体育教师互评等手段，可能会出现难以科学地评估体育教师思想品德的问题。为此，体育教师可向上级部门反映该评价制度存在的缺陷，并根据自身经验提出改进措施。最后，在地方学校层面，体育教师可向校领导反映学校体育制度是否满足国家要求，是否存在不合理之处。如目前部分学校除了设置满足课时量的体育与健康课程，还会设置部分体育活动课。但考虑到体育教师师资力量有限，学校可能会要求其他科目教师负责体育活动课，从而容易造成体育活动课中学生无法得到科学指导而受伤，或体育活动课被其他学科教师挪作他用。为此，体育教师在充分了解情况后可向学校反映该制度的不合理之处，并提出改进意见。

（六）乐于宣传和弘扬学校体育相关制度的精神

体育教师还应主动承担起宣传和弘扬学校体育相关制度的责任，使学生、其他学科教师、家长、社会对学校体育制度形成正确认识，消除误解或错误观念。

首先，体育教师应积极宣传国家颁布的学校体育制度。当前，除了体育教师、学校领导、体育从业者等有可靠的了解我国学校体育制度的渠道，社会公众对学校体育制度的了解较少，易对学校体育制度产生误解。为此，体育教师可主动扮演学校体育制度宣传者的角色。如受争议和关注较多的体育中考甚至体育高考，社会公众往往会对其存在的价值与合理性产生疑问。体育教师则可通过多种途径向社会公众宣传体育中考的项目内容、对学生开展体质健康监测的重要意义等，使社会公众能够全面了解当前学校体育制度。其次，体育教师应积极宣传当前学校体育制度对社会发展的重要作用。如社会上可能存在着对学校体育育人价值的质疑。那么，体育教师可以站在体育与健康课程标准的角度宣扬培养学生核心素养的缘由、意义、路径等，使社会公众认识到体育与健康课程重要的育人价值，能够培养学生的运动兴趣、强健体魄、提高健康素养、磨炼意志品质等。最后，体育教师应向学校内部主体宣传学校体育制度。在每学期之初，体育教师应向学生和家长宣传本校的学校体育制度，包括本校体育课、课间操、课后体育俱乐部、体育社团、体育文化节、运动会、专业运动队等的运行方式；在体育课中使学生知晓体育课考核要求、借（还）器材的流程等，使学生和家长完整地了解学校体育的微观制度。

第二节 体育教师制度观的培养

在正确的制度观引领下，体育教师能够全面发挥自身在学校体育工作中的重要作用，为国家和社会培养有理想、有本领、有担当的时代新人，因而培养体育教师制度观具有重大意义。本节重点介绍了当前我国体育教师制度观的现状，并提出了体育教师制度观的培养策略。

一、体育教师制度观的现状反思

（一）体育教师对学校体育改革相关文件的理解存在误区

体育教师对学校体育改革相关文件的理解存在误区，这是当前体育教师在制度观方面最为突出的问题。首先，体育教师在对学校体育改革相关文件的价值、作用的理解方面存在误区。少数体育教师时常抱怨文件数量多、要求麻烦，认为文件都是"纸上谈兵"，并不符合基层教学的实际情况，无法解决现实问题。实际上，这些文件都是经过严谨的科学调研，深思熟虑、反复修改后进行的全局规划，不仅对学校体育的全局发展有较好的指引作用，而且对体育教师个体的成长也给予了指导方向。而体育教师对相关文件的价值、作用的理解不当，则有可能直接或间接导致文件的落实不到位，影响学校体育整体的发展进程。其次，体育教师对学校体育改革相关文件的内容理解存在误区，如将"自主学习"理解为"放羊式学习"，将"不能唯技术教学"理解为"淡化运动技术教学"，对"以学生发展为中心"错误理解导致其"不敢批评学生"等。

体育教师出现以上问题的直接原因是政治站位不够高、政治意识不够强，对相关文件的学习缺乏系统性。首先，部分体育教师没有站在全局的高度对学校体育工作在推动国家社会发展方面的重要作用进行审思，也没有深刻理解"教育大计，教师为本"，难以对体育教师这一职业在学校体育制度中的重要地位形成清晰认知，因而使其对学校体育制度有时持无所谓的态度。其次，体育教师对相关政策文件的学习途径较窄。在政策文件颁布后，通常是由区、县教育局组织，通过会议、讲座等形式统一给体育教师进行培训。另外，学校还会自行组织教研活动，对政策、文件进行学习，个别学校还会邀请学校体育专家对其中的要点、内涵与重要概念进行讲解，部分专业发展意识较强的体育教师可能会自行通过各类社交媒体进行学习。但目前大部分体育教师主要还是通过会议、讲座进行学习，通常时间短、次数少，只能达到浅层的学习效果，体育教师对制度精神的了解过于碎片化，学习的系统性较差。最后，在培训、宣讲的内容上有所偏颇。由于时间原因，多数会议、讲座主要将重点聚焦政策文件内容的解读，对相关政策文件的重要性、作用及价值的阐述一笔带过。"照本宣科"的较多，结合现实情况，阐明改革的目的、原因的较少。而实际上，让体育教师理解政策文件的价值可能远比介绍其内容更加重要，只有让体育教师认识到其价值与意义，才能提高体育教师的自主学习意识，拓宽学习途径，从根本上解决体育教师制度观存在的诸多问题。

（二）体育教师执行学校体育相关制度的能力有待提升

一是在落实相关制度时不能完全做好自己的"分内之事"。常见的现象有：

体育教师在学校体育改革中，只关注了课程与教学改革相关任务，忽视了其他学校体育工作，认为"自己只要做好教学就行"。产生以上问题的主要原因在于体育教师对于学校体育改革中的主体责任不清晰。大部分学校体育相关制度站位较高，往往涉及多个责任主体，包含教育、体育等职能部门人员，学校管理人员、教育局教研人员、体育教师等多个群体，而新课改所涉及的范围也较广，包括体育教学、课外体育活动、课余体育训练与竞赛、场地、器材、设备和经费等多方面。在以往的体育教师培训中，往往重点培训和强调体育教学方面的要求，而容易忽略强调体育教师在课外体育活动、课余体育训练与竞赛等方面的要求。

二是在落实相关制度时缺乏良好的方法与技巧。例如：在体育课程改革中运用各种新方法、新模式时，体育教师对相关方法、模式的理解较为模糊，对相关概念的含义不清晰，导致他们在具体落实政策文件时偏离要求。实际上，在体育教学改革中会经常遇到此类的问题，这就需要体育课程与教学的研究专家从宏观的理论层面和微观的教学实施层面上对相关概念、方法进行澄清和引领，尤其是需要保持专家与体育教师之间的沟通。此外，体育教研员在体育教学改革中也应充分带领基层教师深度学习和主动研究体育教学改革理念，将自身对政策文件正确的理解传递给基层体育教师，带领基层体育教师进行课堂教学实践，纠正不符合新课改精神的教学行为，打造示范课，从而为基层体育教师提供学习范例，例如如何设计相应的情境进行结构化教学等。此外，教育部等7部门印发的《关于加强和改进新时代师德师风建设的意见》中明确提出了新时代教师的师德素养要求，但在落实相关文件精神时，体育教师可能对如何在工作中以德立身、以德立学、以德施教、以德育德尚不清楚，诸如此类问题较多。由于体育教师在落实相关制度时缺乏良好的方法与技巧，从而直接或间接影响了体育教师开展新课改的能力。

（三）体育教师主动维护和完善学校体育相关制度的意识需加强

体育教师缺乏主动维护和完善学校体育相关制度的意识是目前存在的较为普遍的问题之一。大多数体育教师认为只要做好主动学习学校体育相关政策文件精神、深刻理解学校体育相关制度内涵、贯彻落实好学校体育相关制度要求3个方面即可，忽略了对学校体育相关制度的维护和完善意识。发展性是制度的一大性质，制度需要不断发展和完善才能适应新时代的要求。体育教师缺乏主动维护和完善制度的意识，会直接或间接地影响学校体育发展进程。目前，体育教师缺乏主动维护和完善学校体育相关制度的意识主要体现在两个方面：

第一，体育教师不善于发现和反馈学校体育相关制度存在的问题，主要原因在于其对于制度的认识缺乏辩证思维。制度虽然具有权威性，但反馈制度的问题并不等于反对制度。正确的制度观应是能够辩证看待制度，而非一味死守制度。

第二，体育教师面对违反学校体育相关制度的行为不能及时劝谏和向上级管理部门反映，此类问题是体育教师群体的通病。一方面，面对师德师风失范行为，如看见其他体育教师体罚学生、对学生进行语言暴力等，大多数体育教师会选择袖手旁观，认为事不关己高高挂起。另一方面，面对体育课不受重视、体育课被占课等现象，大部分体育教师选择忍气吞声，只能自己抱怨，却不知道如何采取措施和上级管理部门进行有效沟通。而少部分体育教师甚至认为"反正一样拿工资，把课给其他科目老师上还省事"。总而言之，只有培养体育教师辩证看待制度的思维、敢于维护制度的责任，才能够保证学校体育相关制度的有效性，促进学校体育的进步与发展。

（四）体育教师制度观的培养陷入"离身误区"

目前，各地积极开展学校体育政策、文件的理论学习，能够在一定程度上帮助体育教师了解最新的制度。然而，仅通过阅读、介绍等形式的培训分离了体育教师的认知与身体主观感受，易陷入"离身误区"。例如，《关于全面加强和改进新时代学校体育工作的意见》就提出要"把师德师风作为评价体育教师素质的第一标准"。当各地以下发文件、领读等离身的形式进行体育教师制度观培养时，体育教师可能难以对文字形成直观感受，甚至部分体育教师认为这种学习枯燥乏味。为此，体育教师在学习把师德师风作为评价第一标准时可能出现对此不屑一顾或难以理解其缘由的结果，降低了制度观培养的效率。

相反，如果各地能以师德师风失范的反面案例与师德师风高尚的正面案例为载体，使体育教师在真实情境中感受师德师风失范与坚守师德师风的不同体验，并鼓励体育教师结合自身经历分享在师德师风相关情境中的感悟，则能够加强他们对师德师风的具身感受，切身理解将师德师风置于重要地位的原因，从而形成对该制度的正确认知与肯定态度。

相较于基于情境的具身性制度观培养，当前以理论性知识的简单介绍为主要形式的体育教师制度观培养陷入了离身误区，致使体育教师制度观的培养效率降低，甚至使体育教师对制度的学习浮于表面。

二、体育教师制度观的培养策略

（一）为体育教师提供了解最新的学校体育制度的多重传播渠道

体育教师制度观的具体构成中的一条为"能够了解党和国家颁布的学校体育相关政策与法规文件"。为此，培养体育教师制度观，需要体育教师能够了解党和国家颁布的最新学校体育制度，需要不同主体多重渠道传播学校体育制度内容，为形成体育教师制度观做好保障工作。其具体可从以下几个方面入手：

在国家层面，党和国家除了将最新颁布的学校体育制度以文件的形式公布于政府门户网站之外，还可通过微信公众号等社交媒体官方账号发送推文的形式为体育教师提供最新资讯。体育教师使用微信等社交媒体的频率要远远高于登录政府门户网站。同时，微信公众号等社交媒体官方账号会实时推送最新信息，使体育教师能够及时、方便地学习党和国家颁布的最新文件。此外，相关部门还可以采用公益广告的形式向社会公众宣传学校体育制度，如部分学校开展"阳光体育活动"的优秀案例等，向体育教师展示如何执行学校体育制度。

在地方层面，省级部门可集中各地体育教研员举办集中研讨会等活动，向他们传达党和国家最新颁布的学校体育制度，再由这些体育教研员向当地的体育教师传达，形成由省级部门至市级、县级部门，最后至一线体育教师的传播渠道。

在学校层面，学校领导、体育组组长可在部门微信群、钉钉群等工作群中转发最新的学校体育制度的相关链接，如 2022 年修订的《体育法》以及由学校自己制定的学校体育制度等，便于体育教师集中学习或自学。

综上所述，体育教师制度观的形成前提是体育教师拥有能够获得学校体育相关制度文件的渠道，党和国家、地方政府、学校等多重主体应力求为体育教师提供方便、快捷、及时的传播渠道，通过海量的宣传信息，使体育教师及时了解当前最新的学校体育制度。

（二）以培训研修课程为抓手，做好学校体育相关政策和文件的解读

体育教师制度观的培养是建立在体育教师对所处环境的学校体育制度形成正确认知的基础之上的。当体育教师能够对国家、地方、学校等制定的学校体育制度形成全面、深入的了解，并且能根据自己的切身体会对制度形成正确的解读，加之对自身教书育人使命的认识，便能够认同各级主体制定的学校体育制度。需要特别注意的是，解读与了解不同，解读的程度更深，并非简单地向体育教师传达学校体育制度的相关精神，而是要帮助体育教师结合自身经验形成对学校体育制度的正确认知。体育教师只有对各级主体颁布的学校体育政策和文件进行解读，才能在理论层面认识制度，进而为实践层面认可制度、支持制度、反馈改进制度、宣传制度打下坚实基础。

当前，由国家、地方举办的各类培训研修班是体育教师专业发展的主要途径之一。在宏观的学校体育制度层面，以 2022 年修订的《体育法》为例，其中包括了总则、全民健身、青少年和学校体育、竞技体育、反兴奋剂、体育组织、体育产业、保障条件、体育仲裁、监督管理、法律责任、附则，共计 12 章。面对新颁布的《体育法》，各地名师工作室、教育局等主体可以举办针对该法的教师研修班。首先，邀请教研员或法学领域权威专家对《体育法》颁布的背景、意义等进行解读，使体育教师了解遵守《体育法》的重要意义；其次，挑选全民健身、青少年和学校体育、竞技体育、反兴奋剂、保障条件、法律责任等与学校体育制度相关的章节进行重点解读，使体育教师结合以往教学经历明晰哪些行为可能会违反《体育法》，如何遵守《体育法》的规定等；最后，带领

体育教师以了解为目的，学习其余章节，对《体育法》形成全面理解。在中观的省级、地方层面，体育教师应了解所处地区制定的学校体育制度。如部分地区会开展体育特色学校，即每个学校都选择某一项运动作为校本课程及优势项目。地方可以县、市为单位组织体育教师研修班，为体育教师解读创建体育特色学校的重要价值，使体育教师从认知上认可该制度，进而以案例的形式为体育教师展示如何在地方政府和教育行政部门的指导下选择特色运动、开设校本课程，提高体育教师遵守地方学校体育制度的专业能力。在微观层面，学校也可以颁布相应文件，制定本校的体育制度。如在大课间开展民族传统体育活动的课外体育活动制度；体育组组长可以以体育组为单位开展小范围的体育教师培训，主要内容包括课外体育活动的价值、开展民族传统体育活动的意义、如何将民族传统体育元素融入课外体育活动制度等，帮助体育教师对本校体育制度形成深入理解。

（三）以实践活动为依托，加强体育教师对学校体育制度的具身体验

马克思主义制度观认为制度是实践的。无论是生产活动还是交往活动，人类实践都在社会关系中进行，通过实践的制度和制度的实践来同他人链接产生社会关系。在实践中产生的制度把分散隔离状态的人联系在一起，规范人的社会角色、权利和义务等[1]。因此，体育教师与学校体育制度的互动来源于实践，只有在实践中践行制度并形成具身体验，才能更深入地理解制度优势。

首先，体育教师应在教学实践活动中与制度形成互动，具身感受和反思制度的合理性。如《义务教育体育与健康课程标准（2022年版）》《普通高中体育与健康课程标准（2017年版）》都提出要培养学生的运动能力、健康行为和体育品德3个方面的核心素养。面对学校体育育人理念的转向，即由知识中心观转向素养为纲、全面育人，体育教师也应在教学实践中转变自身行为，将教学设计从以往注重单个运动技术掌握向注重学生在复杂、真实运动情境中解决问题转变。为此，应把制度观培养融于日常真实的教学情境，引导体育教师

---

[1] 宋增伟，邓陈缘. 制度化人与人化制度：马克思主义人学制度观 [J]. 社会科学论坛，2022（2）：33-41.

关注学生在新课标^[1]理念教学下的变化，仔细对比两种育人理念给学生带来的真实变化，如在新课标的育人理念下，学生由以往难以掌握 1 或 2 项完整的运动技能至能够掌握 1 项运动技能。其次，体育教师应在日常工作实践中参与制度的制定，从而获得对制度的具身体验。由于体育教师与学校体育制度是互动关系，体育教师除了遵守学校体育制度，还可以作为学校体育制度的制定者。如此便可解决上文所提及的问题：体育教师对制度的认识仅停留于阅读文件的离身形式。如党和国家在制定学校体育相关制度时，应广泛调研各地区学校体育开展情况，征求广大一线体育教师的意见。只有提高体育教师在制度制定中参与的具身体验，才能使其在执行制度时拥有归属感，继而认可、拥护学校体育制度。在地方学校体育制度的制定过程中则可调研不同地区、学校的体育师资力量，与体育教师协商并共同制定学校体育的目标、任务等，以确保该地区学校体育制度的合理性。在学校体育制度中，由于体育教师能够清晰地了解本校的学校体育工作情况，可由体育教师对制度提出意见和建议，如以何种形式开展课外体育活动、体育教师在学校中承担的工作职责、校园体育器材管理规定等。最后，作为体育教师评价的第一标准，师德师风也涵盖了体育教师对制度的认可。为此，体育教师可在社会实践中增强对师德师风建设制度的真实感受，如向体育教师分享师德师风失范案例以及在社会舆论层面造成的巨大影响等，设计针对师德师风的实践体验、浸润式研修等，以合作探究、自主学习等形式加深体育教师对师德师风建设制度的体验。

总体而言，体育教师能否对学校体育制度产生具身体验，进而遵守与改进制度，关键在于能否使体育教师在教学、工作、社会交往等实践中与学校体育制度产生互动并予以应用，使体育教师真正置身于制度的制定、运行、修改过程之中。

（四）保障体育教师的权益，强化体育教师的制度认同

利益相关者理论提出，在企业管理过程中，除了企业自身利益，还要兼顾

---

[1]　本书中"新课标"均指《义务教育体育与健康课程标准（2022 年版）》。

员工、合作方等多方权益，才能使各方主体朝着同一方向努力。在学校体育领域，体育教师能否具有较强的动机维持学校体育制度，取决于其能否切实保障体育教师的权益。

首先，以《体育法》《中华人民共和国教师法》为学校体育制度建设的基石，一方面要明确体育教师在教学过程中的具体义务，划清多元主体责任，将法律作为学校体育制度建设的"底牌"；另一方面要进一步将保障教师权益写进法律，在体育教师的工资收入、节假日数量、教师产假孕假等方面做好权益保障工作，使体育教师职业成为"令人羡慕的职业"。其次，向社会宣传学校体育制度，突出体育教师在学校体育中的重要作用，保护体育教师的名誉权。当前社会屡屡出现对体育教师的污名化，贬低、玷污了体育教师在学校体育制度中的重要作用与职业形象，使体育教师对自身职业产生怀疑。为此，教育行政主管部门需通过引导社会舆论、设立法律法规、宣传体育教师光辉形象等手段来提高体育教师职业认同感，使其认识到自己是学校体育制度的重要组成部分。最后，严惩破坏学校体育制度的行为，避免体育教师产生心理落差。如前所述的体育教师师德师风失范现象，应根据制度的相关规定给予其通报批评、停职、取消评优等处罚，形成师德师风负面案例，以产生警示效应。当违反学校体育制度规定的行为被学校领导默许或视而不见时，将会有更多的体育教师产生心理不平衡并模仿。为此，教育行政主管部门应通过严厉打击破坏学校体育制度的行为、维护那些遵守学校体育制度的教师的权益来提高学校体育制度在体育教师心中的公信力。

综上所述，提高体育教师对学校体育制度的认同需要制定能够保障各方权益的规章、制度，对个别体育教师破坏学校体育制度的行为进行打击，才能使体育教师信任、认可学校体育制度。

（五）建立"监督—评估—问责"的管理机制，提高体育教师的制度执行力

体育教师的制度观属于价值观层面的认知，难以通过直接测评反映出体育教师的真实想法，如邀请体育教师填写是否认同当前学校体育制度的问卷时，体育教师即使不认同当前制度，也可能为了在考核中获得高分或避免不必要的

麻烦而填写违背自身想法的答案。因此，各学校难以通过问卷测评等总结性评价了解体育教师制度观的真实情况。而体育教师在价值观层面的认知则会在日常工作、生活中影响其行为，如体育教师不认同体育课中开展健康教育的重要性，认为体育就应该围绕运动技术展开，那么体育教师就可能在体育课上消极地进行健康教育，以行为对制度进行默默抵抗。为此，各学校要建立以表现性评价为主要手段的监督评价机制，对体育教师违反学校体育制度的行为进行连带问责处理。

首先，对体育教师制度执行力的监督应由校领导、师德师风督查组、体育组组长等主体负责。主要通过对体育教师的日常表现、言行举止进行观察，在与体育教师的交谈中捕捉其是否存在不认可当前学校体育制度的想法。若出现以上现象，则需要及时与体育教师沟通，明晰其制度观念，与其探讨是否当前的学校体育制度确实存在需要改进之处，并开通反馈渠道，帮助体育教师将改进意见自下而上地反馈至地方或国家的相关部门。若体育教师因个人利益而反对当前学校体育制度，则需对其加强思想教育，帮助体育教师从全局的角度理解当前学校体育制度的必要性与可行性，预防体育教师出现违反学校体育制度的行为。其次，体育教师制度观的评估是制度观培养的最终落脚点，也就是说，体育教师制度观培养情况如何，最终需要通过评价来反馈。为此，通过表现性评价，可从违反、遵守、改进、宣传等方面对体育教师的日常行为进行考察，以反映其真实的制度观培养情况。最后，如果体育教师出现了违反学校体育制度的行为，则需要进行问责处理。通过综合研判违反制度行为的严重程度，根据法律、法规、校规对体育教师进行不同程度的处罚。此外，除了对体育教师进行问责，还需对体育组组长、校主管领导追究管理不当的责任，并要求其整改以防止再次出现此类行为。

综上所述，体育教师制度观的监督、评价需要以制度执行力的表现为抓手进行评估，通过建立"监督—评估—问责"环环相扣的管理机制，保证体育教师能够正确认识、解读制度，在实践中反思并提出改进制度的建议，杜绝违反制度的不良行为出现。

第三章

体育教师职业观

　　个体对职业的认知在很大程度上决定着其对职业的热爱程度。如果热爱自己所从事的职业，个体就会努力工作并愿意为职业奉献自己的精力；如果对自己所从事的职业并不热爱，个体就只会将其当成一份养家糊口的工作而难以产生认同感。体育教师对职业的认知，即职业观，是体育教师核心素养价值观念维度的重要表现之一。体育教师职业观引领着体育教师的职业方向，承载着体育教师的职业理想，决定着体育教师的专业发展。因此，塑造体育教师职业观对于提升体育教师核心素养至关重要。

第一节　体育教师职业观的内涵

　　人们通常认为体育教师就是一份工作，却忽略了体育教师与其他教师一样所体现出来的教书育人的专业性，这与不正确的职业观有很大关系。本节将从体育教师职业观的提出缘由、价值定位和具体构成3个方面进行阐述。

一、体育教师职业观的提出缘由

（一）职业观是体育教师择业的指导思想

古代对职业的理解在很多时候指的是一种身份或地位，和今天职业的意义有较大区别。职业的概念既包含对个人的专业技能要求和伦理要求，同时也彰显了职业对个体的社会意义。而职业观作为由职业引申出的概念，包含了人们对职业的看法，与个人的世界观、人生观、价值观紧密相连，对个人职业行为起到支配作用，也是个人职业选择时的指导思想[1]。

马克思在《青年在选择职业时的考虑》一文中写道："在选择职业时，我们应该遵循的主要指针是人类的幸福和我们自身的完美。不应认为，这两种利益是敌对的，互相冲突的，一种利益必须消灭另一种的；人类的天性本来就是这样的：人们只有为同时代人的完美、为他们的幸福而工作，才能使自己也达到完美。""如果我们选择了最能为人类福利而劳动的职业，那么，重担就不能把我们压倒，因为这是为大家而献身；那时我们所感到的就不是可怜的、有限的、自私的乐趣，我们的幸福将属于千百万人，我们的事业将默默地、但是永恒发挥作用地存在下去，而面对我们的骨灰，高尚的人们将洒下热泪。"马克思对职业选择的解释中提到的人类福利与个人理想是影响个人职业观的两个主要因素，人类福利可以理解为人类群体的、共有的、宏观的利益，而个人理想则是个人的、私有的、微观的需求。从直观上来看，这二者之间的关系是矛盾对立的，选择职业的过程也是权衡二者利弊关系的过程，是衡量集体与个人、奉献与索取、他人与自我的过程，这种过程逐步形成了个体职业观中的一部分——择业观。择业观在引导我们进行职业选择时发挥着重要作用。显然，马克思认为在人类福利与个人理想中应该取前者，即在利他主义的思想下，个人默默无闻的事业才能显得格外光荣与闪耀。

无独有偶，我国近现代教育家黄炎培也提到了对职业观的看法，他在《职

---

[1]　刘建豪.我国职业观的历史嬗变及其对职业教育发展的影响[D].金华：浙江师范大学，2016.

业教育之礁》中说道："人生必须服务，求学非以自娱。无论受教育至若何高度，总以其所学能用社会、造福人群为贵。彼不务应用而专读书，无有是处。""职业平等，无高下，无贵贱，苟有益于人群，皆是无上上品。"黄炎培谈及的是个体应该通过服务于社会来实现自我价值，其内涵体现的是利他精神，这与马克思所倡导的"以人类福利为职业选择的主要指针"的观点不谋而合。可见，不论是国内还是国外，社会所认同的职业观皆倡导利他先于利己、为社会服务、以造福人群为贵等指导思想。另外，黄炎培还提出职业平等、不分高下的思想，意图引导人们不要将职业分高低贵贱，而应聚焦于为人民服务。

马克思与黄炎培都倡导的"为人民服务"的职业观为新时代不同职业选择提供了正确的价值方向。在日新月异的信息化时代，无论外界如何变化，以人为本、为人服务的指导思想仍然是新时代职业观的核心。体育教师作为教师群体的重要组成部分，其职业观的思想站位仍需遵循以人为本、为人服务的核心宗旨，只不过需要将此处的"人"特殊化为"学生群体"而已。但是，当前少数体育教师并没有树立正确的职业观，只是将体育教师工作当成养家糊口的工具，这不利于体育教师核心素养的提升。因此，体育教师需要以立德树人、健康第一、以体育人为指导思想，以体育课程教学为载体帮助学生发展运动能力、健康行为和体育品德核心素养，并以这一职业观贯穿职业生涯始终，引领职业发展。

（二）职业观是影响体育教师职业发展的决定因素

职业地位和职业声望是影响个体职业发展的关键因素。关于职业地位，美国的翰特将全部职业劳动者划分为 4 个等级：产业主、职员、熟练工人和一般体力劳动者。阿尔伯·爱德华在此基础上将职业劳动者的社会经济地位由高到低分为 6 个层级：非熟练工人，半熟练工人，熟练工人，职员及类似职业，产业主、经理和官员，专业人员 [1]。这些职业层级划分主要依据职业从业者所能拥有的社会资源、财富收入以及从事其职业所需的知识与技能水平。所谓职业声望，是指人们对某种职业社会地位高低的看法，是社会舆论对一种职业的

---

[1] 苑茜，周冰，沈士仓，等 . 现代劳动关系辞典 [M]. 北京：中国劳动社会保障出版社，2000.

评价。马克斯·韦伯最早提出了职业声望的概念，并表示财富、权力和声望是判断社会分层结构的 3 个重要指标。伦斯基也认为职业的阶级系统对工业社会的大多数成员来说都是权力、特权和声望的主要决定因素，并且声望在很大程度上是权力和特权的重要函数，特权和声望主要取决于权力的影响[1]。现代职业观对职业地位和职业声望的重视程度越来越高，职业地位和职业声望都与个体的社会资源、财富、权力及专业知识与技能有关，但是职业声望的主观性更强，人们都迫切地追求具有高地位和高声望的职业，例如律师、医生、商人等，因为在这样的职业中，人们往往能够获得相应报酬之外的其他附加价值。

除了职业地位和职业声望之外，潘景棠认为以下 4 个方面会对个体的职业发展产生重要影响：一是职业的社会功能，即职业活动在社会中所承担的责任及其对社会的意义；二是职业的社会报酬，即个体通过职业在政治、经济、文化等方面获取的权利；三是职业自然条件，即与职业活动相关的客观环境，如技术装备、安全保障、卫生条件、单位规模等；四是职业要求，即职业对任职者在教育程度、身体状况、技术技能、道德品质等方面的要求。另外，职业的环境，如劳动工具、劳动强度、安全保障、工作空间等，也会影响个体的职业发展。

职业观是人们对职业问题的基本看法和根本态度，它是职业主体选择职业和看待职业的指导思想。体育教师对该职业的社会地位、声望、功能、报酬、自然条件、工作环境以及任职要求的看法和态度会直接影响其职业选择以及后续职业发展，而这些看法和态度的总和实际上就是构成体育教师职业观的主体要素。

（三）职业观是体育教师人生理想在职业问题上的反映

职业观是人生理想在职业问题上的反映，是人生观的重要组成部分；正确的人生观决定正确的职业观。按照马斯洛需求层次理论的划分，职业对于个体而言，早已不仅仅处在单纯满足生存的低层次需求阶段，而逐渐跃升至社交、尊重，乃至自我实现的高层次需求阶段，其所附加的社会意义也越来越多。更

---

[1] 伦斯基.权力与特权：社会分层的理论[M].关信平，陈宗显，谢晋宇，译.杭州：浙江人民出版社，1988.

重要的是，职业借由工业化而得到的开放性使之超越了出身方能带来声望、地位、权力等的封闭的社会结构，而形成了知识选择—教育选择—职业选择的社会流动机制。也就是说，职业已经是个体在人生发展中追逐理想和实现自我的重要途径。随着时代的发展，职业对社会结构和社会机制产生的变化使得其对个体的选择和发展产生了深远作用。职业是实现人生理想的途径，而个体的职业观直接对其职业选择与职业发展产生引领。

社会中职业化程度越高、地位越巩固的职业，人们对从业者的角色认定也就越明确。如医护人员被称为"白衣天使"，邮递员被认作"绿衣使者"，教师被视为"园丁"或"红烛"等。在劳动力市场上，每个择业者都是不自觉地以一种就业观来指导自己选择职业，因而对为什么选择职业、选择什么职业、什么是好职业、个人适合从事什么职业等问题有不同看法。正是由于在这些问题上的看法不同，也就产生了不同的择业方向和职业行为。有人择业方向正确，有人进入误区；有人在职业劳动中成绩卓著，有人毫无作为，甚至屡次在择业竞争中失败。体育教师职业观是一面镜子，是体育教师的人生理想在职业维度的客观写照，为体育教师献身教育事业提供根本动力，为体育教师实现自我价值提供精神动力。体育教师如果没有正确的职业观，不但可能一辈子碌碌无为，甚至还会在工作岗位上犯错。因此，体育教师应以做好本职工作为目标，落实健身育人的指导方针，保持强烈而持久的工作动机和热情，完成一名"园丁"的神圣使命。

二、体育教师职业观的价值定位

（一）帮助体育教师实现人生价值

美国社会心理学家马斯洛创造性地提出了需求层次理论，将人的各种需要分为 5 个层次，依次为生理需要、安全需要、社交需要、尊重需要、自我实现需要。根据马斯洛这一理论可知，生理需要是人的各种需要中最基本、最强烈的一种，是对生存的基本需要。同样，人们之所以工作，首先就是希望通过职业来满足自身生存的需要，即人们希望从工作中能得到衣食住行等方面的满足。如果个体失去了职业，就意味着失去了最基本的生活保障，那么长远的理想也就无从谈起。

虽然从大多数人的职业观来看，很难将职业与人类福祉、民族兴亡等关联起来，但随着时代的发展，人们的个体意识逐渐兴起，自我价值的实现逐渐成为人生的重要目标。在不断追求人生价值的过程中，每个个体都有不同的理想。人类对自身的现状永不满足，对美好未来的不懈追求，就产生了理想。理想是人们在社会实践中形成的、有可能实现的、对未来社会和自身发展的向往和追求，是人们的世界观、人生观、价值观在奋斗目标上的集中体现。体育教师是社会个体，一方面除了必须依靠教师职业满足自我的生存需求之外，更需要通过职业来实现自己在体育教育领域的人生价值。需要指出的是，体育教师人生价值的实现应该以满足基本生活需要为前提，因为事实证明，教师群体（包括体育教师）的收入偏低这一普遍现象是引起教师职业倦怠和职业发展受限的重要原因之一。

（二）发展体育教师的专业个性

弗洛伊德学派理论认为人的个性系统可以包括本我、自我、超我3个部分。本我，即原我，是指原始的自己，包含生存所需的基本欲望、冲动和生命力。本我是一切心理能量之源，本我按快乐原则行事，它不理会社会道德、外在的行为规范，它唯一的要求是获得快乐，避免痛苦。本我的目标乃是求得个体的舒适、生存及繁殖，它是无意识的，不被个体所觉察。自我，其原意即是指"自己"，是自己可意识到的执行思考、感觉、判断或记忆的部分。自我的机能是寻求"本我"冲动得以满足，同时保护整个机体不受伤害，它遵循的是"现实原则"，为本我服务。超我，是人格结构中代表理想的部分，它是个体在成长过程中通过内化道德规范，内化社会及文化环境的价值观念而形成，其机能主要在监督、批判及管束自己的行为。

体育教师职业观的塑造过程就是克制本我、发现自我、追求超我的过程。教师职业的自然条件、任职要求和工作环境都对体育教师提出了多方面的要求，体育教师在教育行政部门及学校设定的相关规则下进行教学活动来获取物质资源，满足基本生存需要，同时也在与学生、家长、同事甚至环境等的交互中发展专业个性。在日常工作中，体育教师会接触形形色色的人，他们中的每个人都有自己独特的性格特点和兴趣爱好。体育教师在工作中磨炼自己的社会交往技巧，学习他人的优点，扬长避短，完善自我。同时，完成自己的本职工作能够很好地锻炼其工作、处事的灵活性、积极性，培养责任心和耐心，这些都是体育教师职业发展不可或缺的素质。因此，具备良好职业观的体育教师，能够更好地展现自我、提升自我和发展自己的专业个性。

（三）承担体育教师的职业责任

劳动者有就业的权利，而劳动者一旦与用人单位形成劳动关系就必须履行其应尽的义务，其中最主要的义务就是完成生产任务。这是劳动关系范围内的法定的义务，同时也是强制性义务。劳动者不能完成劳动义务，就意味着劳动者违反了劳动合同的约定，用人单位可以解除劳动合同。体育教师在签订工作合同之后，最基本的义务就是履行劳动合同，在教学岗位上完成应尽的工作责任。

体育教师职业观除了引导体育教师履行最基本的劳动义务和责任之外，还指引着体育教师承担相应的职业责任。王艳指出，教师责任是教师的职业责任，即在学校领域中担当教育教学工作这一社会角色的专门人员分内应做的事 [1]。由此可知，教师责任是指教师对学校应尽的义务，涉及教学、研究及社会服务等方面，它包括教师的职业责任，也涵盖教师的职业道德 [2]。

体育教师的职业责任内容应分为微观上的职业责任和宏观上的职业责任：微观上的体育教师职业责任是指教书育人的责任。有学者认为体育教师职业责任的内容应包括体育教学的责任、体育研究的责任、体育论文发表的责任 [3]。李秉德认为教师责任包括传授学生知识、发展学生智力，培养学生能力，提升学生的全面综合素质，体育教师职责从管理课内事务拓展到课外，立足长远，

[1] 王艳. 我国教师责任实现的影响因素及现实对策研究 [D]. 长春：东北师范大学，2008.

[2] 应中.《学术责任》解读——兼谈我国大学教师责任及其不能落实的原因 [J]. 黔东南民族师范高等专科学校学报，2006（4）：61-62.

[3] 李北凌，王敬. 高校教师责任实现的制约因素及实现 [J]. 中国成人教育，2014（7）：17-19.

着眼未来，为学生终身学习奠基[1]。宏观上的体育教师职业责任包括社会责任、岗位责任和自我责任。杨贤江认为教师责任包括政治使命、培养人才和自我发展[2]；陈坤华认为教师责任包括道德责任、政治责任、法律责任、组织责任和学术责任[3]；周济则认为教师责任包括岗位责任、社会责任和国家责任[4]。由以上可知，体育教师的职业责任应该包括职责的履行和后果的承担，是体育教师职业道德观的下属维度，同属于体育教师职业观的具体构成。体育教师只有形成了良好的职业观，才能勇于承担自己的职业责任，充分发挥自己作为教师的职业价值。

三、体育教师职业观的具体构成

（一）对体育教师职业的价值、意义与作用有清醒和正面的认知

体育教师的认知决定了其行为，体育教师能够尊重自己的职业、履行好自己的职业责任和义务的前提是对该职业的价值、意义与作用有清醒和正面的认知，也就是拥有正确的职业价值观。

体育教师对职业的认知起源于职业理想。职业理想是指人们在职业上依据社会要求和个人条件，借想象而确立的奋斗目标，即个人渴望达到的职业境界。它是人们实现个人生活理想、道德理想和社会理想的一种手段，并受社会理想的制约。体育教师职业理想具有职业理想的基本特性，对职业理想的理解有助于体育教师加深对职业的认识。体育教师职业理想是指体育教师依据社会对体育教师职业的要求和个人的实际条件确立的、对通过努力能够实现的职业目标的向往和追求。体育教师的职业理想反映了体育教师高尚的师德追求、精神境界和高度的社会责任感，会促使体育教师以饱满的激情投入工作，把教书育人视为不可推卸的责任，在平凡的岗位上爱岗敬业、无私奉献、钻研业务、勇于创新，在促进教育

[1] 李秉德. 教学论 [M]. 北京：人民教育出版社，2000.
[2] 中央教育科学研究所，厦门大学. 杨贤江教育文集 [M]. 北京：教育科学出版社，1982.
[3] 陈坤华. 试论大学教学自由中的教师责任 [J]. 交通高教研究，2002（2）：77-79.
[4] 周济. 爱与责任——师德之魂 [J]. 人民教育，2005（8）：2-3.

事业和学生发展的同时，实现自我价值与自我提升。体育教师只有树立崇高的职业理想，才能具有强烈的社会责任感和使命感，发奋努力，为教育事业发展、国家富强和民族复兴做出贡献。

体育教师对职业正确认识的关键在于发掘职业意义。职业意义是指能够对个人从事某职业产生积极影响的因素及其总和。体育教师职业内在蕴含的意义一旦形成和确立，就成为体育教师群体行为的主观条件或内在因素，并对体育教师的具体活动发挥引导和定向作用。体育教师的职业意义包括：①承担教学任务。体育教师作为体育教学工作的主导者，利用所学知识以及相关教育资源向学生开展教学工作。②主导体育教学工作。体育教学工作是由学生和体育教师共同参与的，而体育教师在整个教学工作中发挥主导者的角色。③利用教育资源为学生提供高品质教学。体育教师要想方设法利用相关教育资源为学生提供高品质的教学服务。不同于其他教师的是，体育教师最突出的职业意义在于促进学生的健康成长，体育与健康课程以身体练习为主要载体，其实践性能够真正地促进学生身体和心理的健康发展。而体育教师作为体育与健康课程的主导者，能够在教学过程和日常生活中对学生的身心健康产生重要影响。所以，体育教师应对自己的职业价值、意义与作用有着清醒和正面的认识。

（二）具备坚定地从事体育教师工作的信念

体育教师对职业的认知决定了其对该职业的看法和态度，而支撑体育教师完整地走过漫长职业生涯的是其从事教师工作的坚定信念。信念是指一个人深信无疑并身体力行的观点和准则，它体现的是高级的个性倾向，是知、情、意的高度统一体。树立坚定信念的人会对组成其信念的知识结构有着广泛的概括性和深刻的理解力，成为洞察事物的基本点、判断事物是非曲直的准绳，而且对捍卫信念表现出强烈的个性感情。体育教师职业信念是其对教育事业价值判断和坚信不疑的认识，并体现在定位职业角色和开展体育教学的职业行为中。它为体育教师专业发展提供了根本和深层的依据，决定着体育教师对职业的理解及其角色定位的认识和实践，对坚定职业目标追求、促进专业发展都起着统帅及引领作用。

　　具体来看，体育教师职业信念包括教师在教学情境中的教学工作、教师的角色、课程的本质、学生的学习等要素。体育教师应坚定职业信念，有终身从事体育教育的志向，始终与党中央保持一致，拥护党和国家的路线、方针、政策，忠于体育教育事业；自觉地遵守教育法律、法规；服从领导分配，对工作任劳任怨，尽职尽责，勇挑重担，不计较个人得失；做事坚持原则，实事求是；热爱学校，关心爱护学生，以集体利益为重，尊重、团结他人；善于助人为乐，为人师表。而一旦体育教师职业信念不强，就会出现职业压力增大和职业倦怠等现象。

　　从职业生涯的时长来看，在体育教师近40年的职业生涯中会面临许多职业压力，并且伴随着职业倦怠的产生。根据交互理论的职业压力构成要素，职业压力被定义为：在工作中，个体在实现自我目标时，压力源长期持续地作用于个体，在个体的性格及应对方式的影响下，形成一系列生理、心理和行为反应的过程。体育教师的职业压力由体育教师的职业特性引发，并且受到教师个人特征的交互影响，伴随出现个体生理和心理上的反应。已有研究表明，教师群体是一个高压力群体。体育教师因为是所谓"副科教师"，相对而言教学压力较小，但教学任务之外的工作较为繁杂，并且随着国家对学生健康的高度重视，体育教师所面临的职业压力正不断变大。其中，工作因素是体育教师最主要的职业压力来源，特别是小学和初中的体育教师。小学体育教师因学生年龄较小，所以工作负担较重；初中体育教师面临体育中考，工作负荷和职业压力较大。31~40岁的中青年体育教师的职业压力尤为显著，远高于其他年龄段的体育教师。

　　职业倦怠是指个体在工作重压下产生的身心疲劳与耗竭的状态。体育教师职业倦怠就是体育教师不能顺利地应对工作压力时的一种极端反应，会产生情绪、态度和行为的衰竭状态。一是情绪低落。处于职业倦怠状态的体育教师常常会表现出疲惫感，教学中容易急躁，容忍度低，对工作缺乏热情与活力，甚至对生活冷漠悲观。二是人格解体。这时的体育教师的显著表现之一就是减少接触或拒绝接纳学生，给学生贴标签，对其他学科的教师持多疑、轻视的态度。三是成就感不高。部分体育教师认为自身专业前景不好，由本专业所带来的物质和精神回报不及其他专业、学科的同事，容易产生自卑感、逆反心理，对工作消极应付，得过且过，这可能会大大减少体育教师工作的驱动力。

由体育教师职业倦怠带来的消极影响是多方面的：一是降低了个体的生活质量。处于职业倦怠的体育教师很可能出现心烦、暴躁、易怒等情绪，难以与他人建立良好的人际关系，师生交往有效性的缺失必然会导致师生在教学交往中产生冲突与矛盾。二是影响体育教学效果。职业倦怠会使体育教师降低对教学工作的信心和热情，对指导学生缺乏耐心，导致教学效果不佳。三是造成社会资源损失。职业倦怠使人力资源得不到充分利用，进而造成一系列的社会问题，增加了社会对医药和支持性服务系统（如心理咨询等）的依赖。部分体育教师转岗或改行在一定程度上也是教育资源流失的重要表现之一。

总之，一名优秀的体育教师应该具备坚定的职业信念并且能够充分利用信念的力量去积极面对职业压力并且克服职业倦怠，坚守教师岗位，完成自己的教师使命。

（三）对从事体育教师职业感到自豪

体育教师应始终为自己的职业感到自豪，对教师职业有着正向的认识态度和评价，即职业评价。体育教师职业评价包括对体育教师职业功能、职业报酬、工作要求、职业环境等的评价。体育教师对职业功能的整体认识是积极正向的，大多数体育教师都认同体育教师教书育人的使命以及促进学生身心健康的重要作用。体育教师对职业报酬的整体评价偏低，从地域分布来看，呈现出地区发展不平衡的趋势，主要表现为东部沿海地区体育教师的收入较高，北部和中西部地区体育教师的收入偏低，体育教师的整体收入不高且地区间的差异较大。目前，各中小学对体育教师的工作要求较高，除了每周固定课时的课堂教学任务之外，体育教师还要承担大课间活动、课外体育俱乐部以及运动队训练任务等工作，运动会、校庆等大型活动也需要体育教师的积极参与。体育教师对职业环境的评价褒贬不一，经济和教育发达地区的体育教师职业环境较好，工作条件较为舒适，经济和教育较为落后的地区情况则相反。

近年来，体育教师的职业环境日益向好，体育教师迎来新的职业机会，这大大促进了其职业发展的速度和深度。对于体育教师而言，职业环境具有双重含义：一是作为从事体育教育工作的体育教师所处的职业环境；二是教学工作所面向的职业环境。显然，除了部分显性知识以外，其他大部分与职业相关的知识和技能，尤其是隐性知识（如经验、技能等），必须依托职业环境才能获取。体育教师所处的职业环境主要是具体的学校环境和社会层面的政策环境：一方面，学校环境中，体育教师权力和地位主要依据校长或直接领导是否重视体育而定；另一方面，体育教师所处的政策环境正日益改善，随着体育与健康课程的地位提高，体育教师的整体地位也会水涨船高。除此之外，体育教师所面临的工作环境受到学生质量和同事关系的影响：学生质量即生源水平，由地区经济水平和人口分布而定；同事关系则受到体育教师个体待人处事的方式以及同事的个体差异的影响。

职业机会是指所处的时代和环境能否为个体提供有力的支持。个体在不同的环境下会面临不同的机会，即所谓的职业机会。职业机会由宏观环境、产业环境、组织环境、职业本身和家庭环境 5 个要素构成，并且受到职业环境、职业发展潜力、个人职业能力、人脉关系以及潜在的机遇和风险等因素的影响。个人职业能力、人脉关系受到个体差异的影响，而潜在的机遇和风险也是不稳定的因素。从职业环境来看，《中共中央　国务院关于全面深化新时代教师队伍建设改革的意见》和《关于全面加强和改进新时代学校体育工作的意见》等系列政策的颁布，为体育教师提供了很好的职业环境。而《义务教育课程方案和课程标准（2022 年版）》表明体育与健康课程占总课时比例为 10%～11%，仅次于语文（20%～22%）、数学（13%～15%），而高于外语（6%～8%），排名第三。种种迹象都表明，国家高度重视学生身心健康和学校体育，体育教师的职业机会也随之而来。从职业发展潜力来看，体育教师可以从职称评定的路径提升自我，走体育强师、体育名师的道路，也可以走体育教师转向学校行政岗位的道路。从整体来看，体育教师的职业机会较多，发展前景比较光明，因此应为自己的职业感到自豪。

（四）积极主动抵制外界对体育教师的污名化

2018 年某电视台主持人在合肥"高铁扒车门"事件评述中说道："你说你

是体育老师，我觉得不违和。"这从一个角度说明在公众视野中，体育教师的形象长期被矮化、丑化和污名化，体育教师被冠以"四肢发达，头脑简单"的标签。1963 年，戈夫曼（Erving Goffman）首次提出"污名"的概念。在《污名：受损身份管理札记》中，戈夫曼指出"污名"是一种社会性状，该社会性状将使拥有者在其他人眼中丧失社会信誉或社会价值[1]。他认为"污名化"的核心是"身份受损"，被"污名化"的个体在其他人眼中处于被贬低的社会地位。从客体上看，污名产生于个体越轨行为，通过"印象叠加"形式将越轨特征赋予特定群体，并结构化一般人与"污名化"群体间的关系及互动模式。但是心理学家认为，"污名化"与外部社会无关，个体越轨行为是其构建基础，也就是"污名"必须从污名者自身找原因，即关注个体的不名誉特征[2]。

需要承认的是，媒体对大众能够产生极强的导向性。例如，微博等社交媒体为了吸引大众的眼球，强化体育教师负面的刻板形象，所以自媒体讽刺批评体育教师的热点话题偏多，但是自媒体受商业经济、个人偏好、追求高点击率等因素的影响而常常违背信息传播真实性的原则[3]。比如，"你的 ×× 是体育老师教的吧"这句话在某段时间成为极具热度的网络用语，经过自媒体的渲染在网络上肆意传播，许多人不分人群、不分场合、不分情况地误用和滥用，导致体育教师"没文化、没素养"的形象愈加地深入人心。这种看似随意的调侃实际上是对体育教师群体形象极大的诋毁和侮辱。

事实上，体育教师"污名化"的根本原因还是体育教师群体自身存在一定问题。体育教师群体需要立即做出改变，强化自律意识和理想信念，时刻谨记国家提出的教师职业行为相关准则，提升职业素养，多参加思想政治相关培训和进修，武装自身的思想见解和深度，自我升华，不断提高爱岗敬业精神，积极主动地抵制外界对体育教师的污名化，从自我做起，力争将"污名化"的现象遏制于根源。

[1] 戈夫曼 . 污名：受损身份管理札记 [M]. 宋立宏，译 . 北京：商务印书馆，2009.
[2] 徐正旭，龚正伟 . 当代我国体育教师"污名化"现象分析 [J]. 体育学刊，2018，25（5）：89-94.
[3] 冯博 . 网络新闻标题的失范现象及其规避路径 [J]. 传媒，2019（9）：89-91.

（五）尊重与维护体育教师的尊严

陶行知先生有云："千教万教，教人求真；千学万学，学做真人。"此处之"真"，包括教学内容为真理和真知，教育对象为真人，教育方法为求真，教育态度为认真。教育的尊严来源于真实，教师的尊严更应如此，教人求真自当先行于学生做真事、做真人。真人之"真"，在于本分，在于坚守自我，体育教师的尊严建立于真实之上，就必然要做到自尊自爱，履行体育教师的职业责任，遵守职业准则和职业品德。

职业责任是指个体在职业行为中所承担的义务与职责，通常以合同或行政规章的形式予以规范。参照对职业责任的理解，体育教师的职业责任就是担当体育教师角色的人所应承担的分内事务，是体育教师职责范围内的应然事项。体育教师应该同其他学科教师一样，履行一般的职业责任，包括：培养学生独立获取新知的能力；培养学生创新的精神和能力；培养学生良好的心理品质；培养学生良好的思想品德；培养学生善于与人协作的意识和能力等。

体育教师的职业准则应理解为体育教师从事该职业时应当遵循的标准或原则。准则是教师职业行为的基本规范，而师德师风是评价教师队伍素质的第一标准。教育部为了深化师德师风建设，于 2018 年颁布了《新时代高校教师职业行为十项准则》《新时代中小学教师职业行为十项准则》《新时代幼儿园教师职业行为十项准则》等文件，文件内容也适用于体育教师。《新时代中小学教师职业行为十项准则》明确提出了教师的行为准则：①坚定政治方向。坚持以习近平新时代中国特色社会主义思想为指导，拥护中国共产党的领导，贯彻党的教育方针；不得在教育教学活动中及其他场合有损害党中央权威、违背党的路线方针政策的言行。②自觉爱国守法。忠于祖国，忠于人民，恪守宪法原则，遵守法律法规，依法履行教师职责；不得损害国家利益、社会公共利益，或违背社会公序良俗。③传播优秀文化。带头践行社会主义核心价值观，弘扬真善美，传递正能量；不得通过课堂、论坛、讲座、信息网络及其他渠道发表、转发错误观点，或编造散布虚假信息、不良信息。④潜心教书育人。落实立德树人根本任务，遵循教育规律和学生成长规律，因材施教，教学相长；不得违反教学纪律，敷衍教学，或擅自从事影响教育教学本职工作的兼职兼薪行为。⑤关心爱护学生。严慈相济，诲人不倦，真心关爱学生，严格要求学生，做学生良师益友；不得歧视、侮辱学生，严禁虐待、伤害学生等。⑥加强安全防范。增强安全意识，加强安全教育，保护学生安全，防范事故风险；不得在教育教学活动中遇突发事件、面临危险时，不顾学生安危，擅离职守，自行逃离。⑦坚持言行雅正。为人师表，以身作则，举止文明，作风正派，自重自爱；不得与学生发生任何不正当关系，严禁任何形式的猥亵、性骚扰行为。⑧秉持公平诚信。坚持原则，处事公道，光明磊落，为人正直；不得在招生、考试、推优、保送及绩效考核、岗位聘用、职称评聘、评优评奖等工作中徇私舞弊、弄虚作假。⑨坚守廉洁自律。严于律己，清廉从教；不得索要、收受学生及家长财物或参加由学生及家长付费的宴请、旅游、娱乐休闲等活动，不得向学生推销图书报刊、教辅材料、社会保险或利用家长资源谋取私利。⑩规范从教行为。勤勉敬业，乐于奉献，自觉抵制不良风气；不得组织、参与有偿补课，或为校外培训机构和他人介绍生源、提供相关信息。

体育教师的职业品德应当理解为体育教师依据教师职业的一般道德行为准则所表现出来的具有个体性的倾向和特征。体育教师的职业品德是体育教师个体社会行为的内部调节机制，依靠其自觉的内心观念来维持。体育教师的职业品德心理结构涉及几个方面：①师德认识（师德印象、师德信念、师德观念、师德观点、师德知识、师德评价）；②师德情感（直观的情感体验、形象的情感体验、伦理的情感体验）；③师德意志（师德动机、师德意志控制力、知行一致性）；④师德行为（师德行为方式、师德行为习惯）。

虽然职业品德和职业道德不能等同，但是体育教师的职业品德的形成仍需遵守教师职业道德的一般约束，应做到：爱国守法——热爱祖国，热爱人民，拥护中国共产党领导，拥护社会主义；爱岗敬业——忠诚于人民教育事业，志存高远，勤恳敬业，甘为人梯，乐于奉献；关爱学生——关心爱护全体学生，尊重学生人格，平等公正对待学生；教书育人——遵循教育规律，实施素质教育，循循善诱，诲人不倦，因材施教；为人师表——坚守高尚情操，知荣明耻，严于律己，以身作则；终身学习——崇尚科学精神，树立终身学习理念等。体育教师只有具备了这些职业道德、职业品德等，才能赢得他人的尊重，也才能维护自己的职业。

第二节　体育教师职业观的培养

在了解了体育教师职业观的内涵之后，本节将对体育教师职业观的现状进行探索与反思，并提出体育教师职业观的培养策略。

一、体育教师职业观的现状反思

（一）体育教师职业认同较好

对职业的认同是产生职业观的基本前提。美国心理学家埃里克森（Erikson）最早提出了"自我同一性"理论，他在该理论中提到并进一步发展了职业认同的概念。职业认同作为心理学上的一个重要概念，是指社会个体的职业追求和目标、社会价值观念以及对其他相关因素的认知与社会期望、社会评价保持一致。换言之，是社会个体对其他群体的有关职业的认知和观念表示赞许或认同。宋广文等人认为：社会个体对自己的职业身份分辨的状态或过程就是职业认同，也就是对"我是谁""我从事什么类型的职业""我选择自己职业的理由"等系列问题的回答。教师职业认同概念表现的是社会个体对教师职业的赞许和认可程度，还有长期投身于教师职业工作的态度[1]。梁凤华认为："教师职业认同是一种双重维度的趋同过程，这包括情感维度和心理维度，受到外在和内在以及其他各种因素的影响而不断变化，它也是一种交互作用下的结果。"[2]与

---

[1] 宋广文，魏淑华.影响教师职业认同的相关因素分析 [J].心理发展与教育，2006（1）：80-86.
[2] 梁凤华.教师职业认同研究综述 [J].当代教育理论与实践，2021，13（1）：138-144.

之类似的是，段碧花认为："教师需要在一个特殊的职业环境中确立自我的职业认同，这依赖于教师个体的职业实践活动、在各式各样的职业互动中建立的教师职业建构和教师自我确认，这产生于教师个体、职业环境以及社会文化三者之间的相互作用。"[1]孙志麟指出："教师职业认同是教师对专业的主观意向，是在社会关系结构中通过教学理念、教学价值、教学知识体系和教师专业角色等因素的影响下形成的，教师职业认同是对职业生涯确认和承诺的过程。"[2]

教师群体的心理和行为受到职业认同的持续影响。从内涵来看，教师职业认同包括与该专业内的人分享的态度、价值观、信念、知识和技能，具有多面性和动态性的特点，是考量和理解教师工作状态与结果的重要指标。培养教师职业认同的关键方法之一是教师的自我反思。目前，国内对教师职业认同结构的研究结论不尽相同，教师职业认同维度的划分也各式各样，目前有二维论、三维论、五维论、六维论等。其中，魏淑华的观点具有普遍性，她把职业认同分为职业价值观、职业行为倾向、角色价值观和职业归属感4个维度。

我国体育教师职业认同的整体状况较好，但处于职业生涯的不同阶段的体育教师由于其内部结构要素和关注重点均不同，呈现出职业认同的阶段性特征：在适应期，情感认同高，能力认同、持续认同低，关注体育知识和技能的掌握与对工作环境的适应；在发展期，职业认同的各个维度均获得了一定的发展，关注教与学的过程，对体育知识和技能提出了更高的要求；在成熟期，投入认同和情感认同出现波动，更加关注教育理念的更新和对学生发展的影响；在专家期，职业认同的内部强度不仅高而且均衡，关注学生发展与教育理念的结合，追求个人、团队和国家事业发展的统一。促使体育教师形成职业认同的来源很广，教师个人的特质、学生时代的体验、教师职前教育的经历、教学实践中的反思、生命发展的体验、教学环境的感知等都是职业认同的重要来源。多元的职业认同来源造成了体育教师职业认同的差异，甚至产生职业认同的冲突。

[1] 段碧花. 教师职业认同：内涵与结构 [J]. 智库时代，2020（16）：255-257.

[2] 孙志麟. 师资培育制度变革下职前教师的专业认同 [J]. 台湾教育社会学研究，2001（2）：59-89.

（二）体育教师职业倦怠普遍存在

"职业倦怠"是美国心理学家弗罗伊登伯格（Freudenberger）于 1974 年首次提出。它是指人对从事的工作缺乏兴趣却又不得不为之时，就会感到厌烦，产生一种身心疲惫的心理状态，从而导致自身潜能难以充分发挥，工作能力和工作绩效下降，这种状态就是职业倦怠。心理学研究表明：职业倦怠最容易发生在有助人行为的从业者身上。若从业者在助人行为中负担过重，又得不到公众认可，自我实现感不强，行为的物质和精神报酬较少，很可能产生职业倦怠。体育教师作为典型的助人行为者，又因其工作环境和自身专业等的特殊性，更容易产生职业倦怠。当前，体育教师职业倦怠普遍存在，且情况不容乐观。体育教师职业倦怠的影响因素主要包括学生管理、工作负荷、工作环境、工作 – 生活冲突、待遇、心理资本、情感体验、职业发展、社会认知偏差、家长合作程度、社会支持、职业认同等。

王守恒分析了我国体育教师职业倦怠的成因，并将其归类为三大因素：社会因素、组织因素、职业因素 [1]。在社会因素中，社会变化带来新要求和高期望。社会变迁带来人们的价值多元化，人们有更大的自由和更多的机会选择自己的职业；与此同时，由社会变化导致的教育改革不断对体育教师提出新的要求和期望，诸如思想品德素质、心理素质、业务素质、身体素质、审美素质等，这也导致了体育教师在急剧变迁的形势下无所适从。在传统的"重文轻武"的思想下，体育教师常被等同于"武夫"看待，冠以"四肢发达，头脑简单"的"标签"。体育教师群体的社会地位较低，得不到应有的认可和尊重，从而导致体育教师工作懈怠、积极性不高。在组织因素中，学校对体育教师的角色定位不当。体育教师既要完成教学任务，还要担任学校大型活动的组织者、心理健康医生等，多任务多要求而导致角色的压力偏大，使得体育教师角色混乱，甚至会影响其本职工作。另外，体育教师的待遇不公平。在应试教育的影响下，体育被学校领导视为"副科"而不被重视，使得体育教师在待遇方面可

---

[1] 王守恒 . 体育教师职业倦怠的成因及其消解策略探析 [J]. 北京体育大学学报，2005（10）：1393–1394.

能会受到不公平对待，体育教师在学校教师队伍中被游离化、边缘化。由于"两考"的原因，体育教师经常"被生病"而"缺课""漏课"，体育教师也在学生心目中留下了工作轻松、不负责任、水平低下的印象。在职业因素中，"次准专业"的体育学科专业性质造成体育教师心理失衡。在"重文轻武"的传统观念的影响下，教师尚且只能达到"准专业"的水平，那么体育教师就成了"准专业"下的"次准专业"。另外，体育教师特殊的教学要求和教学环境也给予他们极大压力。体育与健康课程不仅要求体育教师要提高学生们的体质健康水平，还要对其进行心理健康教育、安全教育、品德教育、意志锻炼等。但家长对学生的过度保护不容许学生在体育课上受到一点伤害，否则体育教师就要承担失责的责任，如此这般导致体育教师长期遭受教学和心理的双重压力，随着时间推移职业倦怠感会愈加强烈。

（三）体育教师职业压力较大

近 20 年来，世界各国对教师职业压力的研究逐渐深入。教师职业压力被认为是教师消极情感的反应综合征，如焦虑、紧张、沮丧或失落，通常伴随着潜在生理变化。它是由教师的工作引起的，是通过教师对构成其健康与自尊的威胁性事件的知觉以及激活减少威胁知觉的应对机制进行调节的。社会心理学认为职业压力是一个多维概念：职业压力是以反应、刺激、环境为基础的变量或者是人与环境的交互作用的产物。

拉扎勒斯（Lazarus）的职业压力相互作用理论认为，压力是人与环境相互作用的产物，在压力源和压力反应之间存在着两个阶段的认知评价过程，即认知判断和应对。卡拉赛克（Karasek）的工作压力模型（Job Demand-Control Model，JD-C）认为工作压力源受工作要求和工作控制的共同影响。工作压力既不取决于工作要求，也不取决于工作特征，而是两者之间的交互作用。有益的压力具有缓冲作用，是一种保护机制。塞里（Selye）的压力与适应学说认为人面临压力反应可分为 3 个阶段：一是报警阶段。当压力因素第一次发生时，身体调动它的生理保护机制，反抗压力因素。二是抵抗阶段。在该阶段身体转向活动的正常水平并且阻抗增加。三是消耗阶段。适应能力消失，症状重新出现并产生进一步的结果。布伦纳（Brenner）的教师职业压力理论模式则把压力本身看作是描写从刺激到反应整个过程的一个相关概念，在该过程中，教师特征、应对机制、评价、非职业压力源调节着整个刺激与反应过程。其中，教师特征在决定实际压力源是否积累成为一般紧张度状态中起到重要作用。

大量研究表明，教师面临的职业压力很大。如邵光华等调查表明91.9%的教师认为教师职业有压力；南京大学的研究人员调查发现94.6%的教师感到有职业压力，其中35.6%的教师表示职业压力很大；潘欣等通过对西安交通大学286名教师的研究发现，80%的教师长期感受到职业压力太大，75%的教师长期处在慢性疲劳的亚健康状态，1/3的教师出现明显的生理反应以至于对身心健康造成很大的负面影响。而中小学体育教师作为教师群体的一部分，同样面临着职业压力的威胁。有调查表明，61%的中小学体育教师认为职业压力较大和职业压力很大。然而，在现实生活中，社会与学校更多关注的是学生身心健康和体育教师工作的结果，却很少关注体育教师面临的职业压力问题。过度的职业压力将损害体育教师的身心健康，而体育教师的身心健康会直接影响体育教学质量和教学效果，从而间接影响学生能否健康成长。众所周知，在日常教学中，体育教师不可避免地要面对恶劣的室外环境，还要承担促进学生体质健康、避免发生课堂伤害事故、提高体育生升学率等任务，受到来自学校、学生、家长等各方面的压力。因此，减轻体育教师职业压力是一个值得高度重视的问题。

（四）体育教师"污名化"现象较为严重

埃利亚斯（Elias）在研究"胡格诺教徒"时发现了一个事实：社会中某一群体习惯于将人性的低劣强加在另一个群体之上并加以维持，埃利亚斯称这种行为为"污名化"。他认为"污名化"源于对某一群体的某一特征进行抽象处理，以以偏概全的形式遮蔽其余特征，再将这种负面特征扩大化、标签化，进而形成特定群体的特殊"标签"。埃利亚斯还认为"污名化"是两种群体权力关系的博弈，这种博弈对象就是一种单向的"命名"权力，类似于布迪厄（Bourdieu）"语言暴力"的产生机制，体现为不具污名的一方群体加诸刻板印象与具有污名一方之间的互动，污名化就是互动关系不断发展以致最后成为凝固现实的过程[1]。

体育教师"污名化"的形成机制具有复杂性，是在社会心理、文化传统、社会制度及伦理道德共同作用下产生的。从心理学角度来看：一方面，体育教师群体中确实存在着一定程度的问题行为；另一方面，施污主体的"人格缺陷"是形成当今体育教师职业"污名化"的重要原因。从历史学的角度来看：既与我国传统文化"重文轻武"有关，也与我国近代学校体育作为"规训工具"的历史使命有关。从社会学的角度来看：一方面，在整个社会结构中，教育式微让教师群体整体性沦为"弱势群体"；另一方面，在整个教育体系中，体育课程的式微让体育教师成为"弱中最弱"。从伦理学的角度来看："污名化"是传统"重思想、轻身体"分层模式造成的道德梯度，也是应对当今体育风险的化解方式[2]。

二、体育教师职业观的培养策略

（一）加强体育教师职业观建设工作

在国家层面，需加强宏观调控，通过颁布政策、文件，发布教育指令等手段进一步加强体育教师职业观的建设工作。

第一，加强体育教师教育观建设，对体育教师提出以下基本要求：端正思想教育，全面贯彻教育方针；坚持五育并举，正确处理其关系，使其相辅相成，发挥整体作用；坚持统一目标与因材施教相结合；启发学生学习的主动性、积极性，使全面发展成为学生的自觉追求。

第二，加强体育教师学生观建设，坚持"全面发展"的思想，坚持以人为本，在体育教学活动中做到以学生的全面发展为本，坚持学生的主体地位，用全面的眼光看待学生；公平公正地对待学生，不因性别、民族、地域、经济状况、家庭背景和身心缺陷等歧视学生；尊重、热爱学生；因材施教，促进学生

---

[1] 埃利亚斯，门内尔，古德斯布洛姆.论文明、权力与知识——诺贝特·埃利亚斯文选[M].刘佳林，译.南京：南京大学出版社，2005.

[2] 徐正旭，龚正伟.当代我国体育教师"污名化"现象分析[J].体育学刊，2018，25（5）：89-94.

的个性发展；树立全心全意为学生服务的意识。

第三，加强体育教师身份观建设，坚持自觉地做到对学生负责、对学生家长负责、对教师集体负责和对社会负责的责任观，坚持完成好体育教学工作，关心学生身心健康，通过培养学生核心素养，落实立德树人根本任务。

第四，提升体育教师对职业的认识层次，坚持忠于职守的事业精神，坚守职业道德。热爱自己的本职工作，安心于本职岗位，恪尽职守地做好本职工作。充分认识教师教育工作在社会经济活动中的地位和作用，认识本职工作的社会意义和道德价值，具有职业荣誉感和自豪感。在职业活动中具有高度的劳动热情和创造性，以强烈的事业心和责任感从事工作。

（二）加大职前和新入职体育教师的职业观培养力度

从学生变成教师，并不是简单的身份转变，更重要的是在角色转变过程中要形成正确的价值观和职业观。基于此，应重视对职前和新入职体育教师的职业观培养。

徐正旭等人指出，针对职前体育教师：一要提高我国体育师范专业培养质量。近 20 年来，我国体育师范教育一直重视量的扩展，体育院系要由扩容增量转向提质增效，坚持内涵发展，优化师范生培养方案，加大通识教育力度，提高体育师范专业学生的文化修养。二是要帮助体育教师树立终身教育的理念，定期开展各类教育活动，不断更新知识体系，不断充实、完善知识结构。三是体育教师要与时俱进、不断创新，主动接受新理念、新思想，要树立做"有文化的体育人"的目标和理想。四是体育教师要遵纪守法，传递正能量，维护社会秩序，维护职业形象[1]。尤其是我国近年来招收的一些体育教育专业的学生，对体育教师职业缺乏认同感，只是将进入体育教育专业学习当作上大学的机会，对于此类学生要高度重视其职业观的培养。

针对新入职的体育教师，学校可采取教师职业观的讲授、研讨和案例分析等方式，帮助其积极形成正确的教师职业观。讲授可采用讲师培训、名人报告、

---

[1] 徐正旭，龚正伟. 当代我国体育教师"污名化"现象分析 [J]. 体育学刊，2018，25（5）：89-94.

专家讲座相结合的方式。培训内容设计要涵盖理念层、制度层、执行层和形象层4个层次：理念层主要是宣传社会主义核心价值观体系；制度层主要阐释制定的各项规章制度对职业道德观和职业责任心建立的激励机制；执行层主要是通过开设时间管理、压力与情绪管理、自我管理、职业生涯规划等课程提高新入职体育教师的职业素养；形象层主要通过职业的艺术、职业形象与礼仪等课程塑造体育教师的良好形象。同时，学校还可以大力开展体育教师职业观树立主题演讲比赛、青年教师授课技能竞赛、正确职业观培养经验分享会等活动；通过访谈和问卷调查的方式及时收集现阶段体育教师在工作中面临的困惑与难题；通过分析和识别典型问题，以圆桌会议和主题会议的形式进行专题研讨等。

（三）优化体育教师的生存环境，不断提高体育教师的地位

总体而言，当前我国体育教师的生存具有很好的政策环境，国家十分重视体育教师的发展，颁布了很多政策文件。但是，政策环境并未很好地转化为体育教师的生态环境，对体育教师职业的污名、误解、歧视等现象屡屡出现，很多体育教师在这种环境中丧失了进取心，得过且过。与其他主科教师相比社会地位相对较低，更加重了体育教师对职业观的误解。

基于此，国家及地方的教育行政部门需要加大对体育教师群体的关注力度，借助《中共中央　国务院关于全面深化新时代教师队伍建设改革的意见》《教师教育振兴行动计划（2018—2022 年）》和《关于全面加强和改进新时代学校体育工作的意见》等政策文件颁布的机会，支持体育教师多方位全面发展；提供更加充足的资金，加强对体育教师人才的补助，关注体育教师对该职业的社会地位、社会声望、社会功能、社会报酬、自然条件、工作环境以及任职要求的看法和态度，切实提高体育教师的收入水平；改善体育教师的社会地位，转变体育教师的社会评价，加强体育教师的职业认同。相关单位应积极引导体育教师挖掘自我潜力，在学校层面兼任更多职务，甚至可以走出校园，为人民群众提供专业的体育指导，为城市体育设施建设提供建议，为大型体育活动的举办献计献策，发挥体育教师更大的社会价值。

（四）体育教师应不断奋进与主动学习，加强正确职业观的自我塑造

体育教师职业观的形成是一个长期的过程，体育教师应树立终身学习的理念，建构长效性学习机制，拓宽自主性学习形式，注重实效性学习，强调研究性学习，追求专业化学习，坚持工作中学习。体育教师需要以"加强学习，掌握正确教育观；了解体育教育工作的基本规律和基本方法，进行教育实践；了解学生学习发展动向和最新研究成果；巩固已掌握的理论转化为实际教学能力"为主要学习目标，以政治业务理论、教育教学技能、教育科学研究、个人道德修养为主要学习内容。具体而言，体育教师要主动学习国家有关教师队伍建设的政策文件，提高教师的职业道德素养；多听多看优秀体育教师的公开课，通过集体备课交流学习等形式，提高体育教师的业务水平，从而提升自己的职业自信心；认真学习新课标中的改革要求，大胆尝试使用新的体育教学方法；坚持每周进行业务学习，学习前沿的体育教育教学研究成果，学习常规管理、班集体建设、师德师风建设、民主管理等经验，并与新一轮课程改革密切结合；通过阅读优秀体育教师的人物传记，感受前辈的感人事迹和高尚品格，在潜移默化中多路径、多层次、多方面提升自己的职业观。

第四章

体育教师学生观

随着"以学生发展为中心"教学理念的确立，学校课程教学逐渐走向以学生为中心，指向培养学生的核心素养。教师的核心素养水平将在很大程度上决定学生核心素养培养能否在教育实践中真正落实。体育教师学生观既是体育教师核心素养的重要组成部分，也是成为一名卓越体育教师必须深刻了解和具备的关键素养。基于体育教师学生观的重要性，本章将从体育教师学生观的内涵和培养策略两个方面来进行阐述，进一步为体育教师理解学生观拓宽思路。

第一节　体育教师学生观的内涵

只会标准化教学的教师，在不久的将来可能因被人工智能取代而"失业"，唯有具备独特魅力的教师才符合未来教师的标准，这种独特魅力来自师生间的互动与情感表达。教师心中有学生，才会真正打动学生和感染学生。本节将从体育教师学生观的提出缘由、价值定位和具体构成3个方面进行阐述。

一、体育教师学生观的提出缘由

（一）国家政策越来越重视以学生发展为中心

近年来，国家政策越来越强调关注学生，以学生的发展为中心开展教育实践工作。比如，在 2021 年全国政协第十三届四次会议对教育类提案的答复中，反复强调了未来要重视学生长期的发展，不是简单强调考试分数。在重视基础知识、基本技能的同时，更加关注学生终身发展和应对未来挑战所需的能力和素养。2021 年 7 月，中共中央办公厅、国务院办公厅印发《关于进一步减轻义务教育阶段学生作业负担和校外培训负担的意见》，强调"坚持学生为本、回应关切，遵循教育规律，着眼学生身心健康成长，保障学生休息权利，整体提升学校教育教学质量……"以上提案答复和政策文件的精神都在反复强调新时代的教育应该回归育人的本质，关注学生的全面发展。

学生的成长和家庭、社会、学校多方面密切相关，教育者的一个重要角色是服务于学生的成长。如果教育只追求考试分数，那么不仅会对学生的成长带来负面影响，也背离了教育的育人本质。在理想教育状态下，学生具有强烈的学习兴趣与需求，教师应能够适时基于学生的合理学习需求为学生提供帮助。教育与其所处时代的社会生产活动紧密相连，旨在增进个体幸福和社会利益，但过度追求教育的功利性势必会造成教育走向功利化。未来教师应该多方面、全方位地为学生提供更多的选择机会，真正地从学生的兴趣出发，满足学生长期发展的需要。体育教师更应该积极关切和回应国家要求，坚持以学生发展为中心，将学生置于所有工作的核心地位，形成积极的体育教师学生观。

（二）教学对象逐渐强调自身主体性

21 世纪是信息爆炸的时代，知识信息呈指数级别增长。此外，得益于现代信息技术向社会各个领域的渗透，社会的发展不但引起了人才需求的变革，也拓宽了人们获取知识、交流的途径与方式。对于学生而言，他们获取新知识的渠道也不再局限于学校教育、书本知识和请教老师，现代信息技术的应用将教育延伸到了教室之外，他们可以通过互联网、电视、知识付费、亲临现场等各种方式来了解自己感兴趣的内容。更重要的是，在线学习能根据学生的需求提供更加个性化的服务，使每个学生都能找到适合自己的学习方式，尤其是在新冠病毒感染疫情期间，在线课程教学已成为学习的主要方式。此外，技术的发展还促进了学生之间的合作，使他们能够打破时空限制参加学习社区或创建自己的学习社区，甚至建立全球学习共同体以解决共同面对的难题。但需要注意的是，数字化同样也可能将学生带向另一个极端，即过于依赖智能设备，无法独自完成常见的任务，此时教师进行有意识的积极引导就显得十分必要。

在此时代背景下，学生不再是被动的"知识接受者"，更像是主动的"知识猎手"，他们可以借助各种工具获取新知识。学生的成长不仅体现在知识、技能增长与学习工具熟练使用等方面，还表现在批判性、创新性思维的发展。例如，学生在学校课堂上会提出更加有难度、更加专业的问题，同时会对教师的讲解或问题解答进行更深层的追问与批判性思考，传统灌输式教学的魅力与效果会大打折扣。

以体育与健康课程为例，如果体育教师在制订教学计划前不能充分了解班级每个学生对运动知识和技能的掌握情况等学情，就可能无法做到有针对性地实施教学，因为不同学生的体能、知识技能掌握情况可能存在差异。此外，运动基础较好的学生可能会有更高目标的学习需求，如果体育教师多次无法解答其提出的问题或帮助其提升能力，那么体育教师的知识话语权将会受限，进而动摇体育教师的权威形象。有学者指出，教师权威是保持教育教学秩序、完成教育教学任务的必要条件，现代教育越来越需要教师权威由"外在依附"转化为"内在生成"[1]。因此，体育教师是否具备学生观将影响学生能否对体育教师发自内心地信服、钦佩，通过转化为学生自己内驱力的方式而影响体育教育效果。

---

[1] 张良才，李润洲.论教师权威的现代转型 [J].教育研究，2003（11）：69-74.

（三）学校课程教学逐渐走向以学生为中心

21 世纪是知识社会，要求学生从知识的"搬运者"转变为知识的"创造者"，因此学校的教育目标不能仅局限于单纯地教授学生知识和技能，需要更加重视培养学生运用知识和技能、解决现实问题所必需的思考力、判断力、表达力与人格品性。在这样的时代背景下，各国都将目光投向核心素养，以解决"培养什么人""怎样培养人"的问题，关注核心素养的培养已成为世界各国基础教育变革的重大趋势。钟启泉教授曾指出，核心素养具有两种明显的特色：一是基础性，强调培养"人"的教育性质——基础教育是养成有社会责任感、有教养的公民的教育；二是能动性，强调了学习是动态的、指向未来的——基础教育需要在"低阶认知能力"的基础上发展"高阶认知能力"[1]。

基于上述观点，我们可以认为教育的生命机制是指教育最终和基本上依靠教育对象的生命自身。当前的教育应该以学生发展为中心，关注学生如何成为"社会人"与"终身学习者"，教育理念正在完成由知识传授向启迪智慧的转变。因此，学校教育就应该对标"学生本位"的课程设置、教学方法等，教师也需要建立关于学生的本质属性和特征的基本观念体系。以杜威（Dewey）为代表的学生中心观拥护者认为，教师在教学中只应充任"看守者"和"助手"，不应站在学生面前的讲台上，而应站在学生背后。而体育教师作为教师队伍的组成部分，需要培养并具备学生观（诸如对学生的本质、特征、成长发展过程等各方面的基本看法），才能充分发挥体育与健康课程的育人价值。

（四）传统的教师知识结构与学生核心素养发展之间的矛盾

为了回应培养具备核心素养的人的教育目标，课堂教学改革探索也在一直进行。近年来，"大概念教学"成为教育学界的关注焦点，强调通过大概念统领学习，并将其作为思维工具，使学习者不断思考为何而学的基本问题，超越表面化的学习体验，进入更深层次的理解。大概念教学并不是简

---

[1]　钟启泉 . 基于核心素养的课程发展：挑战与课题 [J]. 全球教育展望，2016，45（1）：3–25.

单的教学方法，而是一种指向学生的育人理念。进一步说，体育教师需要从大概念的内在性质出发，将"让学生过去的经验与未来现实生活建立联系"这一思想贯穿于教学计划的制订中，因此对于学生的认识与了解是开展高质量体育教育的重要前提。此外，一些新的诸如互动式、探索式、研究式、项目式等教学方法也陆续被提出，被视为帮助学生发展学科核心素养的有效途径。不论是项目式学习还是合作学习，都要以问题为驱动，引导学生自主整合所学的学科知识，甚至是用跨学科知识来解决问题。总之，其本质都是以学生为中心的学习，那么就需要教师引导学生思考在学习本部分内容之前需要具备什么知识，通过学习本部分内容能够在真实情境中解决什么问题。主张通过创设与教学内容相关的情境或机会，引导学生在亲历的过程中理解并建构知识、发展能力、产生情感、感知意义。

但是，这些教学方法大多建立在高水平教师设计和组织教学的基础之上，一般体育教师很难真正领会其内涵并应用于教学中。体育教师要想胜任复杂而又具有创造性的教育教学工作，就必须以掌握高度专业化的知识为前提。但教师知识并不是一个十分明晰的概念，不同的认识论会得出不同的教师知识观，不同的教师知识观也会得出不同的育人范式[1]。但可以肯定的是，"关于学生的知识"是教师知识的关键组成部分，对体育教师教育理念更新与教学实施有重要影响。但纵观我国师范教育，大多只是关注师范生掌握了多少学科知识、教学知识等，而较少涉及"关于学生的知识"，即不重视教师如何理解学生。随着当前学校育人理念的更新与发展，对学生的关注更加凸显。因此，无论是为了更好地落实国家政策精神，还是为了提升课堂教学效果，都应该将培养教师的学生观贯穿于教师教育全过程，以解决传统的教师知识结构与学生核心素养发展之间的矛盾。

---

[1] 常海洋，杜静. 新时代教师专业知识建构的理性审思 [J]. 中国教育科学（中英文），2019（6）：130–136.

二、体育教师学生观的价值定位

（一）有利于落实国家有关学生方面的政策精神

党的十八大以来，习近平总书记多次在讲话中强调要落实"立德树人"根本任务，坚决克服唯分数、唯升学、唯文凭、唯论文、唯帽子的顽瘴痼疾，要坚持将"立德树人"作为中国特色社会主义教育事业的根本任务，加强和改进学校体育美育，广泛开展劳动教育，发展素质教育，推进教育公平，促进学生德智体美劳全面发展，培养学生爱国情怀、社会责任感、创新精神、实践能力。人才评价是人才发展机制的重要组成部分，2013 年发布的《中共中央关于全面深化改革若干重大问题的决定》和 2014 年发布的《国务院关于深化考试招生制度改革的实施意见》，均强调对学生进行综合评价的重要性，也寓意着学校教育目标要从"育分"回归"育人"。2021 年 9 月教育部印发了《国家义务教育质量监测方案（2021 年修订版）》，强调要围绕学生全面发展要求，重点监测学生德智体美劳教育质量状况。其中，体育与健康主要监测学生的身体形态、机能、体能状况以及健康生活习惯等，心理健康主要监测学生的情绪、人际交往等发展状况以及常见的心理行为问题等。以上文件均反映了当前国家对于人才培养的新取向，即要求社会、学校、教师应该以学生为中心，摆脱"唯分数论高低"的旧观念，关注学生的全面发展。通过学校学习，学生能够树立正确的价值观，掌握可以迁移到生活中的知识与技能，成为面向未来负责任的合格公民。基于上述政策文件精神，体育教师只有理解和认识到学生的重要价值，并在实践中践行学生观，才能做到心中有学生，一切从学生的需要与实际出发，才能将"立德树人"作为体育教育的根本任务，发挥体育教育在培育和践行社会主义核心价值观中的重要作用。

（二）有助于提升体育教师对学生的重视程度

在传统教育中，教师往往会主导教育教学实践的全过程，学生处于"失语"状态。但在新时代，体育教师需要时刻牢记学生是学习的主体，所有的体育教学活动都是为了能够让学生学会相关知识与技能，提升学生的体育与健康学科核心素养。基于此，体育教师应该让学生拥有学习的自主权，包括学生应该知道课堂学习内容是什么，通过努力能获得什么结果，为什么要学习这些内容，自己对于这些内容有什么看法等。此外，体育教师应该主动了解学生对所学知识是否感兴趣。如果学生的学习兴趣、以往的学习经验等都没有被体育教师考虑进来与被尊重，那么学生的学习效果和质量也不会令人满意。当前，学校教育目标已经转向学生核心素养发展，并已经写入新版国家相关课程标准之中。促进学生核心素养发展的前提是教师对于学生的了解与重视，只有真正地将学生置于教学设计与实施的中心，才能实现既定的目标。然而，体育教师对于这一新概念的理解还不够深刻，在进行教育实践时往往会出现仅凭经验的随机性和随意性。但是，当体育教师建立起学生观，就会更好地从学生的角度看待学生的独特需求，真正围绕学生思考、开展教育教学实践，最终实现促进学生核心素养发展的目的。

（三）能够更好地促进学生的身心健康与终身发展

一名具备学生观的体育教师表现出对学生的高度重视，一切教育教学实践活动都围绕学生的需求与发展展开，其最直接结果就是学生能够实现身心健康，在此基础上能够建立正确的世界观、人生观、价值观，为实现终身福祉奠定基础。童年和青春期是发展个人幸福和生活方式选择的长期态度的关键时期，许多研究表明，学生保持良好的身心健康水平离不开外部的学校和个人（如学校领导、教师、校工和家长等）的共同努力，他们可以为学生营造安全、包容、积极的学习环境。学生在课堂上学到的社交和情感技能、知识和行为有助于他们建立适应力，并为他们在一生中如何管理身心健康奠定了基础。例如，当体育教师能够为学生提供良好行为的榜样和示范，并善于利用资源主动帮助学生解决疑惑（不限于学习内容）时，将对学生塑造正确的价值观产生积极作用，同时也有助于改善师生关系并建立包容和安全的环境。

比如，新冠病毒感染疫情导致了部分学生需居家远程学习，但随着疫情缓解，学生和教师们也逐渐回归学校。作为成年人，每个人的需求和应对压力情况的方式尚且不同，学生也同样如此。一些学生能很好地应对由突发事件引起的社交限制和学校关闭，但对于另一部分学生来说，应对所有变化和不确定性成为一项挑战。体育教师是帮助学生提升身心健康水平的主要动力之一，同时心理和情绪健康也是体育与健康课程内容的重要组成部分。体育教师只有做到心中有学生，关心学生的想法与疑惑，掌握合理的方法对学生的身心健康进行干预，才能真正地做到促进学生发展。比如，一个以学生为中心的体育教师会在上课前倾听学生的担忧并表现出理解和同理心，或创造机会进行师生一对一的对话，让学生进行分享与交流。此外，在向学生教授新的课程内容之前，体育教师也需要花时间观察学生的表现。由于长时间的线上学习，他们一开始可能难以快速集中注意力加入到体育活动中来，这时教师需要合理设置课程的难度和休息时间，让其与同龄人增加互动交流的时间以重新建立人际联系。因此，具备学生观不仅是将目光放置于学生的学习效能和结果，更是一名体育教师对于学生身心健康、人格健全、终身幸福的关注。

（四）能够推动传统体育课程教学改革

自 2001 年开始，我国启动了第八次基础教育课程改革，教育部先后颁布了5 个不同版本的体育与健康课程标准，使得我国从传统的教学大纲时代进入了标准时代，并进一步跨入核心素养时代。其中，基于核心素养的《义务教育体育与健康课程标准（2022 年版）》是在《义务教育体育与健康课程标准（2011年版）》的基础上修订而成，体现了义务教育体育与健康课程改革的新态势。相较于以往的课程标准，2022 年版更加明确提出体育教师要从发展学生核心素养的角度出发（价值观念、必备品格和关键能力），强调从培养"完整人"的角度开展课程教学 [1]。运动能力、健康行为和体育品德 3 个方面的体育学科核心素养，很好地回答了体育与健康课程应该"培养什么人"的问题。同时要求体育教师在教学时必须抛弃"以内容为中心"，进一步对"受过良好体育教育个体形象"进行思考，即将学生需要"学什么"放在首位。当前，体育与健康

---

[1] 尹志华，刘皓晖，孙铭珠.核心素养下《义务教育体育与健康课程标准》2022 与 2011 年版比较分析 [J].天津体育学院学报，2022，37（4）：395—402.

教育强调从"以知识和技能为本"向"以学生发展为本"转变。何谓以学生发展为本？这就要求体育教师必须具备学生观，例如需要意识到学生的个体差异并非只是体现在身高、体重等方面，还包括价值认同、性别认同等在内的隐形差异。体育教师在基于这些认识的基础上为学生创造公平的学习机会，可促进每一位学生获得良好的学练体验，增强学习的自信心，在原有的经验基础上获得更好发展。

三、体育教师学生观的具体构成

（一）理解与掌握学生的身心发展规律与特点

有研究表明，在学校体育中帮助学生形成的社会心理，对于其整个生命周期中持续进行体育活动至关重要。学校体育是个体社会化的初级阶段，但对于学生一生的影响却十分深远。正处于生长发育黄金阶段的学生在每一个特定的时期都有一种特殊的感受能力，这种感受能力促使他们对环境中的某些事物很敏感，而对其他事物则可能置若罔闻。这就要求体育教师必须要对不同年龄段学生的身心发育特点十分了解，例如虽然都处于小学阶段，但一年级与五年级学生的身体能力、情感、认知和交往需求是不同的。相较于低年级，高年级的学生可能对竞争性、交往互动性的体育活动更加感兴趣，该阶段的学生也有了相对独立的自我意识和思考能力。此时就要求体育教师能够了解学生的身心发展规律，根据学生的需求设计更加有趣味性和挑战性的游戏环节，而不能仅仅将视线停留在简单重复或缺乏学生之间的情感互动的碎片化技术学习上。

皮亚杰（Piaget）认为儿童的认知发展具有 4 个阶段，即感觉运动阶段、前运算阶段、具体运算阶段和形式运算阶段，并认为每个阶段在思考模式上会表现出质的不同，而不仅仅是量的差异。例如，在感觉运动阶段（2 岁以前），婴幼儿通过看或听等协调感觉经验与身体的肌肉运动来建构对世界的理解；在前运算阶段（2~7 岁），儿童主要通过模仿和游戏来进行学习，强调运用内部化的活动来建构符号意象；在具体运算阶段（7~11 岁），表现为儿童获得逻辑运算能力的基础，如时空等概念；在形式运算阶段（11~15 岁），儿童获得抽象思维能力，许多人可以熟练使用逻辑思维来解决问题。这同时也要求教育者能理解与掌握学生的身心发展规律，准确识别学生所处的认知发展阶段与水平，以便更好地支持他们的健康成长。

因此，体育教师应该多方面学习并了解与学生身心发展规律相关的知识，例如儿少（儿童、青少年）卫生学、儿童心理学、运动生理学、运动解剖学等基础知识。通过学习这些知识，体育教师能够在工作实践中更好地识别学生身心发展规律，并针对不同水平学生合理地设置课程，进一步激发学生的内在潜力。

（二）主动了解不同学生的差异化体育学习需求

一个优秀的体育教师不仅应掌握本领域的专业知识，还应该具备扎实的教学知识与技能，其中就包括差异化教学原则的应用。但在差异化教学实施过程中，教学难度往往会随着学生年级的增长而增大。差异化教学本身是基于学生个人学习风格和学习需求的教学策略，以满足所有不同学生的需求。其原因在于没有两个学生能以完全相同的方式学习。如一些学生擅长通过听觉方式进行学习，而有些学生则擅长通过视觉或触觉方式进行学习。有些学生很喜欢和同龄人一起学习，而有的学生更喜欢采用独立探索的方式进行学习。很多情况下，学生可能需要通过组合多种学习方式来进行学习。因此，体育教师理解每个学生的学习风格与学习需求并将其纳入教学策略是开启差异化教学的必要条件。如果体育教师不知道学生的学习需求和能力所在之处，那么就不可能激发学生的兴趣与潜力。这不仅是为了教授学生相关学科知识与技能，更重要的是帮助他们了解长处、建立自信、为终身幸福生活奠定基础。这就要求体育教师能够主动、准确地对学生的具体情况进行基础评估，包括学习优势、背景知识和经验、兴趣、不同的学习方式、处理信息的方式等。需要强调的是，体育教师必须小心谨慎地进行分析和判断，不能主观地根据学生身体发育和掌握基本知识、技能的情况来判断他们的能力。

此外，体育教师是否能够针对学生的差异化学习需求进行指导，可能会受到以下因素影响：一是体育教师能否全身心投入教学，花精力与学生沟通交流，了解学生身心发展情况与学习需求；二是体育教师是否具备差异化教学的基础知识。例如，针对学习能力不同的学生进行分组教学时，体育教师需要设置不同难度的学习任务，同时考虑设置几种难度、根据什么条件进行分组、如何更好地与不同学习能力的学生进行沟通、如何同时兼顾不同能力的学生、如何引导学生开展互助学习等。三是体育教师能否周期性地对学生的情况进行评估。因为处在快速成长期的学生，其身心发展水平和学习需求会随时间发生较大的变化。体育教师要及时对学生的情况进行评估，并依据这种评估对课程计划进行调整。

（三）了解体育学习对学生人生发展的重大意义

首先，体育教师要从根本上理解体育教育是"通过身体活动进行教育"，以促进人的全方面发展为目的。学生通过参与体育与健康课程，将发展身体、社交、心理和情感方面的技能与能力，并为他们养成积极和健康的生活方式奠定基础。同时，学生可以借助这门课程来发展和提升协作、沟通、创造力和批判性思维等相关的技能。有学者对加拿大市中心学校的 8 名教师和 59 名儿童进行研究发现，体育活动对学生的同理心等方面的发展有积极促进作用。贝利（Bailey）总结了体育运动的几个积极而深远的好处，包括保持身体与心理健康、获得健康生活方式、提升社交技能和提高学业表现等。内维尔（Nevill）也同样发现学生增加体育活动频率后，对课堂行为改善、保持或提高学业成绩有积极意义，他还发现体育活动与心理健康之间存在正相关关系。

其次，将体育教育置于学校教育的重要地位也已成为当前的国际共识，尤其在义务教育阶段。这是青少年身心发育的敏感期和技能获得的重要窗口期，让学生增加体育锻炼意义重大。在一项涉及 232 个国家和地区的全球体育教育调查中，研究者发现 97% 的国家和地区在义务教育阶段对体育课程的开展有法律层面的要求。近年来，我国也将体育与健康课程置于十分重要的地位，要求小学 1、2 年级每周 4 节体育课，小学 3 年级至初三每周 3 节体育课，高中各年级每周 2 节体育课。

综上所述，无论是从深入贯彻体育教育的价值的角度还是从落实国家精神的角度来看，体育教师都需要深入理解体育学习对学生人生发展的重大意义，帮助学生成为一个具备体育与健康核心素养的人。由于"认知觉醒"是开启自我教育行为和范式改变的原动力,即体育教师只有在深刻认知体育价值的基础上,才有可能对学习任务进行精心设计,让学生在有针对性的练习中成为具有体育核心素养的个体。体育教师通过学习这些技能并以此为载体为学生提供挑战自我的机会和勇气,使学生能够不断拓展自己的能力。学生将通过参加各种体育活动来体验快乐、掌握技能和激发灵感,最终帮助他们培养自尊、自我理解、对身体的积极感知和积极的认同感。

(四)理解"立德树人"在学生接受学校体育中的引领作用

"立德树人"是新时代教育的根本任务,当前的教育目标是培养德智体美劳全面发展的社会主义建设者和接班人。人才培养是育人和育才相统一的过程,而育人是根本。体育教师应该理解"立德树人"在学生接受学校体育中的引领作用,不断探寻"立德树人"背景下以体育人的内涵,并以此来指导教学。

首先,体育教师应该重新审视对体育教育价值的认知,即学校体育的育人价值必须从"育体"价值与"育德"价值两个方面来理解。其中,"育体"体现在促进学生身体发展方面的价值,而"育德"则是突出培育学生思想品德方面的价值。古希腊时期,柏拉图和亚里士多德就将体育视为教育的关键组成部分,进而将其视为人类繁荣的重要组成部分,并主张人类要实现全面发展就要将身体和灵魂的培养置于统一地位。近年来,越来越多的学者认为,参与体育运动与个体性格的形成和发展之间存在着逻辑联系,并指出体育运动对个体特别是儿童的道德水平能起到积极推动作用。有学者指出,以体育人的内涵应包含5个方面:一是增进学生的身体健康;二是培养学生的爱国意识与积极进取精神;三是培养学生的公平与公正意识;四是培养学生正确的竞赛胜负观;五是培养学生的合作精神与体育道德。

其次,体育教师应该不断加深对"立德树人"意义与价值的理解。"立德树人"是我国教育改革发展的本质要求,随着各种思想交相融合和冲突,青少年的成长环境发生了深刻变化,面临着复杂的挑战,应该解决我国传统教育"重智育、轻德育""重书本教育、轻实践教育"等问题,转向培养面向未来负责任的公民。当体育教师真正理解何为"以德为先、能力为重"，着眼于学生的全面成长，才能基于"立德树人"设计并推动以培养学生学科核心素养为目标的体育教学实践。体育教师除了重视培养学生的基本知识与技能，更为重要的是以此为载体加强对学生的体育文化教育，使他们理解相互协作、相互尊重的重要性，增强集体主义精神和团队协作意识，进而建立正确的世界观、人生观、价值观。通过让所有学生接受有价值的体育与健康课程，进而发展身体能力、建立关系、提升自信与自我意识、管理情绪与行为、保持健康和自我保健。借助这些能力，学生能够做出理性和明智的决定，并过上健康的生活。然而，对于相关概念的理解需要一个不断学习、内化、应用、反思的过程。体育教师应主动学习国家相关政策文件的精神，积极了解国际体育教育改革的前沿动态，不断更新对以体育人价值的理解。

最后，体育教师应把"立德树人"转化为内心信念，把崇高师德内化为自觉价值追求，不断加强自身道德修养并为学生树立榜样。

（五）树立"以学生发展为中心"的理念

"以学生发展为中心"旨在发展学生的自主性和独立性，强调充分发挥学生学习的积极性与潜能。在体育与健康课程中，该理念的本质内涵是鼓励课堂上出现更多的"有意义参与"，而不仅仅表现为体育教师在体育课上为学生提供学习运动技术的机会，或是让学生按照自己的节奏锻炼。体育教师若能够营造这种需求支持型的课堂氛围，从自我决定理论的角度来看，当学生对体育活动表现出基于"自我决定"动机的情感时，就能真正提高学生的运动参与度。有研究表明，以下因素会影响体育教师是否能真正将"学生"置于教育实践工作的中心。

第一，师生间是否具有良好的互动关系。学生的积极反馈与学习进步能激发教师产生更多的内在教学动机，教师和学生之间的人际关系在很大程度上被视为影响教师幸福感的一个重要因素。体育教师与学生之间建立良好的互动关系，对课堂氛围的营造和提高教学效率具有积极意义，随之也有利于提高体育教师的工作满意度。当体育教师获得来自学生的价值认同时，会对教育工作产生更大的兴趣与成就感。这会激励他们不断提升个人的知识储备与对学生需求的关注，如此以往就会形成良性循环。与此同时，良好的师生关系是激发学生关联性内在动机的关键，因为这表明体育教师在学生身上投入了大量精力，与学生的互动反映了他们的教学热情。相反，控制型体育教师通过创造一个冷漠的环境来限制学生对师生关系的需求，在这种环境中沟通与交流常常是不友好的，学生认为教师是不关心自己的，或个人感觉对于体育教师来说自己是可有可无的。因此，体育教师应该让学生体验更大的需求满足感，从而产生更多内在动机。这种增强的动机会为学生带来更高的学习收益，并使其有可能在体育课上、课外活动中、放学后都享受到体育运动带来的乐趣。

　　第二，体育教师是否重视学生的"声音"是良好学习体验的核心，即应将学生的兴趣置于教育活动的前端。在以学生为中心的学习空间中，学生可以选择学习内容、安排学习进度，通过扮演课堂促进者的角色来评估自己的学习。这就需要体育教师能够打破"以教师为中心的学习"的传统教育形式，因为它将体育教师定位为主要的主动角色，而学生则扮演被动接受的角色。相比之下，以学生为中心的学习要求学生在学习中以自己的学习节奏成为积极、负责任的参与者。此外，以学生为中心的学习和以体育教师为中心的学习之间关键的区别是学习效果的评价方式。以学生为中心的学习通常涉及更多的形成性评价和更少的总结性评价，同时学生也会更多地参与学习评价。因此，体育教师开发支持学习和动机的评价对于以学生为中心的教学理念成功至关重要。

　　第三，是否能够利用现有资源积极营造以学生为中心的学习环境。教学是一项艰难的工作，特别是体育学科与体育教师面临着长期边缘化的残酷现实[1]，很少有足够的设备、空间和时间来充分满足实现体育课育人目标的需求。解决该难题的关键是体育教师应在有限的资源基础上，激励学生在体育课上进行更加有效的学习，并能够在离开课堂时（课下／课外）加以利用。换句话说，当前体育教师需要激发学生一种内在的愿望或动机，即学生能够独立发

---

[1]　尹志华，毛丽红，孙铭珠，等 . 20 世纪晚期社会学视域下体育教师研究的热点综述与启示 [J]. 北京体育大学学报，2014，37（5）：98-105.

现、学习和参与不同形式、不同类型的体育活动。反之，如果体育教师不能积极探索体育教育的多种开展样态，或者无法真正激发学生的学习热情，在资源有限的现实情境下，也会造成以学生为中心的教学理念无法持续。总之，一个具备学生观的体育教师应积极营造以学生为中心的学习环境，通过开发更多自我决定的体育学习方式来提升学生的体育学习效果。

第二节　体育教师学生观的培养

上节从理论角度对体育教师学生观的科学性与必要性进行了分析，而真正实现理论与教育实践的"合体"却不是那么容易。本节将以当前体育教师学生观的现状为基点，使体育教师能够在"是什么""为什么"的基础上知道"如何做"，希望为体育教师学生观的培养提供一些启示。

一、体育教师学生观的现状反思

（一）师生关系、师生互动质量不佳对教师专业发展产生消极影响

师生关系是指师生之间的联系层次，它代表着人的一种心理需求，师生之间渴望相互信任、相互尊重和相互支持。师生关系可以说是最基础、最核心的教育教学关系，也是最重要的人际关系，互动共生的师生关系是提升教育质量的基本前提。教育活动本质上是一种精神生产活动，其本身就是精神共享（交流和对话）的过程。因此，师生之间的关系和互动情况在很大程度上决定着教师的教学状态。

在以教师为中心的传统的学校体育课堂中，体育教师为了树立课堂的权威，通常会在学生面前表现得很严厉，使学生产生畏惧心理，这种师生关系会造成师生之间的隔阂。在这样的课堂中，由于大多数学生都在被动地接受知

识，因此他们也往往缺乏问题意识、独立思考能力和批判性思考能力，挑战体育教师"权威"的行为在课堂上也基本不会发生，师生关系往往以体育教师为主导，这严重影响了师生之间的正常交流和学生的健康成长。这种教师主导型的师生关系与体育教师的教学风格呈现强相关性，即权威型或支配型的教学风格使得体育教师在教学设计与课堂教学实施等过程中牢牢把握话语权，较少关心学生的特点和内在需求，学生处于被动接受、服从的从属地位。久而久之，学生会丧失与体育教师进行沟通与交流的欲望，进而也不会对体育教师的授课方式、教学行为等方面进行反馈。学生就是体育教师的一面镜子，体育教师只有依据学生的反馈才能不断地调整教育教学方法，实现教学效果的最优化。

从学生学习效果的角度来说，学生积极的情感体验和体育课堂的积极参与是师生之间有效沟通、相互交往和社会互动的结果。在体育课堂中，通过友好的师生关系不断增强彼此间的交流、互动，进而形成共情纽带，学生才能充分体验积极情绪，对提高情绪调节能力、技能和任务完成表现都有积极影响。体育教师在体育课中对学生的理解、移情和尊重是预测学生学习动机、心流和学习表现等学习行为的重要前提。由于体育教学是一个包含教、学、练的过程，要求学生通过课程学习不仅能掌握体育知识、技术和技能，同时也能实现身心的锻炼与发展，这就需要师生之间能够产生双向的交流。

除此之外，师生互动作为一种有效的教学形式，对提升课堂教学质量具有重要意义。体育教师通过与学生进行互动可以发现自身的不足之处，进而激发专业发展的需要和意识，不断地学习新知识、树立新观念，以此来应对学生给予的新挑战。失去了良性的师生互动，不仅会直接影响教学质量，还会影响体育教师的幸福感和专业发展，或使体育教师产生职业倦怠。马斯拉奇（Maslach）认为职业倦怠有 3 种状态：一是以缺乏情绪能量为代表的疲惫状态；二是对工作和学生、家长、同事等群体漠不关心的消极怠工状态，即人格解体现象；三是个人成就感降低。体育教师人格解体的显著表现之一就是减少接触或拒绝接纳学生。当学生和体育教师之间无法建立起双向互动的良性师生关系时，两者之间就仿佛产生了难以逾越的情感鸿沟。一旦失去了教学活动中最重要的人际关系，体育教师有可能在工作上表现出冷漠或较为消极的态度，进而难以在工作中获得成就感。一旦失去了内在和外在动力来源，体育教师的专业能力发展与职业生涯发展将受到消极影响。

（二）体育教师学科教学知识掌握情况难以实现育人目标

教育并不止于文化知识的传递，更是一种人格心灵的"唤醒与塑造"。新时代的课堂有效教学将立足于新的知识观，将学习者视为教学活动的参与者，学习活动是参与者知识建构、能力发展、情感体验的过程。斯坦福大学教授舒尔曼（Shulman）提出，相较于学科内容知识、一般教学法知识而言，教师的学科教学知识（pedagogical content knowledge，PCK）是区分教师与学科专家的一种知识体系[1]。

教师学科教学知识是指教师关于如何将自己所知道的学科内容以学生易理解的方式加工、转化给学生的知识。格罗斯曼（Grossman）在此基础上进一步将教师学科教学知识分为4个部分，其中关于学生学习哪些重要内容的知识、关于学生对课题的理解和误解的知识是该类型知识的两个重要方面。教师学科教学知识的本质是教师能够从学生的角度出发，对其行之有效地呈现和解释目标教学内容的知识。换言之，教师学科教学知识可以看作是教师学科知识与一般教学法知识的整合，其核心是"教师如何能够更好地教学"的知识[2]。

需要指出的是，教师学科教学知识体现出明显的实践性与内容性。其中，实践性是指教师的学科教学知识会随着教师的实践反思而不断丰富；学科性是指教师的学科内容知识是基于具体学科或具体主题的。例如，体育教师的学科内容知识中所涉及的方法、策略、评价等方面的知识都体现了体育学科的特色，与语文、数学等其他学科教师所具备的知识具有较大差别。这就要求体育教师能够在基于对本学科基本知识与内涵的深刻了解基础上，在真实的教学环境中进行实践并加强反思与总结经验，以不断构建、完善个体的学科教学知识体系。

[1] SHULMAN L S. Those who understand：knowledge growth in teaching[J].Educational researcher，1986，15（2）：4–14.
[2] 梁永平 . PCK 视域下教师的学生知识及其发展 [J]. 教育科学，2013，29（5）：58–63.

基于上述论述可知，在新知识观背景之下的课堂教学已经由教师的单向输出转向充分关注学生的体验，是否具备学科教学知识已成为衡量体育教师专业素养、开展指向促进学生核心素养发展工作的重要指标。体育教师要充分考虑学生的身心发展特点、需求等一系列问题，只有从学生角度出发创造性地展开的教学实践才称得上是有效教学。从角色论的角度来说，教师的根本角色就是关注学生的学习，教师学科教学知识的本质就是教师关注学生学习的知识。鉴于学生观与教师学科教学知识具有相似的逻辑基础，学生观的培养与教师学科教学知识的发展也是相辅相成的，体育教师学生观的发展是新的教学理念下的课堂教学的必然趋势。

（三）体育教师在实际工作中对学生的忽略

一是在师生互动中学生经常处于被动的回应地位。交流是提供和接收信息的基本社会过程，大多数人际关系是通过人与人之间的沟通、交流、互动建立的。教育过程本身的成功与否取决于师生互动的质量。当体育课堂教学中充满师生间的情意互动时，体育教师表现出对学生的关心，会使学生自信心更强，进而提升课堂沟通和体育教育的质量。但是，当前我国体育课堂中的师生互动还存在一些问题，例如师生互动主要由体育教师发起，而学生经常处于被动的回应地位，呈现出"浅层互动""虚假互动"等状态。体育课堂上的互动形式往往是体育教师与全体学生共同互动，而缺少与个体的针对性互动；或仅与表现积极的同学进行互动，而对于那些内心敏感、运动基础并不是很好的学生，有时候可能体育教师一个学期都没有与他们进行一次有效交流。有研究发现，在体育教师与学生个体互动中，存在着性别差异及学生成绩差异[1]。此外，体育教师与学生的沟通缺少情意互动。大多数言语互动是体育教师对基本知识的讲解或对技术动作的指导等，而对于学生的情感帮助较少（例如碰到困难时进行鼓励、了解学生的学习难点等）。

---

[1] 马艳红，邢金明.体育教学中师生互动的几个问题研究——以辽宁省五所学校为例[J].北京体育大学学报，2009，32（12）：91-94.

二是体育教师与学生在课外交流方面存在缺失。课堂教学由于受到课时等条件的限制，不可能对所有内容都进行详细深入的讲授。但体育学习不仅仅发生于学校课堂之中，学生也可能会在学校课下或放学后进行与兴趣相关的个人探究，在这个获取新知识的过程中会产生大量的问题，需要学生与体育教师进行沟通和交流。例如，中学阶段开设了不同运动项目的选修课，一名学生选择了羽毛球，但在课堂中学习高远球时，体育教师提到了羽毛球挥拍与网球挥拍的动作发力方式差别很大，相互之间会产生运动技能学习的负迁移。学生在课后查阅了大量资料，对羽毛球与网球的挥拍动作发力方式进行了对比，但还有一些疑惑，这时学生就需要与体育教师进行交流以解决问题。但在短暂的课堂上，学生很难有单独与教师进行沟通和交流的机会。这时如果长时间无法解决问题，也许对于学生来说就有可能错失一次宝贵的激发个人潜能的机会。

总之，体育教师在实际工作中对学生的忽略，是传统体育教学观念长期产生的影响，本质上是受到长久以来"以知识为中心"教学理念的负面影响，导致体育教师对学生的了解有限、认识不够、关心不多、交流不畅等，这与体育教师学生观的缺乏有着紧密联系。

二、体育教师学生观的培养策略

（一）在各类培养方案中都要加强体育教师对学生的重视

不管是职前教育阶段还是职后培训阶段，在各类培养方案中都要加强体育教师对学生的重视，强调体育教师培养的重点是要先理解学生。在职前教育阶段，体育教师首先应围绕"以学生为中心"，努力改变传统的"以运动技术为中心"的培养方案。"以运动技术为中心"的培养方案注重职前体育教师对运动项目的系统性掌握，以培养高水平运动技术人才为指向，这与体育教师的培养方向不一致。而"以学生为中心"的培养方案则注重从学生的角度出发，围绕体育教师今后了解学生、认识学生、与学生沟通和交流、为学生发展助力等来优化培养方案。其次，在课程设置方面，应该设置儿童学相关课程。有研究指出，儿童学课程的设置是当前国际教师教育课程的重要走向。由于能够体现教师作为儿童研究者的存在本质、拓展教师教育课程的知识基础和增强教师教育课程对社会的适应性，儿童学课程的嵌入对教师教育课程质量的提升将起到重要作用。从我国的教育现实出发，借鉴国外儿童学专业课程设置的经验，教师教育课程需要以涵育教师的儿童学素养为目标，在课程结构上做出积极调整，同时以问题领域为核心组织课程模块，践行"情境化的实践探究"的实施策略[1]。基于此，在职前体育教师培养中，应该设置一般性的儿童学课程和指向体育教育的儿童学课程，如儿童身心发展、儿童游戏等。另外，需要在职前教育阶段的课程中增加体育学科教学知识和特殊教育的教学法等内容。通过学习这些课程，职前体育教师就能够更好地将教学知识（他们对教学的了解）与学科知识（他们对所教内容的了解）联系起来，让其在成为一名真正的体育教师之前就在心中建立"为什么教、教什么、教给谁、怎样教、如何评价教"的五维教学感知，这将会对职前体育教师建立学生观并在未来的教学实践中践行学生观有着深远影响。最后，大部分职前体育教师关注的是学生的情绪表现等，但学生观的建立则意味着教师能够以系统、立体、全面的角度看待学生，即具备"以学生发展为中心"的教学观念与教学方法。这就需要让职前体育教师在高等教育阶段对所学内容进行实践，因此应该严格控制把握教育实习的质量，在教育实习的相关评价中增加职前体育教师学生观的认知、理解与实践情况的内容。

在职后培训阶段，教育行政部门和学校应该将学生观的相关内容作为重要元素融入各级各类体育教师培训。例如，在进行新版国家体育与健康课程标准培训时，当提到基于学生核心素养的课堂教学必然要求转变传统的教师知识结构时，应该向体育教师阐释帮助学生发展核心素养的意义和具体做法。此外，培训组织者还可以集中高校体育教育研究人员、各市（县）的体育教研员、一线体育教师，围绕体育教师在建立和践行学生观过程中的难题与疑惑进行讨论。此类活动可采取名师工作室讲座、一线教师学习共同体线上讨论等形式进

---

[1] 安桂清，方明生. 儿童学视角下教师教育课程的创新 [J]. 教育发展研究，2015，33（2）：19-25.

行。学校管理人员也应该鼓励体育教师积极参与不同层次的教师培训活动、教学比赛活动等，主动学习最新理论知识并在教学实践中不断践行学生观的要求。

（二）体育教师主动认识"学生观"的价值

首先，体育教师学生观是建立在对新时代学校教育目标的正确认知基础之上的。随着时代发展，我国对人才培养提出了新要求，并在 2016 年提出了中国学生发展核心素养体系，强调学生应该通过学校教育发展人文底蕴、科学精神、学会学习、健康生活、责任担当、实践创新六大素养。《义务教育体育与健康课程标准（2022 年版）》也强调要坚持全面发展，育人为本；面向全体学生，因材施教；聚焦核心素养，面向未来；变革育人方式，突出实践等。如果体育教师不了解这些国家政策的精神与学校体育发展新趋势，就无法深刻地理解具备学生观的重要性与必要性，更不会主动弥补自身知识体系的不足。因此，体育教师应该通过多渠道了解我国学校体育对体育教师在培养学生方面的新要求，其中包括但不限于参加新版国家体育与健康课程标准培训，利用网络资源了解国际上以核心素养为导向的体育课程改革趋势，通过了解当前体育教学中的新理念与新方法，加入体育教师学习共同体定期进行线上与线下的交流、学习等。

其次，体育教师必须要积极转变思想、善于反思，不能拘泥于传统的体育教育模式。体育教师要主动对个人教学理念、教学方法中与学生相关的内容进行审视，分辨出实践教学与当前国家政策的精神、前沿教学理念还有差距的地方。此外，对于学生观价值的理解并不是一蹴而就的，体育教师需要不断在教学实践中深化对学生观价值的理解与体会。例如，体育教师在刚走上工作岗位时，对"以人为本"的教育理念的理解不够深入，但随着在课内外与学生相处，不断体会学生进步和成功时的喜悦，对"以学生发展为中心"的理念的认识也会更加深刻。当一名体育教师刚走上工作岗位时，对于学生观的了解可能是片面的，或认为以学生为中心就是将学生满意度置于教育目标之上。但这不仅使学生无法获得学校教育所应提供的丰富学习经历，也会伤害学生自身的利益，降低教育的社会价值。因此，体育教师学生观的核心是"以学生发展为中心"而不是"以学生的满意度为中心"。

（三）通过学习多方面知识加深对学生的了解

体育教师可以通过加强对体育学科价值的理解（包括体育与健康学科核心素养）、进一步学习体育学科知识与体育学科教学知识等，更加深入地理解和认识学生。首先，体育教师需要重新对体育学科的价值进行审视，才能真正将关注学生的发展置于教育实践开展的顶端位置，即了解学校体育教育的真正价值、学生通过体育教育首要应该获得什么等内容。体育教师只有充分了解了这些知识才能真正将培养"全面发展的人"作为开展教育实践工作的指导思想，进而打破当前学校体育教育出现的本位价值异化、人文价值淡化、工具价值功利化、体育价值长期被漠视等现象。我国学生发展核心素养框架的核心是"全面发展的人"，这就充分表明基于学生核心素养的体育教育是一种"全人"教育，教育的目的不仅在于教给学生谋生的手段，更重要的是实施人格教育。体育教师应该认识到体育是关乎学生身心共同发展的教育，涉及运动技能和体能、体育意识、体育道德和品格、体育行为和社会交往、健康知识和技能、体育认知和情感态度等要素，并且将这种价值认同贯穿于行为选择中，而不仅仅是口头、表层的价值认同。

其次，体育教师需要加强体育学科知识的学习，包括人体解剖学、人体生理学、生物力学、运动训练学、运动心理学等基础知识。体育教师能够在科学理论的基础上更加合理地认识学生的身心发展特征以及为其合理安排能够承受的运动负荷等。例如，即使在同一班级，学生的身心发育水平也处于不同状态，男女生的兴趣、体能发展情况也存在差异。此外，男生和女生的身心在青春期都会产生巨大变化。有些女生可能因为身材发胖或生理期等情况在心理上十分排斥参与体育活动。此时，体育教师应该根据学生情况设置适合全体学生都能参与的活动，如设置难度等级等。

除此之外，体育教师还应该具备特殊学生相关知识、特殊教学知识、儿童心理学知识、运动生理学知识等不同方面的知识。例如，班级中有的学生可能是多动症患者，体育教师就需要在课堂中特别关注该学生的课上表现，在学生需要帮助时应该及时给予帮助。在小组学习时，体育教师可以让骨干学生轮流与该生一组，在情感上给予支持。只有这样体育教师才能更加科学有效地疏导学生的不良情绪，为学生提供更加优质的体育教学。在具备特殊教育等基础知识的基础上，体育教师需要将其合理地应用于课堂中。立足于学生的需求与致力于为学生提供高质量、更安全的体育教育，体育教师应该不断审视并更新自己的知识结构，不断在实践中检阅自己的知识储备量。例如，在体育课堂中遇到学生中暑晕倒、不明原因的上吐下泻等不同的紧急情况，体育教师无法快速地进行正确处理时，除了第一时间对学生进行简单的救助并求助学校保健人员外，在课后也要对相关知识（如海姆立克急救法、心脏复苏术等）进行学习。虽然表面上看起来这些都是与教学实施相关的知识与技能，但归根究底是为了解决学生在课堂上遇到的问题。所以，将学生置于首位的教师应该主动学习相关知识。

（四）将"学生观"真正落实在实践工作中

践行体育教师学生观必不可少的前提是体育教师对于学生的深入了解。这种了解并不仅仅指体育教师学习与学生相关的理论知识，还包括其要聚焦于所教授班级学生体育的实际情况。首先，与学生进行深入的交流是体育教师获得学生信息最直接的途径。体育教师需要与学生建立良好的关系，让学生逐渐信任自己，敢于真实表达自己的想法。师生交流的场景是多种多样的，最常见的情况是发生于课堂中，体育教师可以利用课上的时间充分与学生进行交流，但是要注意互动频率与覆盖率。例如，在进行分组学习时，体育教师应该尽量与小组中的每个同学进行交流，了解每个人的学习情况与知识掌握程度，而不是每节课都挑选一两个小组进行了解。对那些学习进度较慢的学生，体育教师应该进行重点指导或引导小组之间进行互助学习。课后时间也是重要的师生互动契机，如在课间休息或课外活动时间，体育教师可以了解学生最近的心理变化，这对于师生关系的促进与增进相互了解都会有很大的帮助。

其次，体育教师应该重视培养自身对学生个体的研究能力，在课上观察学生的一言一行，通过师生交流了解学生的兴趣点。体育教师不应仅仅满足于教学过程的标准化与规范化，而是要针对自己学生的学习特点对教学方法进行调整。体育教师学科教学知识的获得（尤其是其所包含的与学生相关知识）是一个不断发展的过程，具有实践性与持续性。因此，体育教师应该在职前教师教育阶段所积累的学科教学知识的基础上，不断在课堂授课中积累经验、进行反思，自觉地关注学生如何学，而不仅仅关注自身如何教。体育教师要从内心深处真正地为学生考虑，站在学生的角度思考问题。

最后，体育教师要不断反思自己在教学中是否关注学生。判断教学是否围绕学生需求开展，是否将学生观作为教学实践的指导思想，这是体育教师在教学中需要特别关注的要点。与其他课程相比，体育课大多不在室内进行，因而教学活动有其特殊性。但这并不意味着体育教师不需要对自己的教学工作进行反思。相反，体育教师应该要关注学生的体育学习和锻炼表现，并积极思考以下问题：在今天的体育课上哪些学生展示出了积极或消极的学习表现？学生表现出的哪些反馈行为和自己的预想不同？今后我将如何修正上课时对学生的指令？体育教师只有经常审视自己的教学是否真正关注了学生，才能有效地将学生观落实到体育教育实践工作之中。

第五章

体育教师人文底蕴

　　人文底蕴是人所体现出的一种深厚气质，是促使个体长久、健康发展的精神动力与精神支撑的综合体。人文底蕴是体育教师核心素养在必备品格维度的重要表现之一，拥有良好人文底蕴的体育教师能够吸纳人类优秀文化成果，使自己的品德、修养等内在素质得到涵养和提升。虽然体育教师人文底蕴具有内隐性且不易量化的特点，但可以外显在体育教师的日常生活和教育教学中，如个人谈吐、对学生关爱与引导的言行、和同事及学生家长相处等方面，使体育教师更好地发挥育人作用。

第一节　体育教师人文底蕴的内涵

　　良好的人文底蕴是体育教师修养的重要体现，但体育教师职业的实践性使得不少人产生了人文底蕴与体育教师无关的误解，这既有体育教师自身的原因，也有社会机制方面的原因。基于此，厘清体育教师人文底蕴的内涵具有重要价值。本节将从体育教师人文底蕴的提出缘由、价值定位和具体构成3个方面进行阐述。

一、体育教师人文底蕴的提出缘由

（一）国家政策文件对教师人文底蕴提出了相应要求

近年来，有关教师队伍建设的国家文件中高度重视教师人文底蕴，这为提升体育教师人文底蕴奠定了政策基础。比如，2018 年颁布的《中共中央　国务院关于全面深化新时代教师队伍建设改革的意见》中多次提及与人文底蕴相关的话语：在基本原则中提出"推动教师成为先进思想文化的传播者"；在提高思想政治素质的要求中提出教师要"加强理想信念教育，深入学习领会习近平新时代中国特色社会主义思想，引导教师树立正确的历史观、民族观、国家观、文化观，坚定中国特色社会主义道路自信、理论自信、制度自信、文化自信"；在大力提升乡村教师待遇中提出要"为乡村教师配备相应设施，丰富精神文化生活"。2018 年印发的《教师教育振兴行动计划（2018—2022 年）》提出"在师范生和在职教师中广泛开展中华优秀传统文化教育，注重通过中华优秀传统文化涵养师德，通过经典诵读、开设专门课程、组织专题培训等形式，汲取文化精髓，传承中华师道。"2022 年 4 月发布的《新时代基础教育强师计划》也提出"引导广大师范生、教师树立和坚持正确的国家观、历史观、民族观、文化观、宗教观"。由此可见，提升教师队伍的人文思想、文化水平等方面的人文素养，已经成为新时代教师队伍建设的重要任务。

之所以国家对教师人文底蕴素养高度重视，是因为良好的人文底蕴对教师的专业素养具有重要支撑作用，如能够加强教师的专业理念与师德修养、宽厚专业知识、提升专业能力、使专业素养更趋完整等[1]。此外，从育人角度来看，教育是人文性的精神交往活动[2]，只有具备良好人文底蕴素养的教师才能"理解教育关爱生命、完善人性的本真含义"。教师人文底蕴素养的高低，不仅关系教育教学质量，更影响到学生世界观、人生观、价值观的形成，影响学生的个

---

[1]　张爱莲. 职前小学教师人文素养教育：困境与突破 [J]. 当代教育科学，2019（11）：76–81.

[2]　黄文武，戴雨婷. 专业发展视域下教师人文素养提升的路径 [J]. 教学与管理，2019（18）：65–67.

性发展和能力培养[1]。体育教师作为教师队伍的重要组成部分，理应看清自身人文底蕴较弱的短板，努力提升人文底蕴，从而落实国家政策文件的要求。

（二）长期被边缘化需要体育教师具有良好的人文底蕴素养

在我国，相较于其他学科的教师，体育教师往往被边缘化[2]。潘建芬研究发现，人们对近代体育教师的称谓，直接的或间接的别名词有 20 余种，但多是一些不敬的、地位极低的、歧视的、卑微的称呼[3]。教师群体因为其职业特殊性而拥有较高的社会地位，但体育教师有时却似乎被排除在教师队伍外，顶着"四肢发达，头脑简单"的帽子，忍受着学科偏见和社会偏见。

体育教师被边缘化进而导致"污名化"的成因比较复杂：传统刻板印象与媒体、网络助推是其产生发展的主要原因；体育教师自身文化短板会加深传统刻板印象；学科认同不足、体育学科基础薄弱、学校体育理论研究滞后也会造成学科偏见、工作偏见、课程偏见并最终导致对体育教师的身份偏见[4]。虽然导致上述现象的原因是多方面的，但相较于其他学科的教师，体育教师的学历层次偏低，人文、教育知识的结构性缺陷依然存在是关键原因。这一方面是由于相对于其他学科，体育本就是一门以身体为本和技能为基的学科，体育教师专业能力的形成，必定需要大量的身体实践，对于文化知识和理论知识的学习可能相对薄弱[5]。体育招考降分政策在一定程度上反映了体育教师群体初始文化知识不足的问题。另外，很多体育教师在基础教育阶段就开始进行体育训练，这必将压缩其接受基础教育的时间。基础教育阶段的重要价值在于帮助学生形成基本行为规范，培养学生良好的学习习惯与端正的行为态度。基础教育阶段教学过程的缺失以及文化学习链条的断裂使部分体育专业人员的文化素质与其所

[1] 周斌，赵继琛. 青少年人文素养培育 [J]. 中学政治教学参考，2019（36）：1，4.

[2] 尹志华，贾于宁，叶静雯，等. 成为"社会人"：体育教师社会化的探索与思考——美国普渡大学 Thomas Templin 教授和阿拉巴马大学 K.Andrew Richards 教授跨代际学术访谈录 [J]. 体育与科学，2019，40（1）：18-27.

[3] 潘建芬. 我国体育教师称谓的历史演变研究 [J]. 体育文化导刊，2016（2）：189-192.

[4] 张志斌. 体育教师污名化的成因、逻辑与自我救赎 [J]. 体育与科学，2020，41（3）：66-71.

[5] 方曙光. 关于体育教师社会地位的反思 [J]. 体育文化导刊，2017（3）：143-146.

处地位有所偏差，最终导致行为控制的偏差[1]。所以，相较于其他学科教师，体育教师在文化修养上存在一定差距，这也导致其人文底蕴素养储备不足。

面对这种现象，体育教师不能一味地抱怨外界环境，而应该先从自身找原因，不断强化内省，注重慎独自律，努力提升人文底蕴素养。

（三）培养学生人文底蕴的要求呼吁体育教师人文底蕴的提升

文化兴则国运兴，文化强则民族强。建设文化强国是当前我国国家发展战略和任务的重要一环，而这一目标的实现离不开全体国民人文底蕴的提升。同时，人文底蕴也是实现个人价值的必备素养，其内含的文化底蕴和以人为本的精神，是达成"培养全面发展的人"这一目标的前提和保障。青少年作为国家的未来，其人文底蕴的丰厚程度直接关系到国家的未来发展；中小学阶段是学校教育的基础、奠基和向高等教育过渡的关键时期，其人文底蕴的培养尤为关键[2]。因此，世界各国对中小学生人文底蕴的培养都高度重视。

比如，在面向21世纪的核心素养框架体系建构中，联合国教科文组织、经济合作与发展组织、欧盟等国际性组织均普遍重视人文底蕴在基础教育阶段的培育。北京师范大学中国教育创新研究院与美国21世纪学习联盟合作更新的P21模型中，在之前的4C模型（审辨思维、创新素养、沟通素养、合作素养）的基础上特别增加了文化理解与传承素养，构成了新的5C模型框架，并指出文化理解与传承素养在其中承担着价值枢纽功能[3]。《中国学生发展核心素养》从3个方面、六大素养、18个基本要点论述了学生发展核心素养总框架，首先强调的就是人文底蕴[4]。对学生人文底蕴的培养有利于学生养成健全的知识体系，符合我国教育"立德树人"根本任务的要求，从而使学生成长为"德才兼备"的建设者。众所周知，如果要培养学生的人文底蕴，就必须对教师提出相

[1] 荆雯，李洋，安丽娜，等 . 刻板印象视域下体育人形象的分析 [J]. 体育学刊，2017，24（1）：71–75.
[2] 王泉泉，刘霞，莫雷，等 . 中小学生人文素养的内涵与表现水平研究 [J]. 北京师范大学学报（社会科学版），2022（1）：46–54.
[3] 刘妍，马晓英，刘坚，等 . 文化理解与传承素养：21世纪核心素养5C模型之一 [J]. 华东师范大学学报（教育科学版），2020，38（2）：29–44.
[4] 核心素养研究课题组 . 中国学生发展核心素养 [J]. 中国教育学刊，2016，37（10）：1–3.

应要求。但很多教师在实际教学中只追求知识和技能的传授而忽略学生的情感需求，无法和学生形成情感交往关系或"情感场"[1]，对学生人文底蕴的培养也就只能停留在浅层的知识层面，而不能对更重要和深层次的情感、态度和价值观起到培养作用。

学生人文底蕴的培养应该是多学科共同发力的结果。因此，《普通高中课程方案（2017 年版 2020 年修订）》规定的三大培养目标为：具有理想信念和社会责任感，具有科学文化素养和终身学习能力，具有自主发展能力和沟通合作能力，特别强调学生要"丰富人文积淀，发展理性思维，不断提升人文底蕴和科学素养"。基于此，体育学科和体育教师不能在学生人文底蕴素养培养中缺位。但在实际教学中，体育教师也存在"重专业轻人文"的现象。在素养教育时代，体育教师应该意识到人文底蕴素养的重要性，因为现代体育教育不再是浅层次的运动技能传授，时代的变化对学生提出了更高要求，也对教师提出了更高要求。只有积极提升自身人文底蕴素养储备，体育教师才能胜任培养学生人文底蕴的重任。

二、体育教师人文底蕴的价值定位

（一）促使体育教师成为"大先生"

2021 年 4 月 19 日，习近平总书记在清华大学考察时提出："教师要成为大先生，做学生为学、为事、为人的示范，促进学生成长为全面发展的人。"体育教师要成为"大先生"，就必须要拥有深厚的人文底蕴。

在"为学"方面，深厚的人文底蕴能够使体育教师养成虚心向学的习惯，在工作和生活中不断鞭策自己潜心治学、求真务实，保持思考和钻研精神。此外，人文底蕴水平高的体育教师能够秉承"以人为本"的人文教育观，尊重学生的成长规律、个性差异和独立人格，理解学生的情感，包容学生的缺点和不

---

[1] 朱小蔓. 关注心灵成长的教育：道德与情感教育的哲思 [M]. 北京：北京师范大学出版社，2012.

足，善于发现每一个学生的长处和闪光点，帮助有志学生成长为有用之才。

在"为事"方面，深厚的人文底蕴有助于体育教师形成优良的职业道德。好教师必是执着于教书育人的教师，只有热爱自己岗位的教师才会有事业奋斗的志向，在教育之路上扎实苦干、精益求精，以严谨、敬业的教学态度和实干、勤奋的教学行为成为学生"为事"的楷模。

在"为人"方面，深厚的人文底蕴能够使体育教师拥有较好的人文知识储备，这些是古圣先贤的情感智慧结晶，是高度营养的文化养料。通过与前人的对话，体育教师能够见贤思齐，领悟文化中潜藏的精神内涵，在潜移默化中塑造自己的世界观、人生观、价值观，树立高标准的言行准则，涵养自己的德行与修养，进而在教育中用自己的言行感化、影响学生，带动学生养成高尚的品性。

（二）有利于重塑体育教师的形象

体育教师的形象不佳是国内外普遍存在的问题，认为体育教师在本质上是操作性的工作，缺乏学术性、智力性和声誉[1]。其原因多种多样，其中非常重要的一个原因是体育教师的"教师形象"与我国传统教师形象的出入较大。在传统的儒家伦理中，教师具有极高的地位，是因为教师这个职业具有知识渊博、文采飞扬、善于审美等特点。但是，体育教师似乎缺少这些，这与体育教师人文底蕴的缺失有很大关系。

体育教师如果能够掌握一些文史哲方面的人文知识，理解传统的人文思想与精华，知晓体育艺术、体育文化、体育审美等方面的要点和技巧，可极大提升体育教师的人文底蕴素养。换言之，具备了良好人文底蕴素养的体育教师，会更加注重慎独自律，时刻注意和反思自己的言行举止。这些努力会使体育教师以扎实的体育学科及教育学知识与技能储备，深厚的体育文化修养，优秀的品性，儒雅的风度与涵养，获得学生、同事和社会的认可，改变大众的既有认知，以自身实力赢得尊重，进而改变体育教师的负面形象，改善自身在学校中的边缘化地位。

---

[1] 尹志华，毛丽红，孙铭珠，等 . 20 世纪晚期社会学视域下体育教师研究的热点综述与启示 [J]. 北京体育大学学报，2014，37（5）：98-105.

（三）有利于中华优秀传统体育文化的传承与发扬

党的十八大以来，以习近平同志为核心的党中央高度重视中华优秀传统文化的传承和教育，并站在国家繁荣富强和中华民族伟大复兴的战略高度指出，中华优秀传统文化是中华民族最深厚的文化软实力。2017 年印发的《关于实施中华优秀传统文化传承发展工程的意见》指出，要"把中华优秀传统文化全方位融入思想道德教育、文化知识教育、艺术体育教育、社会实践教育各环节，贯穿于启蒙教育、基础教育、职业教育、高等教育、继续教育各领域"。该意见直接突出了体育教育应该在中华优秀传统文化传承方面发挥应有的重要作用。

受学科教学只注重知识传授的思想的影响，学科教学的育人功能一直被忽视，这种思想延伸至体育学科领域，就演变为体育课程育人范围的严重窄化，即只注重对学生运动技能的传授，而忽略了体育课程育人尤其是文化育人的功能。实际上，体育课程在文化育人方面具有明显优势，通过在体育课程中加强武术与民族传统体育等内容学习，可培养学生对中华优秀传统体育文化的认同感，提升对中华民族伟大复兴的文化认知[1]。随着基础教育改革的推进，学科育人的本质逐渐清晰，基础教育也从知识本位转向核心素养，体育课程的文化育人功能也逐渐受到教育者重视。如果要发挥体育课程的文化育人功能，就需要体育教师以武艺类、竞技游艺类和保健养生类等民族传统体育[2]为载体，融合传统体育课程与人文教育课程，引导学生积极学习体育文化及中华优秀传统文化，掌握民族传统体育运动技能，感悟体育文化及中华优秀传统文化精髓。而在体育文化育人过程中，体育教师人文底蕴储备的深厚程度直接决定了其是否具有文化育人的教育能力。

给学生一杯水，教师应有一桶水。体育教师只有具备良好的人文底蕴，才能培养学生的体育人文底蕴，才能顺利完成中华优秀传统体育文化的传承与发扬。

---

[1] 尹志华，孙铭珠，孟涵，等. 新时代核心素养导向体育课程改革的缘由、需求机理与推进策略 [J]. 沈阳体育学院学报，2022，41（4）：22–28.
[2] 崔乐泉，陈沫. 基于体育教育视角的中华优秀传统文化研究 [J]. 北京体育大学学报，2020，43（2）：35–44.

三、体育教师人文底蕴的具体构成

（一）体育人文知识及思想

"体育人文"属于"人文"的子范畴。卢元镇认为，人文可分为人文知识和人文精神两个方面，其中人文知识是人们对自身文化的一种了解，属于"知"的层面；而人文精神是对内在价值和意义的自觉，需要通过人文的行动体现出来，是"体道"，即用自己的实际行动把自己领会的文化之"道"体现出来，属于"行"的层面[1]。其中，人文的本质在于人文精神，是人类文化的核心部分，即泰勒（Taylor）所说的"包括知识、信仰、艺术、道德、法律、习俗，以及作为社会成员中的人所习得的一切能力和习惯在内的一种综合体"，它是人类某个民族或社会所共有的"价值观和意义体系"。这种"价值观和意义体系"在不同人群和不同民族、不同国家中是不同的，甚至在一个国家内部不同的人群中（如城乡）也会存在很大的差异。

马克思主义继承和发展了人文主义理论体系中包含的人人自由、平等和全面发展以及全人类解放的人道理想。马克思在《资本论》中认为共产主义社会就是"以每个人的全面而自由的发展为基本原则的社会形式"。显而易见，个体的"全面而自由的发展"应该包括身体的发展，这是倡导体育人文观的基本依据。

所谓体育人文观，其核心就是要主动表现体育对人类生存意义及价值的终极关怀，回到以人为本的体育世界。在这个世界中，人的价值是一切价值形态中最高的价值，人的发展应该是终极目标。每一个人的全面发展，是所有人全面发展的条件。体育人文观强调在对体育的认识中倾注以人为本的人文精神，而传统的生物体育观则把注意力集中在体育对人的生物性效果上。

在当下的各类体育发展规划中，处处透露着对人的尊重和促进人的全面发展理念，如《普通高中体育与健康课程标准（2017年版2020年修订）》中，

---

[1]　卢元镇. 体育人文社会科学概论高级教程 [M]. 北京：高等教育出版社，2003.

课程基本理念第一条和第二条分别为"落实立德树人根本任务和健康第一指导思想，促进学生健康与全面发展""尊重学生的学习需求，培养学生对运动的喜爱"。这与之前单调枯燥的传统体育教学训练相比已经有了质的飞跃。可以说，在宏观层面，我国当前的体育人文观已经确立，但落实到微观的个体层面，体育教师在全面掌握体育人文知识及思想，理解和运用体育人文思想中蕴含的认识与实践方法，关照学生通过体育更好地生存、发展与幸福健康地生活等方面仍有待加强。

体育教师想要摆脱生物体育观的束缚，建立起体育人文观，就必须从汲取基本的人文知识入手，其载体主要包括文学、史学、哲学及由此衍生出的其他学科，如语言学、美学、宗教学、伦理学、文化学、艺术学、考古学等。在此基础上，体育教师才能很好地领悟体育人文观中蕴含的竞争观念、规则观念、民主观念、开放观念、协调观念、主体精神等，这些都是与人的社会生存相关的、极具价值的观念。

（二）体育文化传播

我国现在盛行的体育文化可分为中国体育文化和西方体育文化（此处不谈及具体的运动项目文化）。其中，中国体育文化主要指传统体育文化，而西方体育文化主要指奥林匹克文化。中西方体育文化差异根源于文化大背景之间的差异：中国文化讲究"和"，而西方文明追求"争"，不同的文化土壤导致不同的结果。

我国传统体育文化倡导"胸怀天下，自强不息"，具体体现在"国家兴亡，匹夫有责""侠之大者，为国为民"等观念中，典型的代表人物是为国征战的运动健儿们（如我国"奥运第一人"刘长春）。这种文化在影视作品中也有折射，最为人熟知的便是"霍元甲力克俄国大力士波索夫，洗雪'东亚病夫'之辱"等英雄形象。另外，我国传统体育文化强调集体主义和民族文化认同。如传统体育项目舞龙、舞狮、赛龙舟等，不仅从形式上就突出了中华民族文化认同，而且在运动过程中特别强调集体配合和服从精神。此外，我国传统体育文化侧重对个人的娱乐教化和身心调节功能，追求顺乎自然、身心合一的体育理念。例如，太极拳集多种武术特色和文化形式于一体，以天人合一理念建构其拳理；投壶是古代射礼的演变和赓续，其历史发展和演变透视出中国礼仪之庄重、文化之典雅。

西方的奥林匹克文化是在古希腊宗教体育的基础上建立的，而其中的古希腊哲学和人文主义哲学是奥林匹克文化的核心[1]。奥林匹克文化在兴起过程中吸收和发展了古代奥林匹克运动会的传统思想，如和平与友谊的精神、公平竞争的精神、追求人体健美的精神、奋进拼搏与和谐发展的思想等。从某种程度上讲，奥林匹克文化的思想体系构成了奥林匹克运动的灵魂。而奥林匹克文化思想体系的核心是奥林匹克主义、奥林匹克宗旨和奥林匹克精神，这一价值体系是奥林匹克文化百年来得以延续不断的永恒主题。《奥林匹克宪章》明确指出，奥林匹克主义是将身体和精神各方面的品质均衡地结合起来，并使之得到提高的一种人生哲学。奥林匹克宗旨是在友谊、团结和公平竞争的精神指引下，通过体育活动来教育青年，从而为建立更加和平美好的世界做贡献。奥林匹克精神就是相互了解、友谊、团结和公平竞争的精神。实际上，奥林匹克文化对多元文化的兼容和尊重是其得以发展壮大的根本原因。在奥林匹克理念的指引下，以展示民族元素为主的奥运文化体系和奥林匹克文化体系冲破差异的障碍，在奥运会的舞台上广泛地交流借鉴和相互取长补短。奥林匹克文化通过吸收不同主办国奥运文化的优秀成分，促进其自我发展，保持其文化特性与个性，丰富奥林匹克文化体系的多样性。

学生是国家的未来，他们的文化储备直接决定了我国未来能否成为文化强国。体育教师作为向学生传播体育文化的一线工作者，责任重大。在全球化的大背景下，多元体育文化之间的碰撞不可避免。体育教师必须牢牢守住文化底线，以中国特色社会主义文化为出发点，筑牢自身体育文化基础，提升自身的文化涵养，做好传统体育文化的传承与发扬工作；同时，也要以包容的态度欣赏、接纳多元体育文化，吸纳其精髓为我所用，而不是故步自封、止步不前。

---

[1] 刘霞.奥运文化与奥林匹克文化的和谐发展[J].山西财经大学学报，2012，34（S4）：210.

（三）体育审美

胡小明教授认为体育美由身体美、运动美和健康美 3 个部分组成。

身体美是体育美的基石，主要指人类健康的身体所呈现出的美。它是一种由机体良好的生理和状态综合显示出的健康之美，是充盈着旺盛生命力的美。身体美主要反映为健康美，而体育则有意识、有组织、有目的地一代又一代去塑造人类的身体美。身体美作为人类古老的审美对象和检验体育效果的重要指标，常从体型、骨骼、肌肉、皮肤、毛发、形体、牙齿、指甲，柔韧性、速度、力量等方面来考察。当代年轻人追求的健美塑形就属于身体美的范畴。体育教师因长期从事体育运动，较其他教师在身体美上有得天独厚的优势。

运动美是体育美的展现，主要指身体的运动之美，是人在体育活动中表现出的美。这种美是社会文化生活的反映，已逐步成为一种特殊的审美对象。运动美包括竞技美、技术美、动作美、服装美、器材美、行动美等诸多子系统。运动美的基础是身体美，反过来又在运动过程中表现身体美。运动美大量地表现为形式美，形式美是评价运动美的重要依据。运动美在很大程度上要依据运动中的形式美而成为审美对象。形式美是美的形式的共同特征，从许多美的事物中抽象出来，因而具有相对独立的审美意义。虽然现在形式美的法则已被广泛用于各门类艺术及现实生活中，但是我们不应当忘记，许多形式美实际上来源于我们的身体构造，并且在体育运动中大量显示出来，如整齐——呼吸、心跳、行走整齐时，人才会感到舒适；在团体操表演中，动作整齐划一比参差不齐更赏心悦目。其他的如对称、对比、和谐、节奏、线条、比例、均衡等，也都能从我们的身体上找到根源，并在运动中表现出来。

健康美是体育美的灵魂，为人类社会创造健康的美是体育的最终目的。健康美包括身体的健康美、精神的健康美、行为的健康美。所谓身体的健康美，是为保持身体构造的健康状态而产生的，即通过体育锻炼而获得的健康的外部形态、健康的内脏机能和健康的运动机能所能表现出的美。所谓精神的健康美，是为表现性格健康的美，包括淳朴、明朗、有创造力等丰富的感情，积极、努力、忍耐等顽强的意志，观察、思考、探索等高度发达的智力，热爱、体谅、互助等基本的道德观念等。所谓行为的健康美，是以社会性为基础的行为美，即光明、正大，有组织有纪律等行为。行为美是精神美的外化，可以表现出人们常说的心灵美。体育美学研究在人文精神指引下的健康美，包含安康美、矫健美、和谐美、教化美、气质美、意志美、品格美、朝气美、人性美、风度美等丰富的内容，这些人类精神和文化层面的结晶大量反映在从事体育活动的人群中。

对于体育教师而言，体育中的 3 种美都是其审美内容。体育教师要具备这 3 种体育美的审美和表达意识，并在不同情境中拓展和升华体育美，如积极参与体育运动，保持强健的体魄形态；磨炼运动技能，在教学中向学生展示运动之美；在日常生活中时刻保持轩昂的精神面貌、乐观向上的积极心态、努力奋发的工作和学习状态，为学生树立"美"的良好榜样。

（四）体育艺术欣赏

体育是否可归结为艺术一直未有定论。在以"体育美"为逻辑起点的研究过程中 [1]，国外学者大卫·贝斯特（David Best）、列夫·克雷夫特（Lev Kreft）、沃尔夫冈·韦尔施（Wolfgang Welsch）、斯宾塞·K.沃茨（Spencer K. Wertz）等人，根据康德美学审美论与目的论要求，建立了一种将体育项目划分为审美性运动（aesthetic sports）和目的性运动（purposive sports）的理论 [2]，进而在这一划分基础上展开体育与艺术关系的探讨。审美性运动是由运动员的动作表演和套路表演的创造性决定，如艺术体操、花样滑冰、跳水以及某些被认为具有审美运动形式的舞蹈项目（如体育舞蹈、街舞、霹雳舞等）。这一类运动往往被视为艺术。目的性运动（如篮球、足球等）则往往难以被视为艺术，这是因为尽管其某些身体动作具有艺术价值，但这些运动项目是由双方队员不同的身体运动的事实结果决定，即篮球、足球等项目运动员的身体动作是否具有审美价值不是由身体动作本身决定的，而是由身体运动的事实结果决定的。

[1] 车锦途.贝斯特之后体育与艺术关系研究评述[D].济南：山东师范大学，2015.

[2] WERTZ S K. A response to Best on art and sport[J].The journal of aesthetic education，1984，18（4）：105–108.

大卫·贝斯特支持并倡导这种"审美性运动与目的性运动"的划分及"体育作为一种艺术形式"的探讨，但反对将其用来解决体育艺术问题。在他看来，艺术是可以通过我们想象力的形式美解读，引发人们对幸福美好生活期许的某种可能性表达，斯宾塞·K.沃茨等人所推崇的审美性运动则缺乏这种可能性。贝斯特指出，尽管体育中有关各种运动员竞技的故事可能符合标准，但它并没有被解释为具有某种道德生活、政治生活或社会生活的主题。因此贝斯特提出"虽然体育可能是审美的，但它不是艺术的"的观点。

由上述观点可知，审美性运动和目的性运动划分的争议，实质上涉及艺术观念与体育观念认识的差异，这也是贝斯特拒斥"体育作为一种艺术形式"的缘由。贝斯特认为，艺术是有主题和内容的，这就是艺术风格，主要指艺术家或艺术团体在艺术实践中形成的相对稳定的艺术风貌、特色、作风、格调和气派，这些都在艺术作品的思想内容与艺术形式的统一中得以体现。而在贝斯特看来，体育是无内容、无风格的，因此认为"体育"和"艺术"是两个逻辑不同的领域。

如果秉持"审美性运动与目的性运动"的观念，体育与艺术的关系争议的焦点就细化为：当代竞技运动的发展使得体育具有极高的观赏性、审美性，甚至某些赛事已成为全民共享的视觉审美盛宴。由此人们自然而然地会认为体育与美学、艺术有关。但是理性、直观地思考体育与艺术的关系时，体育观念与艺术观念的差异使得体育似乎又并不是一种艺术形式。但实际上，体育与艺术的概念和结构并不是一成不变的，而是随着时代逐渐发展变化的。以瓷器为例，它们最初可能只是日常生活用品而非艺术品，但历史的积淀使其自然而然地成为艺术品，具有收藏价值。此处历史的积淀是艺术和审美产生变化的本质，它转化了人的审美观念与概念、社会和生活的形式与内容。而在体育领域，体育运动项目也逐渐呈现出艺术化、审美化的发展趋势（如花样滑冰运动员追求身体动作与音乐的配合及情感表达的完美融合，以求富有美感地完成动作表演或身体叙事，给人以艺术美享受），如杜高山等人认为"体育艺术的形式逻辑与艺术限度应延伸至运动员竞技表现和审美情感表达，并提出体育艺术边界与本质的探讨应当置于现代艺术观念的转变与当代体育发展的现实境遇中考察的观点"[1]，本书非常赞同这种观点。

　　落实到对体育艺术的欣赏上，赵钟泉认为影响个体审美体验的因素有 5 个：3 个内部因素（审美知识、审美观念、审美能力）、一个外部因素（传播方式）和一个动力性因素（审美偏爱）[2]。其中，审美知识是指所欣赏体育运动项目相关的历史文化和艺术背景知识。审美观念是一种将想象客观化了的主观体验，来源于经验因素，是一种可以直观得到的理念，可以看作是人在接触到体育艺术类项目时，对各类体育艺术项目所表现的美、丑的看法和评价，包含审美标准和审美意识两个要素。审美能力是指认识美、评价美、感受美、鉴赏美、享受美、表达美和创造美等的能力，即体现为对美的接受和欣赏能力。此外，审美能力还强调对美的感受能力，即审美感受力越强，个体所能体验到的美的层次也就越多，如在欣赏舞蹈表演时，个体拥有较高的审美能力有利于自身去想象、联想和补充舞蹈表演中的舞蹈形象，进而更好地感受舞蹈的美学价值。传播方式指的是信息或内容传递的途径、手段或方法，可因媒介、技术、文化、社会背景的不同而有所差异。传播媒介的参与是审美信息传递的充分必要条件，形式多样的媒介（如广播、电视、书籍、多媒体等）为人们接受审美信息提供了丰富的渠道。审美偏爱是指个体在审美过程中对审美体验、认知的态度表达，具体到体育审美中，主要指与其他体育形式相比，个体更加偏好于运动性质或者艺术性质的体育活动。当审美偏爱向着不同的方向指向时，审美观念、审美知识、审美能力会对个体的审美体验有着不同的影响。

　　对于体育教师而言，具备体育艺术欣赏能力并且引导学生学会欣赏体育至关重要。体育教师要想提高体育艺术欣赏能力，要先从审美知识和审美观念入手，了解基本的美学知识，然后逐步锤炼审美能力。因此，体育教师要熟知各种运动项目的历史文化和艺术背景知识（如艺术体操、啦啦操、花样滑冰等），在参与或欣赏相关运动项目时要有较强的审美意识，明晰该项目的欣赏要点（如

[1]　杜高山，王欢，韩春利.从远古到现代体育艺术的形式逻辑与艺术限度考察[J].体育学刊，2019，26（5）：44-48.

[2]　赵钟泉.体育与艺术：身体美学下的审美体验[J].武汉体育学院学报，2022，56（7）：22-30.

服装、肢体协调、动作节奏）等，这样就能慢慢建立起良好的体育艺术审美体验，审美标准和体育艺术欣赏能力也会逐步提升。在此基础上，体育教师有目的和针对性地在教学中渗透体育艺术欣赏的相关元素，为学生体育艺术素养的形成提供载体和机会。

第二节　体育教师人文底蕴的培养

新时代的体育教师要大力提升人文底蕴，就要了解国内外传统体育思想的精华，积累体育人文领域的优秀知识和成果，意识到体育文化的多样性和丰富性，学会体育艺术的审美和表达，观照人的生存与幸福。体育教师人文底蕴所蕴含的情感态度和价值取向将会对学生产生正面的、积极的影响。

一、体育教师人文底蕴的现状反思

（一）体育人文知识及思想现状

1. 人文知识

人文底蕴首先要求体育教师要有古今中外体育人文领域的基本知识的积累，这类知识按职业相关度可分为专业类人文知识和通用类人文知识。随着教育改革和基础教育的普及，体育教师的人文知识储备总体上向好发展，其所具有的人文知识量和年龄大体上呈负相关关系，即年轻体育教师的人文知识储备要优于年长体育教师。但从横向角度来看，多数体育教师对专业类人文知识、基本原理掌握得比较熟练，但在通用类人文知识的积淀上表现较差。

人文知识主要涉及文学知识、历史知识、哲学知识、法学知识和中国传统文化知识等。从体育教学角度来看，人文知识的缺失并不会导致体育教师完成不了教学活动；但从体育教育角度来看，缺乏人文知识的体育教师更容易囿于

"知识本位"的教学旧圈中，无法充分发挥体育课程的育人功能。究其原因，教育是一个"以人为本"的实践活动，人文知识关注的就是"人"，学习人文知识的过程就是与生命的对话过程，缺乏这个过程的体育教师，对教育的认识更容易停留在"教育就是教授知识与技能"的层面。

人文知识积淀不足的体育教师往往在知识结构上比较单一，过度专注专业技能，专业知识与其他知识的融合度不够，语言表达能力和文字叙述能力较差[1]。这样的体育教师自身缺乏主动学习意识，没有养成读书的习惯[2]，认为读书无用甚至讥讽和鄙视读书，对人文知识的掌握和运用能力都不尽如人意。在教学中，设计的课程也较为单一，以体育知识和技能为主，缺少人文知识含量。

2. 教学中的人文素养缺失

在我国传统教育道德观念中，师生间一直就存在一种不平等的关系，教师被赋予了特殊的权力，而学生的话语权被长期忽视。随着社会的急剧转型，价值观的多元化使师生间产生了较大的心理文化落差，很多体育教师能及时适应时代发展，调整自己的师生观，主动向"以学生发展为中心"的理念靠拢，但仍有一些体育教师不能以平等的心态处理与学生的关系，在课堂上依然沉溺于扮演权威者的角色，而未考虑学生心灵上的需求[3]，最直观的表现就是语言暴力和专制型教学，最终导致教学中的人文素养缺失。

（1）语言暴力

①贬低压抑型和威胁恐吓型。

体育教师使用贬低性语言通常会增加学生的心理压力，使学生在内心产生自己能力低的错觉，很容易导致其在精神上和心理上产生自卑心理，同时还会降低学生对体育课及体育运动的学习兴趣。

---

[1]　刘武军，刘晨. 智慧文明视域下高校体育教师专业素养提升路径的多元研究 [J]. 体育科技文献通报，2018，26（11）：53-56.

[2]　刘慧. 体育教师人文素养的现状调查与提升建议 [J]. 当代体育科技，2014，4（26）：187.

[3]　姜武成. 大学体育课堂中教师语言暴力现象的探析 [J]. 湖北广播电视大学学报，2014，34（12）：174-175.

威胁恐吓型语言暴力是指体育教师在体育课堂教学中使用威胁恐吓性的语言，如"再做不好动作就……"之类的惩罚性措辞，这也会使学生在精神和主观意识上产生恐惧情绪，严重伤害到学生的身心健康和对体育锻炼的积极性。

②侮辱讽刺型和哀求抱怨型。

体育教师在课堂教学中使用侮辱讽刺型语言的本意可能是想通过严厉的言语行为激起学生的羞耻心，进而达到改进教学效果的目的。但实际上这种类型的语言暴力会对学生造成实质性伤害，轻则在一定程度上挫伤学生的自信心和自尊心，使学生产生自卑感和厌学情绪，使其和教师产生对立情绪，干扰正常的体育教学；重则使学生的人格和心理受到重创，导致学生建立错误的人生观和价值观，甚至走向极端。

体育课具有行为随意性大、学生注意力易转移、行为控制难等特点。一些不良学习行为在体育课堂中表现得尤为明显，对正常的课堂教学造成了较大阻碍。部分体育教师在课堂上处理个别学生的不良学习行为时，通常会使用一些哀求抱怨型语言。事实上，这种类型的语言暴力可能暂时会对学生起到一定的提醒作用，但其本质属于一种"道德绑架"，往往会在无形中将学生置于课堂焦点中心，使学生感受到来自周围人的潜在排斥，这会使学生受到强大的"社交压力"压迫，无法安心学习，也就无法真正让学生主动、积极地参与到体育课堂教学中。

③训斥型和负面评价型。

部分体育教师的教学态度恶劣，有时将课堂外的坏情绪发泄到学生身上，认为在课堂教学中斥责学生是很正常的，从不会考虑是否会给学生带来消极影响。体育教师使用训斥型语言容易使学生对其产生恐惧心理，甚至有可能不敢和体育教师进行交流，严重影响了师生关系。另外，还有部分体育教师对知识接受慢的学生缺乏耐心，较少对学生进行鼓励与表扬，反而过多地对学生进行负面评价，这非常不利于对学生自信心的培养。

（2）专制型教学

部分体育教师受"尊师重教，师道尊严"的传统师生观影响，在课堂中采取专制型教学，完全以自我为中心，在教学中经常使用命令式语气，认为学生要学好就必须要完全服从命令，对学生的主观能动性和学习需求视而不见。学生由此完全变成了被动接受知识的"器皿"，主观能动性逐渐消失，导致师生关系紧张。

（二）体育文化传播现状

受文化全球化的冲击，当前体育教师对传统体育文化的传承和发扬工作做得远远不够。体育文化的传播不是形而上的，而是要以具体的运动项目为载体。传统体育文化中蕴含的"武德育人""侠之大者，为国为民""以无法为有法，以无限为有限""止戈为武"等思想都是西方运动项目所不具备的，这些思想必须以运动项目理论结合运动练习才能深入理解。但很多体育教师只是浅尝辄止，以太极拳为例，只有很少一部分体育教师是从内心喜欢太极拳，并且能讲解出太极拳的文化演变史、拳史名师及拳理中蕴含的哲学思想，更多的只是在简单地练习其动作，而不知其文化深意，更别提对传统体育文化进行继承和发扬了。反观篮球等起源于西方的运动项目，在国内发展得如火如荼，体育教师及学生在业余时间自觉勤加练习，对各种重大赛事、知名球队、球史名人如数家珍。由此观之，传统体育文化的发展任重道远。体育教师作为学校中体育文化传播的一线工作者，要提高自身的体育文化积累，这里的体育文化不只包括传统体育文化，也包括西方体育文化。文化全球化是不可逆的时代趋势，体育教师要以包容开放的心态欣赏体育文化的多样性，并做好传统体育文化的传承、发扬、创新工作。

（三）体育审美现状

在身体美方面，多数体育教师常年参加体育运动，由此塑造了良好的体态和强健的体魄。但确实也有部分体育教师疏于锻炼，大腹便便的形象亟须改变。这就涉及体育教师对身体美的审美问题，审美意识强的体育教师会有更强的意愿敦促自己保持良好体态。在运动美方面，审美与体育教师的运动技能水平和运动项目评价水平直接相关，以原地单手肩上投篮动作为例，腿、腰、臂、手的完美配合才能完成一个高标准的投篮动作，整个动作的协调性及篮球出手后的空中弧线都会带给人以美的享受。在健康美方面，体育运动对身体的健康美、精神的健康美、行为的健康美都有显著的促进作用。以精神的健康美为例，体育教师普遍性格开朗、精神面貌昂扬向上，给人以充满阳光和活力的生命美感。但有些体育教师在行为的健康美上有所欠缺，具体表现为无视规则，在公共场合大吵大闹、言语粗鲁、冲动易怒等，没有身为人师的儒雅风范，这也是部分体育教师最为人诟病的地方。

总的来说，体育教师在体育美上的表现整体上是不错的，但确实也存在一定问题。要想解决这些问题，首先要提升体育教师对体育美的审美意识，由此才能展示体育美、表达体育美，在不同情境中拓展和升华体育美。

（四）体育艺术欣赏现状

体育教师普遍在体育艺术欣赏能力上比较欠缺。影响体育艺术欣赏能力的个体因素有审美知识、审美观念和审美能力。以健美操为例，体育教师要想对该运动项目进行艺术欣赏，首先就要对健美操的历史文化和艺术背景有一定了解，知道健美操的欣赏要点包括动作节奏与配合、团队配合衔接性、动作节奏性、动作与音乐融合度等。在此基础上，体育教师还要有较强的审美意识，有意识地运用自己积累的项目知识和欣赏要点对健美操表演进行艺术欣赏，才能慢慢形成良好的审美能力，建立较高的审美标准。

但部分体育教师不喜欢对运动项目知识和欣赏要点进行探究，使其在审美知识这一基础点上有所欠缺，导致其对体育艺术的欣赏更多依靠惯有的直观感受，没有系统、全面的欣赏方法，体育艺术欣赏能力的提升自然就慢很多，从而严重影响了对学生体育艺术欣赏能力的培养。

二、体育教师人文底蕴的培养策略

（一）制度建设

1. 改变体育教师的选拔标准，加大对职前体育教师人文底蕴的考查力度

体育学科以身体为本、以技能为基的属性决定了其专业能力的形成建立在大量身体实践之上，这会导致职前体育教师的文化知识和理论学习时间在一定程度上被压缩，体育生招考降分政策也在一定程度上反映了体育教师群体初始文化知识不足的问题。此外，目前我国很多高校对职前体育教师的培养往往只是着重于体育技能的达标，却忽略了对其人文底蕴的培育，这就从源头上为我国基础教育输送了一部分缺乏人文底蕴的体育教师。所以要想从源头解决问题，体育教师的选拔标准必须遵循"严进严出"原则，尤其要加大对职前体育教师人文底蕴的考查，从而为我国基础教育事业输送人文底蕴深厚的专业体育教师。

2. 将体育教师人文底蕴考评融入体育教师评价制度中

教育部门及学校应以"决策民主化、办事公开化、工作制度化、教学规范化"为指导思想，遵循科学性、规范性、延续性、可操作性及量化性等原则[1]，制定科学、合理、多元化的体育教师评价制度，将人文底蕴列入考评范围。其具体措施如下：首先，规定体育教师每学期的人文知识学习量及参与培训的次数，将和人文知识相关的社会实践活动、竞赛活动等纳入到评价范围内，采取定量与定性、过程与结果相结合的评价方式。其次，为确保师资质量，要注重动态管理，建立对体育教师人文底蕴考核选拔机制。最后，建立体育教师人文底蕴管理方案，在工作量计算、职称评定、教师培养等方面将体育教师人文底蕴的测试与评定结果纳入考核，并就体育教师对学生的体育人文底蕴培育质量和效果做出明确要求等。

（二）环境建设

1. 构建平等、民主的师生关系氛围

新课改倡导以学生发展为本，重视建立新型师生关系。平等的师生关系是建立良好师生关系的基石。体育教师需要摆脱传统教学模式的束缚，重视学习方法以及对学生思想道德品质的提高。亚里士多德曾说："吾爱吾师，吾更爱

---

[1] 周璋斌.论高校体育教师人文素养的提高与学生人文精神的升华[J].科技咨询导报，2007（28）：233-234.

真理。"只有建立新型的师生关系，学生才能得到更好的发展。良好的校园氛围对师生有着潜移默化的熏陶作用，在平等、民主的校园人文环境中，体育教师会自觉遵循"以学生发展为中心"的师生观，平等对待所有学生，责任感与使命感也会得到强化。

2. 营造良好的校园人文氛围

校园人文氛围的营造可以从两个方面入手：一是在硬件上，学校应努力加强校园人文环境的建设，让学校处处充满浓厚的人文气息；二是在软件上，学校的办学理念要体现出人文关怀思想，领导作风要民主，师生群体之间要和谐融洽。在这样的人文环境熏陶下，体育教师潜移默化地将本校的人文积累和办学理念融入思想之中，自然而然形成了教师的人文气质和人文教育思想。同时，学校可通过开展社团活动、举办讲座、开展读书交流会等形式，鼓励师生多欣赏诗歌、小说、电影作品等，营造出浓厚的人文学习环境，体育教师身处其中会不知不觉地受到熏陶与濡染，从而有助于体育教师约束自己的言行，完善人格，提升自身的人文底蕴。

（三）培训体系

1. 职前体育教师教育计划改革

体育教师的主要来源是高校体育教育专业毕业的学生。在读期间是职前体育教师系统学习人文知识、落实人文精神、践行人文方法的重要时期。基于此，高校应推进职前体育教师教育计划改革，转变教育思想观念，向体育人文教育方向转轨与倾斜。要建设体育人文课程体系，开设人文体育学、体育文化学、体育社会学、体育史、体育经济学、体育法学、奥林匹克文化、体育哲学、体育美学、体育人类学、体育民俗学、体育英语、体育欣赏等课程，改革教学目标、教学课时配置等，从传授知识入手，活跃思维、掌握方法、把握原则，尤其是要强化这些课程中的人文内涵，进而提升职前体育教师的人文底蕴，为职前体育教师以后踏上工作岗位对学生进行体育人文教育奠定基础。

另外，还可以把体育人文教育通过多样化的形式贯穿于各门学科教学中，如可以利用大学语文来提升体育专业学生的人文底蕴素养。语文作为最基础的学科，其中所蕴含的人文底蕴教育内涵对改变职前体育教师因文化知识结构不平衡导致的学习积极性缺乏、信念缺失以及人文底蕴薄弱等问题的解决有一定促进作用。其具体实施可以参考以下措施：①拓展语文学科知识范围，扩充艺术欣赏类课程，并融入体育美学理论知识指导，同时对人文所涉及的学科（包括哲学、历史和文化等）进行整合；②着重强化体育基础理论教学当中的人文精神灌溉，搜集国内外各类与体育相关的文学素材，制定体系化的课程，在为学生讲解基础语文知识的基础上，将文化的讲授更多地侧重于体育文化方面，将抽象的文化层次理论具体化、简单化；③将语言文化与体育精神充分结合，做好联动教学。

2. 在职培训

体育教师人文底蕴的提升可同职后再教育、校本培训等工作相结合。学校应重视体育教师的职后再教育工作，运用校本培训等方式，通过聘请专家进行人文知识讲座，通过社会实践领悟人文精神，通过运用人文方法搞好教育教学和体育教学科研等。学校还可以定期开展人文知识竞赛，组织新体育教师学习优秀体育教师的事迹。

学校还可以打造线上人文教育平台，制作在线人文课程，搭建自主学习平台，将人文教育和体育教师思想政治教育工作相结合——在学习中增加中国传统文化的内容，将奥林匹克精神、竞技体育的团队精神、教练员和运动员为国家荣誉而战的拼搏精神融于思想政治教育工作之中，使体育教师进一步树立培养更多优秀人才的坚定信念。

（四）教师自身

1. 主动学习和汲取广博的人文知识

体育教师在日常教书育人的过程中要转变思想，不能把自身的学习机会和素养的提高全部寄托在校本培训、外出学习及学术交流等外部学习方面，而是要紧跟时代发展需要，利用一切可以利用的时间，在思政殿堂中寻宝，在文史哲宝库中畅游，在人文知识丰富的学科之中汲取精华 [1]。

人文知识涉及文、史、哲、艺等多个领域与学科，博大精深。为此，体育教师要树立终身学习理念，应在精通专业的同时，通过自我修炼，不断提升自身的人文底蕴，加强对古今中外人类文化各个领域、各个层面的理解和领悟，形成对生命、对生活、对历史、对社会的独特见解和观点。同时要加强学科之间的互相渗透，在体育学科中穿插其他学科的知识，通过学科知识之间的横向联系增厚本学科的文化底蕴，形成人类文化一体化思想。此外，体育教师尤其要注意对体育史和体育哲学的学习。正所谓"读史可以明智"，了解了体育历史才能更好地看待当今体育的发展，才能更好地领悟体育的人文精神。而哲学作为科学研究之母，其对思维的思辨性锻炼会促进各学科知识的融合和碰撞 [2]。

最重要的，体育教师要明确人文知识和人文底蕴之间的区别。知道一些中外文学名著的名称、作者和基本内容或者欣赏中外名曲，这些只是基础的人文知识，并不意味着体育教师具备了很高的人文底蕴。具有比较丰厚的人文知识并在此基础上进一步提升，形成正确的世界观和人生观，具有高尚的精神世界并在实际教学中能影响学生，丰富学生的精神世界，这样的教师才能称之为具有较高的人文底蕴 [3]。

2. 构建人文型课堂，以身授业、教学相长

人文底蕴的提升不能只停留在理论层面上，要在教学实践和与学生的互动中切身体验、反思、总结，以提高实效性。随着课程改革的推进，体育教师要转变教学理念，在教授体育知识和体育技能的基础上，对学生传授、渗透人文知识。体育教师要努力构建人文型课堂，以自身的言行教化学生，在学识和做人上都充当学生的榜样，教导学生做一个高尚、正派、对民族和国家有贡献的

[1] 陈名巧，袁旭明．试论高校体育教师人文素养提升路径 [J]．重庆电力高等专科学校学报，2013，18（1）：33-35.

[2] 鲁雷．当代体育教师的人文素养与体育人文精神的传承 [J]．湖北民族学院学报（哲学社会科学版），2007（2）：113-115.

[3] 樊勇．对提高大学体育教师人文素养的几点认识 [J]．安徽工业大学学报（社会科学版），2001（2）：138-140.

人；引导学生向榜样看齐，如在体育教学中可以把我国优秀运动员的事迹介绍给学生，讲述他们是如何不计较个人得失，把个人价值和社会价值相统一，把对国家的热爱落实在自己人生奋斗的实践中，倡导学生做一个有责任的公民。同时，在日常教学中，体育教师要倡导教学民主化，与学生之间建立起平等、融洽的师生关系，只有这样才有益于体育教师与学生之间相互取长补短，在提高课堂教学效率的同时，努力实现人文底蕴素养的教学相长。

3. 深挖运动项目的人文历史知识

体育文化的载体是各种运动项目，体育教师要想做好体育文化传播工作，就必须深入了解各运动项目的历史渊源，并从中感悟、凝练人文思想，尤其是在传统体育文化的继承和发展上，要下足功夫、深入研究。同时，体育教师对运动项目历史文化知识的深厚积累，也是提高体育艺术欣赏能力的必经之路。另外，精湛的运动技能是体育教师的立身之本，也是体育教师保持身体美、展示运动美的根基。

第六章

体育教师科学精神

　　科学精神是国家繁荣富强、民族进步兴盛必不可少的要素，亦是实现人的全面发展的重要条件。在学校体育领域，具备科学精神同样至关重要。体育科学精神是体育教师核心素养必备品格维度的重要表现之一，体现了体育教师理性的一面。体育教师是否具有体育科学精神，在一定程度上决定着其能否更好地以渊博的科学知识，冷静、理性、客观、逻辑清晰的思维来分析和解决问题。基于此，本章的重点在于论述体育教师科学精神的内涵和培养策略。

第一节　体育教师科学精神的内涵

　　体育教师科学精神是指体育教师在学习、理解、运用科学知识和技能等方面所形成的价值标准、思维方式和行为表现。本节从体育教师科学精神的提出缘由、价值定位和具体构成 3 个方面进行阐述。

一、体育教师科学精神的提出缘由

（一）国家全民科学素质行动要求体育教师具备良好的科学精神

习近平总书记指出："科技创新、科学普及是实现创新发展的两翼，要把科学普及放在与科技创新同等重要的位置。没有全民科学素质普遍提高，就难以建立起宏大的高素质创新大军，难以实现科技成果快速转化。"这一重要指示精神是新发展阶段科普和科学素质建设高质量发展的根本遵循。早在 2006 年国务院印发的《全民科学素质行动计划纲要（2006—2010—2020 年）》中就提出了发展公民科学素质的具体目标和行动要求。期望通过发展科学技术教育、传播与普及，尽快使全民科学素质在整体上有很大提升，实现到 21 世纪中叶我国成年公民具备基本科学素质的长远目标。中国科学技术协会在《全民科学素质行动计划纲要实施方案（2011—2015 年）》中提出，到 2015 年，我国公民具备基本科学素质的比例超过 5%，相当于世界主要发达国家 20 世纪 90 年代中期的水平。国务院印发的《全民科学素质行动规划纲要（2021—2035 年）》提出："实施教师科学素质提升工程。将科学精神纳入教师培养过程……""突出科学精神引领。践行社会主义核心价值观，弘扬科学精神和科学家精神，传递科学的思想观念和行为方式，加强理性质疑、勇于创新、求真务实、包容失败的创新文化建设，坚定创新自信，形成崇尚创新的社会氛围"。

科学教育是教育的题中应有之义。培养青少年的科学素养、提升全民科学素质，教师要在全社会引领风气之先。无论是作为普通公民，还是作为教师队伍的重要组成部分，体育教师都必须要提升自身的科学素养，塑造科学精神。尤其是在体育教学中要渗透和融入体育科学，才能在促进学生身心健康发展中发挥更大的作用。因此，在新时代国家努力提高全民科学素质的背景下，促使体育教师科学精神的形成具有重要意义，有利于落实教师科学素质工程。

（二）体育教师科学精神有待加强和培养

有调查显示，现实中诸多体育教师的知识结构并不合理，部分体育教师的文化基础较为薄弱，学习进修、继续教育的意识不足。其具体表现为：第一，专项体育技能过硬，基础学科知识薄弱。许多体育教师的体育专项成绩十分优秀，却由于运动训练占用了大量学习时间，导致基础学科理论不够扎实，这样在日常教学中就会存在理论知识方面的不足。第二，重视学科课程知识，轻视教育理论知识。很多体育教师并非来自高校师范专业，对教育学、心理学以及学科教学法等教育理论方面的知识缺乏系统学习。即使是师范专业出身的体育教师也存在忽视教育理论学习的状况 [1]。久而久之，就形成了体育教师知识结构单一、陈旧的问题。体育教师的知识结构与体育科学精神密不可分。进入 21世纪，信息技术、人工智能、大数据、云计算等新兴技术取得了飞速发展，人工智能 + 体育、体育与健康大数据、可穿戴设备应用等取得了丰富的理论和实践成果。对于体育教师而言，教学手段和教学环境的飞速变化对体育教师的工作提出了巨大挑战，需要体育教师进一步学习前沿的体育科学技术知识，了解体育科技研究进展，提升科学精神，只有这样才能满足未来体育教学的高要求。如果体育教师不具备体育科学精神，或者拒绝进一步提升自己的科学素养和提高自身专业水平，最后必然难以适应学校体育发展的新变化。

（三）改善体育教师长期以来的负面刻板印象

在社会大环境下，提及体育人的刻板印象，社会舆论中总是有两个极端：一方面是正面形象，如开朗阳光、团队意识强、意志坚定、吃苦耐劳、甘于奉献等；也有很多的负面形象，如文化水平低、基本素质低等。当在体育领域取得优异成绩之后，因为路径依赖人们会将潜意识中体育人的正面形象置于头脑中，呈现出积极的刻板印象；而当在体育领域出现了某些问题时，人们同样因为路径依赖会将潜意识中体育人的负面形象置于头脑中，呈现出消极的刻板印象。不过，这些刻板印象的产生都是有一定渊源的。体育教师作为体育人的典型代表，在很多时候也面临着这样的刻板印象。

任何一个群体的社会形象锻造都是"互构"的过程。人们在他人对自己的认知与理解中定位自己的形象，也在与他人的互动中积极建构所在群体的社会

---

[1] 解猛，朱朋 . 角色理论视域下体育教师污名化归因研究 [J]. 辽宁体育科技，2021，43（3）：81-86.

形象。当今社会对于从事体育专业的人有诸多有失偏颇的负面刻板印象，这些负面刻板印象的形成并非一朝一夕，而改变其也非一日之功。体育专业相关人员应理性认识刻板印象的存在，不断提升个人魅力与价值，从每一个个体的角度去积极维护体育人的群体形象，其中就包含科学素养的培养与改善，让大家逐渐意识到体育也是一门科学，也需要运用科学手段，体育教师也可以拥有聪明的头脑、科学的思维和科学的知识技能体系，能够为学生科学素养的培育贡献自己的力量，减少体育人负面刻板印象，实现充满正能量的体育人形象定位[1]。

二、体育教师科学精神的价值定位

（一）体育教师科学精神是落实立德树人根本任务的内在要求

立德树人是教育的根本任务。坚持立德树人，就要求广大教育工作者率先垂范。对于新时代教育工作者来说，"立德"就是要带头学习习近平新时代中国特色社会主义思想，始终保持坚定正确的政治方向；就是要带头践行社会主义核心价值观，始终坚持真理、传播真知，积极向学生、向社会传递正能量。能够坚持正确的政治方向和坚持真理，不人云亦云，敢于向权威挑战，是对教师（包括体育教师）科学态度提出的高要求。科学精神引导着科学思想，蕴含着科学态度，促使科学知识的产生和科学方法的形成，对于体育教师把握正确政治方向和坚持真理起到非常重要的作用，有助于进一步落实立德树人根本任务。

体育教师有培养社会主义事业接班人的责任，在建设和传承社会主义核心价值体系中应当起到应有的带动作用。从社会主义核心价值体系 4 个方面的基本内容可知，实事求是、解放思想、与时俱进、求真务实的科学态度是建设社会主义核心价值体系的应有之义，也只有如此才能从根本上坚持马克思主义、弘扬时代精神。体育教师具备崇尚科学、坚持真理的科学态度，具备良好的科学素养将有利于社会主义核心价值体系的建设。体育教师作为"以体育人"的实施主体，

---

[1]　荆雯，李洋，安丽娜，等 . 刻板印象视域下体育人形象的分析 [J]. 体育学刊，2017，24（1）：71-75.

其是否具有科学精神，一方面事关能否以符合社会主义核心价值体系的工作理念来达成各项实践目标和完成各种教学任务，另一方面还关系到其作为一类掌握高级专业知识的特殊社会文化群体在全社会科学精神传播与普及中发挥的作用 [1]。

（二）体育教师科学精神能从根本上提高体育教师队伍的整体素质

在信息技术高速发展和广泛应用的今天，现代教育技术的发展也十分迅猛，引起了教育的深刻变革，给教育观念、教学方法和教学组织形式等方面带来了深远的影响。教育工作者应把握时代脉搏，关注世界教育技术的前沿动态，结合我国实际情况大力发展现代教育技术的基础研究及实际应用，为培养适应新时代高素质人才和早日实现现代化强国的伟大目标做出应有的贡献。

培养高素质专业创新人才是新时代的要求，而科学精神是成为"高素质"和"创新"人才不可或缺的要素。一般而言，科学创新型人才都具有一定的创新精神和创新能力，是其所在行业的领军人物，通常表现出灵活、开放、好奇的个性，具有精力充沛、坚持不懈、注意力集中、想象力丰富和富于冒险精神等特征。体育教师作为体育专业人士，其科学精神的提升有助于改善体育教师专业水平和科学素养不足的现状，从根本上提高体育教师队伍的整体素质。

科学精神作为一种原动力，能够直接作用于科学探索活动，在体育教师的教学过程中不可或缺。一名体育教师是否具有科学精神将会影响其从事体育教育工作的热情。崇尚科学、乐于科学探究的体育教师对学生科学素养的提高会起到积极作用。是否具备科学精神决定了体育教师是否会因循守旧，是否会在体育教育活动中敢于开拓创新，是否会在体育教学中使用新技术、新手段和新的科学方法。体育教师作为体育教学的组织者、引领者，只有以科学精神贯穿育人全链条，适应知识生产模式的变革，打破学科壁垒，引导变革教学方式，倡导启发式、探究式、开放式教学，才能从根本上提高体育教学的质量。

---

[1] 邢金龙，张静. 重视与加强大学生科学素养教育 [J]. 中国高教研究，2007（10）：86-87.

（三）体育教师科学精神有利于规范体育教师的职业行为

科学精神能够为人们提供观察事物和分析问题的合理视角以及进行正确判断的思维，从而认识到人类自身在自然界和社会关系中的位置和作用，最后在主观意识上决定自己的行动目标和途径[1]。科学精神与人们世界观的正确与否有很大关系，世界观既是认识范畴，也是人们信念的反映和做出行动时的指挥。世界观又决定着一个人的人生观和价值观。也就是说，一名体育教师如果没有正确的世界观，他就不会规范和约束自己的行为，更不会用自己的体育知识和体育技能很好地服务社会和人民。对学生而言，体育教学过程既是体育教师引导学生锻炼的过程，同时也是学生观察、了解体育教师的过程，体育教师的思想品德、言行举止都会给学生留下极其深刻的印象，所以体育教师是否具有正确的三观非常关键。科学精神能给体育教师提供观察事物和分析问题的合理视角以及进行正确判断的思维，有利于体育教师规范自己的职业行为，以良好的师德和人格魅力、深厚的专业知识来教育和启迪学生，在学生的心目中树立科学理性的体育教师形象，以塑造学生良好的行为规范，促进学生健康人格的形成。

（四）体育教师科学精神有利于培养学生的科学精神

青少年学生正处于培养科学兴趣、体验科学过程、发展科学精神的重要时期，培养学生的科学精神也是新时代人才培养的重要内容。对学生开展科学精神教育的关键在于教师，即教师具有丰富的科学精神是培养学生科学精神的重要保证。一方面，教师要有培养学生科学精神的意识，这样教师才能自觉地去进行基于科学精神的教学，而这一教学既能促进学生掌握知识，又能培养学生的技能；既能丰富学生的思想，又能塑造学生的科学思维。另一方面，教师要有培养学生科学精神的能力，诸如明确科学精神教育目标的能力、确定科学精神教育内容的能力、选择科学精神教育方法的能力、开展科学精神教育活动的能力等，其实这些能力的展现过程就是学生科学精神的培养过程[2]。因此，体

---

[1] 黄涛.科学精神内涵及社会功能浅析[J].西南交通大学学报（社会科学版），2002（4）：12-15.
[2] 孟庆男.基于核心素养的科学精神教育[J].思想政治课教学，2019（6）：11-15.

育教师必须成为一个富有科学精神的人。比如，在体育教学过程中，面对羽毛球和网球两个不同类型运动项目的技能学习产生的负迁移，具备科学精神的体育教师就会仔细查阅资料，结合国内外运动技能学习和生物力学原理的前沿知识，详细地向学生解释负迁移产生的原理，同时还会启发学生如何分析产生这些问题背后的本质原因。通过这一过程，体育教师不仅可以拓宽自己的教学思维，更重要的是通过体育培养了学生的科学精神，为全面培养学生的核心素养提供了助力。

三、体育教师科学精神的具体构成

（一）科学知识

科学知识包括科学的概念、定理、理论、操作方法等[1]。根据教育的一般规律和体育教育自身特点，首先，体育教师应具备教育学和心理学的基础知识，了解教育的概念、特点、属性、目的、学校教育制度以及学生进行体育活动时会产生的心理现象、学生心理发展的特点和规律等科学知识。其次，体育教师要能够理解与掌握体育运动人体科学的原理和方法，能够理解与掌握公共卫生健康的原理与思维方法。此外，体育教师还应掌握现代教学工具使用的相关知识。以网络为代表的信息技术的飞速发展给体育与健康课程的教学方式带来了根本性的变革，再加上人工智能、大数据、5G 等的赋能，教育信息化、数字化、智能化成为大势所趋。网络为体育教师开发课程资源和进行体育教学提供了丰富的材料，同时也给学生提供了一种基于网络资源的新的学习方式。显而易见，为适应信息技术、人工智能等对体育教育的影响，体育教师应首先具备有关计算机、网络等信息媒体、体育人工智能设备的应用等方面的科学知识。

---

[1]　梁英豪 . 科学素养初探 [J]. 课程 · 教材 · 教法，2001（12）：59–63.

（二）科学态度

1. 批判创新

首先，批判精神是所有学科不断向前发展的关键，没有批判就没有发展。批判反对将一切理论和假说神圣化。任何科学理论和科学假说都要经受反复检验，检验的过程就是批判的过程，通过批判旧的理论使其得到修正甚至完全用新的理论取而代之。其次，批判精神是理论创新的动力。科学理论经受批判可以使自己的逻辑体系更严密、实验证据更精确，进而不断打破成见，推陈出新。最后，批判精神是科学真理客观性的保障。任何人、任何利益群体想违背客观性原则搞伪科学，都要受到严厉批判。批判精神对于破除科学的神话、减少科学的独断性非常有益。

对体育教师而言，要批判地思考体育教育思想观念。体育教育思想观念作为一定时代、社会或个人对体育教育客观需要的集中体现，具有鲜明的时代性。例如，在以前的体育教学中往往重动作技术、轻运动能力，重单个技术、轻完整运动，重学科体系、轻育人方式，反映到学生身上，出现了"不喜欢""体质差""学不会"等现象。这就需要体育教师坚持与时俱进、改革创新，切实转变旧的体育教育思想观念，由"知识中心观"向"育人中心观"转变，落实立德树人根本任务和健康第一教育理念，重视培养学生的核心素养，把单纯传授知识和技能的过程转变成培养人的过程，促进学生喜欢运动、增强体质、学会技能，养成健康的生活方式，实现身心健康、体魄强健和全面发展。要切实转变体育教育思想观念，重要的途径就是加强对新理论、新方法的学习，不断进行思考和研究，提高理论认识水平和是非辨别能力。

需要指出的是，批判创新是一种正能量和积极态度，是为了追求体育与健康课程教学更好地发展，并非排斥继承优良传统，但需要批判那些落后陈旧、实践已经证明是低效或无效的理念和方式。

2. 求真务实

"求真"就是"求是"，也就是依据解放思想、实事求是的思想路线去不断地认识事物的本质，把握事物的规律。所谓"务实"，则是要在这种规律性认识的指导下去做、去实践。例如，项群训练理论是我国著名学者田麦久先生及其团队在竞技体育领域所建立的重要基础理论，该理论的产生与发展是田麦久先生践行求真务实科学态度的一个典型案例。自 1964 年民主德国迪特里希·哈雷（Dietrich Harre）等人的《训练学》一书作为莱比锡体育学院函授教材问世以来，运动训练学的理论体系即由一般训练学和专项训练学两个层次构成。但随着运动训练实践的发展，这一体系已经表现出明显的不足。田麦久先生及其团队在研究分析了众多竞技体育项目的共同规律后认识到，在许多方面，常常难以甚至不可能将不同项目所具有的多种风格和特点简单地做出单一的概括和归纳。而如果将其中几个相近的项目放在一起进行比较，它们之间的许多共同特点便会立即清晰地显现出来。之后，田麦久先生及其团队继续深挖这一规律，在这一规律的指导下提出了项群训练理论，并将其运用到运动训练实践当中，推动了运动训练的快速发展[1]。由此可见，体育教师在学校体育工作中具备实证与求真务实的态度是多么的重要。

3. 尊重事实

体育教师在学校体育工作中要能够尊重既定的事实和证据。事实和证据包括运动生理学中体现的生理现象、实验中呈现的现象，也包括来源于调查、观察和测量的各种数据，以及建立在这些数据基础上的统计结果等。例如，在体育与健康课程的教学中，要尊重男女生的生理差异、尊重不同学生运动能力的差异，厘清性别对于学生运动能力的影响，针对不同性别、不同运动能力的学生采取不同的教学方案，特别是要了解女性运动的特殊问题，让每个学生都爱上体育课。除此之外，体育教师在进行体育教学研究或者其他类型的体育科研时，不论是采用问卷调查法还是实验法，都要减少自己主观因素的影响，尊重得到的结果，在既有结果的基础上分析教学现状和存在的问题，只有这样才能得到正确的结论。

---

[1] 田麦久，麻雪田，黄新河，等. 项群训练理论及其应用 [J]. 体育科学，1990（6）：29-35.

（三）科学思维

科学探究要求体育教师能够引导学生通过学习体育科学知识形成科学思维。首先，体育教师要激发学生的学习兴趣，兴趣是产生学习动机的源泉，是学生学习的重要动力。积极的科学思维是建立在浓厚的兴趣和丰富的感性基础上的。有了兴趣，学生才会积极主动地去思考、去分析、去解决，长此以往会逐步形成思维意向。其次，在体育课教学的过程中，体育教师要能探究每一个能帮助学生形成科学思维的场景，比如在进行长跑教学时，学生的体力如何分配，跑哪一个赛道更为省时省力，如何通过摆臂来提高自己的速度等问题都可以让学生在实践中进行思考，待学生有了一定的想法后，体育教师再向学生讲解其中的原理和蕴含的科学知识，通过这个过程来培养学生的科学思维。最后，体育教师要把握好知识和思维的最近结合点，充分利用教材、技能和现实生活提供的素材和资源，去挖掘学生感兴趣的东西并将其应用于课堂教学，引发学生求知的欲望，使得学生自己想去探求问题的根源，从而积极主动地把知识融入自己的思维进行提炼，有利于其科学思维的形成。

（四）科学过程与方法

科学过程又称过程技能，一些国家把对科学过程的理解作为科学精神的一个重要组成部分。科学方法是人们在科学研究中所遵循的途径和所运用的各种方法和手段的总称。科学方法是人们揭示客观世界奥秘、获得新知识、探索真理的工具。思维方法是人们认识世界和改造世界的精神活动形式、方式和程序的总称。人的一切活动都离不开思维和思维方法。科学过程与方法要求体育教师能够用科学思维解决体育与健康问题。比如，以前的体育教学中长期采用单一的教学方式。要改变"单一技术课""测试课""安全课""说教课""军事课"等几种教学形态，摒弃"不出汗"的体育课和"无运动负荷、无战术、无比赛"的"三无"体育课，用科学过程和科学的思维方式，经过大量的科学实验和充分论证来解决之前体育课存在的问题。倡导采用体育教师指导与学生自主—合作—探究相结合的多样化教学方式、大单元教学、完整的学习活动、复杂运动情境教学、科学适宜的运动负荷、体能练习等，唯有如此才能解决上述现实问题，才能培养学生的运动能力、健康行为和体育品德 3 个方面的核心素养，才能提高体育与健康教学的育人效果。

（五）好奇心

好奇心是个体遇到新奇事物或处在新的外界条件下所产生的注意、操作、提问的心理倾向。好奇心是个体学习的内在动机之一，是个体寻求知识的动力，是创造性人才的重要特征。古今中外，很多的发明和技术创新并不完全是源于有组织、有谋划的科学研究，而是基于研究者个人的好奇心进行长期探索而获得的成果。教师如果具备一定的好奇心，可以帮助其从繁杂的体育教学事务中解脱出来，对学生、教学、日常工作中遇到的问题多一分好奇而少一分抱怨。

在众人眼中，好奇心似乎与体育教师无关，但实际上并非如此。体育教学中很多问题的解决，需要好奇心来驱动。比如，在一些偏远地区，很多学校缺乏体育器材或设施，缺乏好奇心的体育教师，会秉持一种"上不了体育课也没办法"的态度；而具备好奇心的体育教师，则会思考是否可以将身边的资源开发用于建设体育器材设施。比如，学校附近的山坡、树林等地方，可以用来作为学生进行越野跑的场所。此外，随着一些新技术的出现，可穿戴设备越来越多地被应用于体育活动，比如运动手表，目前已广泛用于普通百姓的日常健身中，而具备好奇心的体育教师则会思考如何将其应用到体育教学中，帮助学生观察运动中的心率变化等各类数据，并据其做出调整，从而会获得更好的教学效果。总之，好奇心是体育教师体育科学精神形成的基础。

第二节　体育教师科学精神的培养

具备科学精神的体育教师能够与时俱进、改革创新，及时更新教育理念，对于提升体育教学的质量和培养学生的科学思维起着非常重要的作用。为此，培养体育教师的科学精神具有重大意义。本节重点介绍当前我国体育教师科学精神的现状反思，并提出体育教师科学精神的培养策略。

一、体育教师科学精神的现状反思

（一）大部分体育教师的"运动技术背景"导致其科学知识储备不足

目前，我国体育教师的来源主要有高校体育专业毕业生就业、退役运动员安置、退伍军人安置等，其中高校体育专业毕业生占90%以上。他们大多数是通过体育高考和体育高水平单招进入高校的。体育高考对学生的入学文化成绩要求有所降低，体育高水平单招则是高水平运动员直接可以单独参加高水平运动员招生考试，这部分被高校选中的运动员的文化成绩所占的比重较小。虽然这些顺利考入大学的学生已经具有本科或者专科学历资质，但是大部分人的科学知识和科学思维都很薄弱（这与他们在小学、中学阶段需要大量的时间进行训练有关），对于科学知识的学习和科学思维的训练更是匮乏。虽然他们在中学阶段也学习过物理、化学、生物、地理等自然科学课程，但这些课程均是各自范围内一些分立、具体的概念和规律，对自然界一般性、统一的概念、原理重视不够。对于一些自然科学的前沿性知识，他们在中学阶段更是较少系统地学习。因此，相对而言体育特长生的自然科学知识基础普遍薄弱。此外，当前我国基础教育教学模式中存在的一些问题更是助长了这种积弊，如有限的科学知识的教学多注重对知识结论的学习；重视演绎，忽视归纳；重视结果，忽视过程；重视机械记忆，忽视思考存疑；很少进行实践探究式学习，致使不少学生对科学知识的学习产生枯燥感和拒斥感，导致原本应有的科学兴趣和热情泯灭殆尽，影响了学生科学探究能力的发展，造成了科学方法、能力与精神的缺失 [1]。因此，他们在进入体育教师岗位之后，在科学知识方面的储备不足，从而进一步导致其科学意识和科学素养偏低。

[1] 王萍. 高师学前教育专业学生科学素养的现状及发展对策 [J]. 学前教育研究，2008（3）：25–27.

（二）体育教师对科学精神的认识有待加强

当前，一些体育教师存在着严重的误解，认为自己的主要工作是运动技术教学，因而只要掌握精深的运动技术就够了，忽视了科学精神等一些必备品格方面的素养。比如，王生有在对体育教师科学素养现状的调查中发现，有些体育教师对科学和科学精神存在误解[1]，这对他们以科学理性的精神开展体育教学十分不利。体育教师对科学精神的认识不够主要体现在几个方面：一是对运动科学类的知识重视程度不够，比如有的体育教师认为只需要掌握运动技术即可，那些运动人体科学、公共卫生健康等方面的知识既不重要，也没有必要去掌握，即使是学习了也无法运用到体育教学之中。二是对学生在科学精神方面的培育不重视。如前所述，很多体育教师认为体育课的任务就是要培养学生的运动技术，学会运动即可，至于学生能否通过体育课拓展思维、提升逻辑思维能力则不关注。实际上，一些国家非常重视学生通过体育学习来发展多方面素养，如澳大利亚的体育课程标准就要求学生通过体育课不仅要发展体育核心素养和跨学科核心素养，更要发展"读写、计算、信息和通信技术、批判性和创造性思维、个人与社会、道德理解、跨文化理解"等通用素养；新西兰同样如此，要求体育课要培养学生的"思考的能力、运用语言符号和文本的能力、自我管理的能力、与人相处的能力、参与奉献的能力"等[2]。

由此可知，体育教师必须要转变思维，重视学生科学精神的培养，这不仅是确立体育课在学校教育中地位的重要途径，也是促进学生全面健康发展的现实需要。而作为教育者，体育教师就必须加强对科学精神重要性的认识，改变传统观点，主动接纳并将其融入体育教育之中。

（三）部分体育教师存在将人文思想与体育科学精神割裂的现象

英国物理学家、作家查尔斯·帕西·斯诺（Charles Percy Snow）1959 年在剑桥大学的著名演讲《两种文化与科学革命》中指出，科学与人文的分裂对立是当

---

[1] 王生有.体育教师科学素养现状研究 [J].教学与管理，2011（24）：50–51.

[2] 尹志华.体育学科核心素养的解构与阐释 [M].上海：华东师范大学出版社，2021.

今时代的灾难，即所谓的"斯诺命题"。其实，科学精神与人文精神不是绝对对立的，不能割裂开来。科学与人文的融合具有重要的科学价值、人文价值、教育价值和深远意义。新时代的科学精神需要系统思维、辩证思维，需要从德智体美劳全面发展和立德树人的高度，从科学教育与人文教育的辩证统一、通识教育与专业教育有机结合的角度理解和把握。

对于体育教师而言，加强体育科学精神的培养，并不意味着与人文思想毫无关系。恰好相反，它们是一个整体的两个不同方面，应该整合在一起。比如，一个优秀的自然科学研究者如果缺乏人文思想，那么就只会摆弄仪器和做实验，就只能机械地呈现科学研究结果，而无法用充满想象力和人文色彩的方式来解释或表达研究成果，这也是为何当前很多大学强调要提升理工科学生人文素养的原因所在。目前在学校体育领域存在一种倾向，由于新课改强调运动负荷，使得很多体育教师只是重视运动密度和心率范围这些机械的数字，而忽视了背后所蕴含的人文思想。实际上，学生运动负荷的高低对外表现出数字，但背后很多原因需要体育教师结合科学现实用人文思想来深度解释。因此，体育教师应该将科学精神的培养建立于人文思想之上，实现二者的有机结合。

（四）部分体育教师缺乏科学理性的思维

理性是人类对事物认知过程中产生的符合事实逻辑关系的认知活动的表现。理性思维是在事实经历后的直观经验与间接经验，对事物进行观察思考和分析从而产生充分思维依据和具有充分逻辑关系的思维方式[1]。体育中的生理现象、运动规律等共同构成了相对复杂的逻辑关系，体育教师想要有效地分析体育教学中的问题，就要有理性思维作为基础。而部分体育教师重竞技轻理论、重感官轻内涵的思维模式使其相对而言比较感性，缺乏理性、客观、冷静的特点和仔细分析问题的能力。在体育教学中，表现为对学生做出不合理、不冷静的行为并影响了自己或学生的学习生活，干扰了教学的正常进行，损害

---

[1]　王晓鹏.探究高中生物教学中培养学生理性思维的策略[J].数理化解题研究，2022（24）：128–130.

了学生的身心健康，主要表现为体罚、变相体罚以及言语侮辱学生等[1]。这不仅会对学生的身心发展造成极大的消极影响，还会导致一系列不必要的社会纠纷。体育教师产生非理性行为，因素主要包括工作繁重、压力增大、外界支持满意度偏低等，但是缺乏理性思维和采用非理性管理方式是非常重要的原因[2]。因此，体育教师需要塑造自己科学理性的思维，以冷静、理智的方式思考和处理问题。

二、体育教师科学精神的培养策略

（一）加强体育教师科学史教育，形成良好的科学态度与科学价值观

科学史记录了科学的发展历程，它向人们展示了科学的产生、发展、规律等内容，这些内容对人们的科学学习活动产生了深刻的影响。

1989年，美国科学促进会发表了题为《普及科学——美国2061计划》的总报告。该报告强调了作为人类伟大经验之一的科学本身的重要性。为此，报告建议在科学教育中加入科学史内容，原因包括：一是离开具体事例谈科学发展就会很空泛；二是一些科学进展为人类文化遗产做出过卓越贡献，这些历史篇章为世界文明中各种思潮的发展树立了里程碑。该报告表达的一个思想就是通过学习科学史，可以认识到科学发展的历史动态画面，历史地把握科学的本质，深刻地理解科学与人的存在的关系，有利于科学精神的培养[3]。由此可见，加强科学史教育是培养体育教师科学精神的一项有效策略。科学史包含的教育价值及其丰富的内涵也是一部人类进行科学创造的历史，其中许多关于求实和创新的案例，有利于体育教师科学态度和科学价值观的形成。科学史的教育中既展示了科学技术对于社会发展产生的推动作用，也展示了科学技术所造成的灾难，通过了解这些内容还将会加深体育教师对科学相对性的认识，树立

[1] 张大力. 中学体育教师教学中非理性行为研究——以太原市为例 [D]. 太原：山西大学，2006.
[2] 陈泽全. 体育教师非理性言语行为的成因和防范措施 [J]. 教学与管理，2010（6）：148–149.
[3] 袁维新. 科学史教育的教学价值与教学模式 [J]. 教育科学研究，2004（7）：38–40.

辩证的科学态度。

（二）通过多种形式普及科学知识，使职前体育教师形成科学的知识体系

弘扬科学精神，普及科学知识是国家的基本方针。通过课程、讲座、培训等多种形式向职前体育教师普及科学知识，有利于体育教师形成科学的认知结构和知识体系。

首先，夯实职前体育教师教育，开设一些跨学科的综合科学课程，增加科学知识储备。体育教育专业应调整培养方案、优化课程设置，开设系统化的科学课程，让职前体育教师学习系统的科学知识，比如开设科学、技术与社会（sciense technology society，STS）选修课以及现代科技概论、现代科学技术前沿、科学哲学、科学社会学等课程，让职前体育教师了解科学体系。以 STS 课程为例，STS 是 20 世纪 70 年代以来国际上盛行的社会本位课程，STS 教育主要关注科学、技术与社会三者之间的交互作用和影响，对于职前体育教师了解科学、技术与社会的内涵具有积极意义。除了学习一些科学的基础知识外，更重要的是要使体育教师形成一种跨学科的科学的认知结构和知识体系，这种科学的知识体系能使体育教师在教学中实现多学科知识的融会贯通，为提升体育教学质量提供基本保障。因此，在教授科学概论等通识性课程时，还要淡化学科的界限，强调体育学科与其他学科之间的关联性，实现学科之间的互补。在内容方面，可以选择一些公共卫生健康、运动人体结构、运动生物化学、智能体育工程等学科主题，将体育与其他学科的知识进行联系，最终形成一个综合性的知识网络。

其次，通过教育见习、实习等实践环节，让职前体育教师参与体育科学活动，并鼓励他们将所学的科学知识融入实际的教学活动中，强化专业技能，提升科学素养。其中，体育教育实习历来是高等院校体育教育专业教学计划的重要组成部分，它既是理论联系实际教学原则的基本体现，又是实现学校既有的培养目标、满足社会需求的重要手段。通过教育实习，学生不仅能够充分整合、运用和反思所学知识和技能，更能有效检验、巩固和提高所学知识和技能，还能有助于在实践中提高教学能力和创新能力。同时，检验学校培养人才

的质量，反馈学校教育培养的不足，亦是体育教育实习的现实使命。在进行教育见习、实习的环节中，职前体育教师可以参与到体育科学活动当中，比如将生物、物理、计算机工程等跨学科知识融入进去。通过这个过程，体育教师可以将自己学到的科学知识整合到实际的教学活动中，强化自己的专业技能。

第三，职前体育教师的培养单位应组织这些学生参与知识竞赛活动，以赛代训，通过给予奖励和树立榜样等方式，激发职前体育教师学习科学知识的内驱力，增加职前体育教师的科学知识储备，为其走上工作岗位奠定基础。

第四，职前体育教师的培养单位可邀请校内外各专业的专家学者举办面向体育教师的学术知识讲座，开设系列科普讲座、科技前沿讲座、现代化教学科学讲座。比如，邀请体育工程领域的专家、学者来举办体育人工智能讲座，帮助体育教师厘清学术界对于体育人工智能的研究范围和研究前沿，明晰人工智能在体育中应用的研究热点以及演进趋势，进一步拓宽体育教师对人工智能技术的应用视野。

（三）定期进行体育科学实践技能培训，培养体育教师的科学能力

在国家层面，由主管部门主导和地方参与，依托高校资源，大规模实施体育教师科学能力培训提升计划。此处所说的科学能力包括但不限于体育教师信息收集的能力、运用智能化现代技术的能力、教学反思的能力等。比如，如何在体育课堂教学中使用可穿戴设备、如何将检测到的学生体质健康数据上传到大数据平台，如何使用统计分析类工具对学生的体测数据进行分析，如何使用现代化工具来降低重复性劳动等。以人工智能对体育教育的影响为例：人工智能技术的实施给体育教育领域带来了不可忽视的推动作用，人工智能技术的实施为开放在线课程的大规模开发提供了机会；衡量学习进度变得越来越有效；智能评估系统可以基于大量统计数据进行决策，智能教学系统可以创建学生的数字档案；个性化学习环境提高了教育的质量[1]。由此可见，尽管人工智能不能完全取代

---

[1] 孙立.体育应用人工智能的价值、困境与对策研究——李世石完败于 AlphaGo 的启示 [J]. 南京体育学院学报（社会科学版），2017, 31（5）：98-101.

常规体育教育体系，但人工智能正在改变和重塑体育教育格局。当人工智能融入体育教育中，必然会对体育教师的职业素养提出更高的要求，这些问题都需要通过培训等手段来解决。在传统的教学环境中，体育教师更注重自身体育技术的提高和完善，以及有关理论知识的学习。但是在人工智能时代，体育技术的优化、专业理论知识的积累均可让人工智能技术去完成，它们更加高效，储备内容也更加丰富。比如，某项体育运动技术动作的分解教学、动作示范乃至学生学习动作的录制以及分析都可以通过智能的手段达成。总体而言，这类能力的培养可以通过开设相关课程或进行集中培训，将理论介绍与上机实践、线下操作紧密结合起来，既进行一般性的介绍（如开设科学方法论课程），又组织实践活动来提高。

（四）通过举办展览等方式优化体育科学的教育环境

体育教师需要多参加各种科技展览和校园创新案例评选活动。以"AI+ 体育"为例，2021 年 7 月 8 日，第四届世界人工智能大会（WAIC 2021）在上海世博中心开幕，其中就有基于"智慧体育"的"中国儿童青少年体育与健康大数据平台"。该平台能够实现全生命周期综合跟踪闭环，借助信息科技来赋能学生的体育学习。参加这些活动或展览，有助于拓宽体育教师的科学视野，为体育教师科学精神的培养创造环境。体育教师不仅能够了解可以运用于体育教学中的最新科技，还可以激励自己进行教学活动的创新。

另外，教育行政部门还应以科教融合的方式创新体育教师科学精神的培养，鼓励科学家和科研团队广泛参与体育教育实验和课题。国家重点实验室、高水平大学、科研院所等积极参与，将有力地促进科普和科学教育，并培养体育教师科学精神。比如，通过构建中小学与高校、科研院所、企业四位一体的科教融合教育基地，依托校外科技教育基地，推进 STEM 教育（科学、数学、工程和技术融合教育）研究与实践，引导体育教师以创新应用为导向，在观察、提问、设想、实验中形成创新素养。因此，各方要加强学科交叉融合，建立前沿的体育科学通识教育课程体系，为培养体育教师科学精神创造良好环境。

（五）鼓励体育教师以多种方式主动提升科学精神

1. 从被动式学习转向研究性学习

研究性学习作为一种新型的学习方式，已被越来越多的学者、教师及学习者所关注。研究性学习的实质是学习者通过探究的方式自主获得知识，并从中提高发现问题、解决问题的能力，在这个过程中获得科学精神的培育。广义的研究性学习具有以下特征：以创新学习观为主导，通过批判取舍；以探究方式进行学习，主动去探索，感受发现创造；注重学习过程的体验；带着问题去学习实践。

在传统的学习中，体育教师更多偏向于被动式学习，因而在学习过程中缺乏思维的主动探究与思考过程。而研究性学习作为一种探索性的学习方式，其特点在于通过探索或研究获得知识、提高能力以及养成探究的习惯。开展研究性学习是面对 21 世纪知识经济挑战、培养教师创新精神实践能力的一项重要举措。

2. 进行科学思维训练

人脑是人思维的器官，人脑的左右两个半球的功能各不相同。左半脑主要发挥语言、分析、计算、抽象、逻辑等思维功能；右半脑则主要发挥表象、综合、直观、音乐、对空间知觉和理解等思维功能。在思考方式上，左半脑是垂直的、连续的、因果的；右半脑是并行的、发散的、整体式的。这就从生理基础上证明了科学思维培养的可能。提高体育教师科学精神的一个重要任务就是使他们受到科学思维方法的熏陶。人们在平时交谈时，只要能彼此进行正常沟通即可，不太讲究科学的思维方法。但是对于科学，从提出问题到解决问题，都要经过合乎逻辑的理性思维，绝不允许随便胡编、信口开河，也不容忍道听途说、人云亦云。因此，体育教师要注重训练科学的思维方式，注重养成探索与求知精神、诚实与献身精神、批判与创新精神、民主与协作精神。比如，在培养培训体育教师时，可以设置专门的逻辑思维课程，或是以问题分析为主的课程，对体育教师进行科学思维训练，培养他们以科学的视角进行思考的能力。

3. 注重培养客观精神和理性精神

客观精神指的是在科学活动中，承认科学研究对象的客观实在性和客观规律的存在，承认科学理论是对客观物质世界及其规律的正确反映，自觉地避免主观意志对科学研究和科学活动的干扰。培养客观精神就是引导人们坚持辩证唯物主义物质统一性原理，自觉克服唯心理论的影响，这是科学哲学教育的主要内容，也是提高公众科学素养的主要途径。理性精神指的是在科学活动中不断探索各种自然现象的内在规律，追求合理性，使感性的、经验的认识不断上升为理性认识。这是一种精神上的追求，是科学理论产生和发展的思想源泉和动力。从哲学角度看，培养理性精神就是引导人们坚持辩证唯物主义认识论的基本原理，自觉克服经验论的影响。理性精神作为科学的本质特征，不仅使科学打上了特有的印记，而且促使接受科学教育的人改变了他们的思维形式。培养理性精神能够使人们克服自己的任性、随心所欲等毛病，养成一切都要经过理智思考的良好习惯[1]。

体育教师应该主动培养自己的客观精神和理性精神，一方面可以有意识地阅读相关著作或书籍，理解客观精神和理性精神对于教育工作者的重要性，对于处理复杂事务的关键性；另一方面，体育教师应该在工作、学习和生活中，在面对问题时主动以客观、公正的思维来解决问题，而不是凭着一腔热血使用冲动莽撞的方式解决问题。客观精神和理性精神的提升，不仅能够营造更加和谐的社会氛围，而且能客观、公正地解决一些复杂问题，这对于提升体育教师的地位和重要性非常关键。

---

[1] 张远秀. 提高公众科学素养的路径研究 [D]. 西安：长安大学，2012.

第七章

体育教师体育品德

师德是教师从事教育职业的根本前提。在学校体育领域，体育教师具备体育品德同样至关重要。体育品德是体育教师核心素养必备品格维度的重要表现之一，是体育教师为人师表的基本要求。体育教师是否具有体育品德，在一定程度上决定着体育教师能否在运动与教学中率先垂范、以身作则，遵守相应的行为规范，形成高尚的价值追求与奋进的精神风貌。基于此，本章的重点在于论述体育教师体育品德的内涵与培养策略。

第一节　体育教师体育品德的内涵

体育品德主要是指体育教师在运动与体育教学中应当遵循的行为规范以及形成的价值追求和精神风貌，是体育教师核心素养的重要组成部分。本节将从体育教师体育品德的提出缘由、价值定位和具体构成3个方面进行阐述。

一、体育教师体育品德的提出缘由

（一）党和国家高度重视体育教师的师德建设

随着新时代的到来，为满足人民日益增长的美好生活需要、解决不平衡不充分发展的教育问题，党和国家更加重视教师的师德建设，习近平总书记在党的二十大报告中强调要"加强师德师风建设，培养高素质教师队伍，弘扬尊师重教社会风尚"。近年来，多个重要政策文件的颁布揭示着新时代党和国家对教师师德建设的高度重视，如《中共中央　国务院关于全面深化新时代教师队伍建设改革的意见》中提出要"弘扬高尚师德。健全师德建设长效机制，推动师德建设常态化长效化，创新师德教育，完善师德规范"。《教师教育振兴行动计划（2018—2022 年）》提出要"加强师德养成教育，用'四有好老师'标准、'四个引路人'、'四个相统一'和'四个服务'等要求，统领教师成长发展，细化落实到教师教育课程，引导教师以德立身、以德立学、以德施教、以德育德"，进一步细化了教师道德的具体要求。教育部 2018 年颁布的《新时代高校教师职业行为十项准则》《新时代中小学教师职业行为十项准则》《新时代幼儿园教师职业行为十项准则》更加具体明确了新时代不同类型教师职业道德的行为规范与准则要求，对于规范职业行为、明确师德底线和引导广大教师努力成为有理想信念、有道德情操、有扎实学识、有仁爱之心的好教师提出了明确要求。

体育教师作为教师队伍的重要组成部分，在强体立人、以体育人、立德树人中发挥着独特且不可替代的作用。体育教师是否具备良好的体育品德素养是新时代体育教师师德建设的重要指标。因此，在新时代国家全面提高教师师德的背景下，促使体育教师体育品德的形成具有重要意义，有利于体育教师结合自身角色定位和职责所在，提高教师师德，落实立德树人根本任务。

（二）体育教师师德失范事件时有发生

《深化新时代教育评价改革总体方案》提出要"坚持把师德师风作为第一标准"。但当前教师的师德师风在某些方面仍时常出现一些问题。比如，2019年 4 月至 2022 年 8 月，教育部分十批次公布了违反师德行为的典型案例，总数达到 72 起。为此，各级教育行政主管部门近年来针对师德失范问题颁布了多项规章制度，为肃清师德问题营造良好的法治环境。同时，学校也在竭力加强教师道德素质建设。但良好的师德不可能一蹴而就。在漫长的成长历程中，教师的身心会受到诸多内外因素的影响，从而导致教师师德失范行为的发生。

首先，自改革开放以后，我国经济迅猛发展，但社会精神文明、道德文明发展并未能与之完全同步，由经济快速发展带来的负面作用和社会不良风气影响所诱发的拜金主义、享乐主义，导致了人的信仰危机、思想混乱、道德滑坡，进而使教师的社会角色、社会地位乃至生存境况都发生了较大变化[1]。这些负面因素正不断腐蚀着教师的道德观念和道德意识，使教育领域里的不道德现象日益严重，从教师个体的不道德行为，到学校集体的不道德行为，乃至整个教育行业的不道德风气，令人担忧。其次，在待遇不高、社会认同感较低等一些社会问题的冲击下，教师师德失范事件频频发生，如出现言行举止粗俗、歧视侮辱、辱骂体罚、有偿补课等诸多师德师风的失范现象，而这些直接阻碍了教师队伍的高质量发展。最后，在地方政府、学校与教师贯彻落实党和国家相关教育政策文件方面，部分教育行政主管部门并没有切实贯彻上级文件的要求，没有真正落实到实际的教育教学过程中；同时也有个别教师放松了对自身为人师表、履职尽责、教书育人的职业道德要求。

在这些因素的影响下，体育教师也同样存在着诸多师德问题，比如教学观念陈旧的"学科中心论"，教学责任心缺乏的"放羊式教学"，教学方式随意的"灌输式""填鸭式"教学，专业技能不扎实的错误示范动作等问题，这些都给学生带来了消极影响。除此之外，体育教师的师德失范行为还表现在从教失廉、执教失职、管理失策、情绪失控、言语失体等方面。比如，有些体育教师不热心本职工作，把主要精力用于校外办班"创收"或第二职业上；有些体育教师利用教师职业之便，以从中获取私利为目的，让学生报名参加自己的体育辅导机构并向学生推销各种资料和体育器材。有些体育教师甚至把在社会、学校、家庭中形成的不良情绪带入课堂，因为学生的小问题就大发脾气、斥责学生，导致发生教学目标偏移、教学活动终止的情况。由于体育教师肩负着比一般教师更多的责任（不仅要关注学生身心健康，还要发挥育人的作用），因此更要注重

---

[1] 余晓东.耦合、困境与出路：具身德育嵌入体育品德教育的思考 [J].体育视野，2022（4）：13–15.

自身职业道德的培养，提高认知、情感态度和行为等方面的精神境界和道德水平，才能有效避免师德失范行为的发生。

（三）体育教师对品德的渗透模糊

在心理学领域，皮亚杰认为道德推理独立于感知和身体运动，但是这种观点却容易导致品德发展陷入"孤岛效应"，体育品德的培育离不开身体参与，体育品德是对学生从事体育活动时应遵循的社会道德规范和精神要求的自我统摄，是一种隐性的心理活动[1]。在学校体育中落实德育，能起到具身德育作用，体育能将个体的心理、体力、脑力以及产生心理的客观现实和体力、脑力劳动的情境等有机结合起来，使道德融入心灵深处，成为身心的有机成分。但目前我国体育教师在教学过程中却存在对品德内容渗透认识模糊的困境。一方面，虽然多数体育教师在教学中对于育体内容的选择、方式方法的运用等方面较为明确，但是对于育德目标的理解不深，育德内容、育德方式的掌握不足，对于如何落实育德目标依然较为模糊，体育教学中仍存在离身性的说教式育德方式，使育德实践流于形式[2]；另一方面，有些体育教师自身的品德素养水平有待提升，缺乏对品德内涵的正确认知，不能把品德知识有效传授给学生，达不到促进学生良好体育品德形成的效果。此外，少数体育教师对体育品德的认知存在偏差。首先，在体育品德教育实践中，常常出现以追求胜利、坚韧不拔和服从教师指导等社会品格作为"体育品德"评价的标准[3]；其次，体育作为一种以身体活动为手段的教育活动，体育教师却只对学生进行单一技术的碎片化教学，这限制了学生的品德发展；最后，受到学校应试教育的影响，体育教师会更加注重学生体育成绩的提升，而忽视学生身心健康与运动兴趣，这对学生在学业繁重的压力下心灵的舒缓以及良好品德的养成与保持产生不良的影响。

---

[1] 余晓东.耦合、困境与出路：具身德育嵌入体育品德教育的思考[J].体育视野，2022（4）：13-15.

[2] 赵洪波，王祖冬，都晓娟.具身德育视域下的体育课堂教学设计研究[J].教学与管理，2022（18）：97-99.

[3] 刘聪，高嵘，屈国锋.品格教育视域下青少年体育品德教育的困境与发展[C]//中国体育科学学会.第十二届全国体育科学大会论文摘要汇编——专题报告（学校体育分会）.北京：[出版者不详]，2022：220-222.

体育教师缺乏对体育品德的正确认知以及其在体育课上对品德教育的疏忽将会直接影响学生体育品德的形成与发展。因此，体育教师应准确认识新时代体育教师应具备的核心素养，努力提升自身的师德修养与体育品德水平。只有提升体育教师的师德水平，使体育教师对品德知识有基本的认知，具备一定的品德素养，明确身体教育之于育德的重要意义，明晰学校体育育德目标的具身内涵，全面分析和把握不同教学内容中蕴含育德价值的教学要素，才能在体育教学中潜移默化地影响学生的行为举止与道德品质，使学生达到最佳的品德发展效果，才能更加稳、准地在体育教育过程中落实立德树人根本任务，真正做到对德育的渗透。

二、体育教师体育品德的价值定位

（一）具备体育品德有利于体育教师落实立德树人根本任务

党的十八大以来，习近平总书记立足于国家的长远发展，就立德树人的教育问题发表了一系列重要讲话，明确了新时代"立什么德、树什么人"的重大理论问题，为教育发展指明了方向。

虽然立德树人的思想在我国的产生由来已久，但在现代发展过程中，"立德树人"跟随时代的进步与社会的发展被赋予了新的内涵，明确了党和国家"培养什么人"的教育首要问题，点明了立德树人是教育工作的根本任务，是教育现代化的方向目标，是教育事业发展必须始终牢牢抓住的灵魂。只有坚持立德树人，才能使教育同党和国家事业发展要求相适应，同人民群众期待相契合，同我国综合实力和国际地位相匹配，塑造一批党和国家需要的栋梁之材。体育与健康学科核心素养是体育与健康课程落实立德树人根本任务的有效途径，而要做到真正落实立德树人根本任务，体育教师肩负着义不容辞的使命，不仅需要培养学生良好的道德品质并引导学生走向正确道路，还要时刻不忘提升自身的师德水平。体育教师只有具备了良好的道德观念和职业修养，才能以德立身、以德施教、以德育人，引导学生扣好人生第一粒扣子。未来的体育教师不能只是"埋头"教运动知识和技术，而应该"抬头"通过运动的手段育人，回归体育课程的

健身育人本质特征 [1]，对学生进行品德熏陶，同时也能在育人之时不放弃对自身的提升要求，不断提高自身品德素养。体育教师具备良好的品德素养，才能更好地帮助其贯彻落实立德树人根本任务，培养一代又一代立志为中国特色社会主义事业奋斗终身的德智体美劳全面发展的社会主义建设者和接班人。

（二）具备体育品德是实现体育教师自我发展的内在需求

道德发展归根结底是一个从社会外在要求向人的内在需要转化的过程。这既与人类本性的发展相适应，也与道德观念发展的历史相符合。纵观人类以往任何道德发展过程，都存在外在压力和内在需要两个方面。人的需要就是人的本性，越是高层次的需要越是符合人的本性需要。人的需要越是低层次，越具有外在需要的性质；人的需要越是高层次，越具有内在需要的性质。就道德起源和发展趋势而言，关于人类道德的发展大致可以看到 3 种重要形式，即源于自然威慑、社会契约和人的内在需要的道德，它们标志着人类道德从外在要求向人的内在需要转化过程的 3 个不同阶段 [2]。无论从整个发展过程还是从具体阶段来看，道德最终的目的都是达到道德主体的内在发展，即内在需求层次的提升。随着人类社会的高度发展，外在物质的基本满足使人类内在需要的道德越来越占据主要地位，这是人类社会道德的理想发展形式。在道德发展的这一阶段，道德行为的产生主要是出于人的内在需要，不是出于任何外在压力的道德行为，是人类内化于心的道德信念践行的道德行为，而道德一旦变成个体的内在需要，破坏相应道德规范的行为就不会在其身上发生，随之整个人类的素质水平都会相对提高，形成良好的社会道德风气。

体育品德是人类在历史发展过程中自身成长的一种内在精神状态，是人的内在精神品质在体育领域的一种文化植根，是人自身存在的一种精神需要的价

---

[1] 刘春燕，侯京卫. 论"体育品德"核心素养 [C]// 中国体育科学学会. 第十一届全国体育科学大会论文摘要汇编. 北京：[出版者不详]，2019：3064-3066.
[2] 李梅敬. 理论层次视域中的马克思道德思想 [M]. 上海：上海社会科学院出版社，2019.

值追求 [1]。体育教师最初遵守具体教学活动中的道德规范时会基于外部压力，但随着体育教师对自身发展内在需求的增加，对于教师职业价值的追求会转化为教师对自身内在发展需求的向往，将学校体育工作的种种行为内化为个体自身发展的道德品质，这也是体育教师将教师职业道德与精神转化为内心道德信念的过程，最终达到教师自我发展不断向真、向善和向美的精神自由。

（三）具备体育品德有利于体育教师推动学生核心素养的塑造

体育教育对学生身心健康发展具有不可替代的作用，尤其是运动能力、健康行为和体育品德 3 个方面核心素养的提出，契合了体育教育从增强体质的片面功能到学生全面发展的改革潮流，为体育教育发展指明了改革方向。

蔡元培的德育思想在我国德育史上具有重要地位，其德育观是我国优秀文化的重要精神遗产。其德育观继承了重视言传身教的教育传统，强调以身作则，教师要成为锤炼学生品格、德行的"大先生"。而体育教师具备良好的体育品德可以对学生体育品德的培养起到示范和榜样作用，对体育与健康课程教学内容的品德教育也会得心应手，能够在课程教学中及时发现并创造进行品德教育的情境，挖掘能进行品德教育的教材。比如，体育教师在教授武术项目时会重视通过讲授武术礼仪对学生进行爱国主义精神的培养；个人项目会注重对学生积极进取精神的锤炼，团队项目会强调学生合作和公平意识的塑造等。体育教师要选择适宜的德育方式，在育体过程中进行积极引导，使学生深刻领悟运动项目具有的德育内涵，提升学生的品德修养认知。

因此，在青少年品德发展的重要阶段，体育教师具备良好的体育品德素养就显得格外重要。体育教师只有不断完善自身的道德品质，充分发挥道德模范作用，才能源源不断地推动学生体育品德的塑造，促进其体育与健康学科核心素养的发展，为培养学生自尊自信、勇敢顽强、积极进取、超越自我的体育精神，遵守规则、诚信自律、公平正义的体育道德，相互尊重、正确的胜负观、

---

[1] 尹金萍，李兆元 . 新时代我国竞技体育伦理与道德异化的哲学阐释和实践扬弃 [J]. 广西社会科学，2020（4）：100–104.

团队合作与社会责任感的体育品格等方面，起到道德榜样作用。

三、体育教师体育品德的具体构成

（一）自尊自信

自尊是一种对自己人格的重视和肯定的情感，而自信是指个体对自身力量的确信和估价。自尊自信是相对于自卑自责、犹豫彷徨、焦虑迷茫、信心不足等而言的。自尊自信是发自内心的自我肯定与尊重，它在人际交往上、事业上与生活中都非常重要，这对于需要调和各种人际关系的体育教师来说必不可少，只有自尊自信，自己先尊重和相信自己，才能获得他人的尊重和相信，学生才会真正地把体育教师作为学习的榜样。

在应对学校体育工作中各种复杂的教学任务时，体育教师要有强烈的自信心，有了自信才会有勇气、力量和毅力去面对各种困境，克服新课改带来的教学挑战，并胸有成竹地应对不断改革发展的体育与健康课程标准，核心素养导向下课程目标的达成才能迎刃而解。为了树立自尊自信，体育教师首先要具备较强的专业能力和扎实的业务能力，只有这样才能使自己真正有底气。2019年，一条"体育教师能不能当班主任"的词条登上热搜，引发议论的主角是浙江杭州一位体育教师。该教师向学校申请担任班主任，引起了部分家长的质疑和不满，这些家长认为体育教师不如文化课教师当班主任"靠谱"。但是这位体育教师面对质疑，依旧保持自尊自信，努力通过行动改变家长们的刻板印象。之后的新学期，她与文化课教师配合，了解全班学生的学情和学习进度，帮助学生完成学习任务。通过努力，这个班的学生不仅成绩取得了进步，而且也更热爱运动，学生和家长对其看法发生了很大转变。由此可见体育教师自尊自信的重要性。唯有如此，体育教师才能在不断胜任各种教学任务的过程中形成工作底气。

（二）责任担当

对责任的理解通常可以分为两个方面：一是指在社会道德上个体分内应做

的事，如岗位责任等；二是指因为没有做好自己的工作而应承担的不利后果或强制性义务。责任是对工作性质、自身职责的清晰认知，主要以具有一定强制性色彩的规约的方式呈现[1]。体育教师是学校体育工作的责任主体。2018 年教育部发布的《新时代高校教师职业行为十项准则》《新时代中小学教师职业行为十项准则》《新时代幼儿园教师职业行为十项准则》阐述了教师的职责行为，明确了新时代教师的职业规范与"应为"的责任范围。

体育教师职业是一项具有"奉献"精神的工作，它要求体育教师在明确自己责任范围的基础上，勇于、乐于、勤于奉献，全身心投入到体育教学工作中，并充分尊重和依据教育规律，科学合理地安排和实施教学活动；面对学生，体育教师应充分尊重学生的主体性、尊重学生的人格，处理好与学生的关系，推动体育教学工作的顺利完成。具有责任担当不仅能让体育教师充分认识自己的长处和潜能，对各项学校体育工作游刃有余，也有助于体育教师对自己的行为、感情和思想负责，减少对他人的责难，勇于承担自身的教学责任。新时代的体育教师肩负着新责任和新使命。一方面，"双减"政策的颁布为践行"健康第一"理念创造了更好的育人环境，使学生有大量时间参与体育锻炼，学校对体育教师的工作量需求显著增加；另一方面，"健康中国"战略全面推进，将健康教育提升到前所未有的高度，这也赋予了体育教师履行健康教育的新职责。体育教师必须勇于担责，才能积极回应"教育强国"的时代之需，承担"健康第一"的时代之责，肩负起促进学生身心健康全面发展的新使命。

（三）积极乐观

乐观是一种向上的人生态度，表现为精神愉快与积极进取，对事物的发展充满信心。积极乐观的心态能帮助个体在遇到压力、挑战或困难时积极应对，让整个身心都充满勇气与智慧。体育教师积极乐观的教学态度对学生积极情绪的培养至关重要。但近年来，有些体育教师表现出对人生与社会感到悲观失望、易于被困难与压力击垮、情绪难以控制等一些心态问题，也有部

---

[1] 陆道坤，张芬芬.论教师专业道德——从概念界定到特征分析[J].教师教育研究，2016，28（3）：7–12.

分体育教师在激烈的竞争环境中选择"躺平"，在安逸的生活状态上怡然自得。这些都表明体育教师处于困境中心态的调整不当与竞争精神的淡化，而这些悲观、消极的人生态度与价值观也很容易给学生造成不良的影响。由于体育课的特殊性，体育教师的教学也会经常受到许多外部影响因素的干扰。比如，有的学校长期存在几个班同时上体育课的现象，这使体育课堂不仅会受到场地小、器材少等客观条件的限制，也会因体育教师少、学生多而导致授课效果不佳；再加上体育课要在户外进行，风吹日晒的环境对体育教师和学生的身体素质都提出了更高要求；体育教师有时还要面对学生对体育课的抵触情绪与懈怠行为等。面对这些影响因素，体育教师一定要摆正位置，积极寻求解决问题的方法，保持积极乐观的态度。教师越积极乐观，教学效果越好，创造性活动越突出，驾驭课堂的能力也越强。在这样的背景下，体育教师具备积极乐观的心态就显得格外重要。体育教师只有保持积极、稳定的情绪和心态，才能更好地处理各项教学工作，应对生活中的种种压力，给学生树立良好的道德榜样，让学生正确认识自我，形成心理调节的能力与健全的人格品质。同时，体育教师积极的心理品质也会正面影响自身的身心健康以及专业发展，这也是教师职业幸福感的来源之一。

（四）文明礼貌

文明礼貌是人类为维系社会正常生活而要求人们共同遵守的最起码的道德规范，它是人们在长期共同生活和相互交往中逐渐形成的，并以风俗、习惯和传统等方式固定下来。文明礼貌不仅是个人素质、教养的体现，也是个人道德和社会公德的体现，更是社会文明程度的体现。作为具有五千年文明史的"礼仪之邦"，我们更应该表现出文明的行为与举止，这对于弘扬民族文化、展示民族精神至关重要。具有普遍意义的传统文明礼仪，如尊老敬贤、仪尚适宜、礼貌待人、容仪有整等，都是个人良好道德行为的表现。

体育教师为人师表，不仅要具备以上具有普遍意义的文明礼貌，也应该注重个人道德品格的养成，以真诚之心，行信义之事，做到"内诚于心"与"外信于人"，从而提升自身道德修养与规范自身道德行为，并做到对自我有一定的约束力。体育教师具备良好的文明礼仪对其协调和谐的人际关系、塑造文明的社会风气、构建社会主义精神文明建设和深化教师内心品德的认识都具有重要价值。体育教师良好的仪容仪表与言行举止，不仅能体现出一名教师的风度气质及精神风貌，而且其举手投足之间散发的人格魅力也会对学生良好品质的形成起到潜移默化的作用，所以体育教师既要注重内在道德的修养，也要注意外在行为的表现。首先，体育教师要穿着得体，课堂上穿运动服，服饰整洁、舒展、大方，让学生感受到课堂气氛，集中注意力；担任裁判工作时穿裁判服，让学生领略到裁判的神圣与威严等。其次，体育教师的说话方式也很重要，谈吐文雅、富有幽默感的教师不仅能激发广大学生对体育的兴趣，还能吸引学生在课堂上的注意力，为授课效果"锦上添花"。总之，教师唯有举止得体、言谈恰当，才会获得良好的教育效果。而不修边幅、衣着邋遢，或穿着奇异，都会损害体育教师甚至是体育人的形象，也会降低学生参与体育课堂的兴趣。

（五）诚信自律

诚信自律实际上涉及两个方面：诚信主要指诚实守信，自律则指自我的规范与约束。"子曰：人而无信，不知其可也。"（出自《论语·为政》）这句话强调了诚实守信的重要性。体育教师具备诚信的品德，能更好地约束自己在体育教学活动中的行为，也能对学生在学习、比赛以及日常生活中的不诚信行为予以规制和引导。

自律更多地与个体自身有关。常言道，人最难战胜的敌人就是自己，不够自律可以随时毁掉之前积累的一切。对于体育教师而言，自律往往体现为坚持。如自律的体育教师能够坚持进行体育锻炼，在饮食方面保持合理的能量摄入，通过长期的良好体育行为而形成自我健康管理能力，始终以健康的体魄、充沛的精力来进行体育教学活动，给学生树立自律的体育教师形象，带动学生在体育学习中养成自律的习惯和品质。

（六）遵守规则

如果没有规则的约束，社会就会变得毫无秩序，个体会任由内心的欲望驱使行事，严重破坏社会环境。个体若想在社会中立足，就要学会遵守规则。只有学会遵守规则，才能得到别人的尊重，才能在工作和生活中更顺利。这对于需要协调与学生、家长和社会等各类关系的体育教师而言就更加重要，他们需要遵守相关规则和守护社会秩序，从而维护团体的共同利益。

体育教师在进行教学活动之前必须要了解课堂教学规范，不同学校的教学规范可能会有所不同，但是一般而言，体育教师教学规范中都规定了体育教师不得迟到、不得提前下课、不得擅自调（停）课或找其他人代课、不得向学生收取金钱等，这些都是体育教师应遵守的基本规则。总之，体育教师遵守规则的品格有利于其更好地处理各种复杂的学校体育工作与社会服务工作，协调好人际关系，提高教学效果，引领学生正确价值观的潜滋暗长，实现情感的迁移[1]。

（七）乐于合作

在现代信息社会，个体如果想要成功，往往需要借助团队的力量和他人的智慧，而是否善于与他人交流合作在很大程度上决定了其成就的高度和发展的空间。但是，少数新入职的体育教师认为自己的学历高，过于看重自己的学历和十几年来在学校学到的知识，在步入社会时会表现得自负和自傲。他们总是过分相信自己的能力，认为凭借个人之力就可以把工作轻松做好，不需要别人的帮助，害怕别人分享自己的劳动成果，因此不屑与人交流合作，甚至把与人交流合作看作是有辱自己身份的事情。然而，他们所获得的成就往往比不上团队力量的成果，因为只有集思广益才能把工作做得更好。在实践工作中，更需要团队的力量共同发力，因为一个人不可能独自做好所有事情，只有秉持乐于与他人交流的态度，吸取各方的经验，团队才能走得更远，个人才能获得成功。

个体的能力有限，要想开创一番事业，做出成绩，必须靠更多的人形成团队。个体只有抱着一颗开放包容的心与他人交流合作，才能更有信心与勇气把工作做得更好。对于体育教师而言，教学实践能力的增长与教学经验的积累

---

[1]　杨丹丹. 亲和力：道德与法治课堂教学的气质——以"尊重他人"为例 [J]. 中学政治教学参考，2020（24）：39–40.

要求其积极参与到优秀教师的教学研讨活动中来，获得直接或间接经验，不断完善自身的教育观念，提高自己的教学能力。同时，在交流合作过程中，体育教师也要乐于接受别人的意见，不断改进不足，学习他人的教学策略与教学方案，提高自己的综合教学能力。

（八）善解人意

善解人意是指个体善于理解别人的意图。善解人意的人往往更容易认同和理解他人。认同也译作"自居"，是弗洛伊德精神分析学说的术语，主要是指个体潜意识地模仿某一对象，以使个体获得一种归属感的过程。弗洛伊德认为，认同可分为发展认同和知觉认同。发展认同是指儿童对他人行为的模仿，并把他人的人格内投到自我人格中，以促进自我人格的发展；知觉认同是指个体把别人的优点、群体的荣誉及特定的客观事物视为与自我共同具有。认同不只是个体潜意识地模仿某一对象，而且还存在有意地模仿某一对象的认同[1]。因此，体育教师需要认同他人优秀的道德品格并内化，对优秀教师某些突出的育人方案与创新的教学模式进行模仿和学习，以促使自身不断走向成熟，成为能适应时代变革与学生发展的新型体育教师。

此外，体育教师也应该具备理解他人的能力，能设身处地地理解他人，能正确感知对方的感受，对他人的处境有合适的共情性回应。比如，在面对调皮捣蛋或乖巧听话等一个个具有鲜活个性特点的学生时，体育教师能理解不同学生身上展现出来的优势与劣势，进而因材施教，而不是对所有学生划定统一标准，应该在理解的基础上充分发挥学生的特长，以发展的眼光看待学生的成长，对技能较差的学生用充足的耐心给予帮助和鼓励，让所有体育课堂的参与者都能变得自信。

（九）积极进取

积极进取是一种主动向上的精神，在现代社会，正常人之间的差别主要不

---

[1] 胡敏中. 论认同与信任 [J]. 首都师范大学学报（社会科学版），2022（3）：53–60.

在于智力高低，而在于勤奋程度，这里所说的勤奋其实主要指的是积极进取的精神。一名体育教师如果不思进取、得过且过、当一天和尚撞一天钟是很难取得成功的，更无法适应变化的体育教学要求和教学环境。积极进取的体育教师会积极参加各类培训活动来提高自己的综合业务素质和理论知识水平，主动学习接受更多新的教育教学思想和理念。比如，体育教师参加各种新课标的培训活动，深刻理解课程改革的意义，提高自身对新课标的认识水平，强化体育教师运用新课标的能力，更好地做好教育教学工作。大数据、云计算、5G、AI（人工智能）等新兴技术的发展，使体育教学的内容、环境和手段都产生了深刻变革，积极进取的体育教师会主动去学习如何使用一些运动智能设备、如何处理与分析学生的体质与健康大数据等，从而更好地适应时代发展、满足时代需求。

在新课改的时代背景下，体育教师体育品德的具体内容也在不断丰富完善，不断被赋予新的内容，使体育教师的道德品质得到更加全面的发展，进而提高了体育教师队伍的师德水平。总之，作为教育工作者，体育教师应该要根据学科特点，努力提升自身的道德品质水平，做好立德树人的教育工作，在不断完善自身品格的同时也能坚持将自身良好的品德素养与德育思想渗透到教育教学各环节中，成为学生学习的模范。

第二节　体育教师体育品德的培养

道德修养是体育教师自身内在自我品德的教育，也是体育教师个人品德形成的内在动力。体育品德的培养是提高体育教师道德品质与养成道德行为习惯的重要手段，也是提高师德水平的关键。随着体育教师肩负越来越多的责任与任务，对其品德水平的要求也越来越高。基于此，本节将分析体育教师体育品德的现状，并提出体育教师体育品德的培养策略。

一、体育教师体育品德的现状反思

（一）体育教师的品德意识有待加强

随着课程改革的进一步深入，学校对体育教师的各项业务素质、教育教学能力的要求也水涨船高，竞争日趋激烈。而新时代学生的发展对体育教师的能力与素质更是提出了多样化的要求。品德是健全体育教师与学生人格的重要素质，学校和体育教师个人都要努力培养体育教师的品德意识，以此更好地促进学生品德素养的提升。体育教师在品德教育中的作用首先取决于体育教师本身的品德意识。无论是体育教师自身的道德成长，还是道德教育的目标、过程与结果评价，或是德育诊断，无不基于主体的道德意识[1]。所以，品德教育效果的好坏在一定程度上取决于体育教师的品德意识，但体育教师对自身品德的意识还有待加强。

首先，体育教师对原有品德知识和经验的简单堆砌会产生品德认知意识的模糊。虽然每一种道德理论的知识都有其可取之处，也都可以帮助人们形成一定程度的道德提升，但是对各类知识的浅层理解却有可能导致各种思想精髓的模糊甚至是价值观的混乱和似是而非。其次，一些年长的体育教师会固守对教学经验的原始印象，基于日常的教学惯性或难以消化吸收新的教学理念，则会囿于固有的教学模式与固化的经验模式和成见。每一种道德教育过程中的失效或者低效，一定可以追溯到德育主体的道德意识的混乱或者误读[2]。例如，常见的道德强制灌输就与过分强调道德认知性、忽视道德情感与体验维度的道德意识密切相关。更为关键的是，体育教师本人未必意识到自身的一些行为和教育方式已经属于强制灌输之列。因此，体育教师应该及时根据时代要求不断更新自身的品德意识。只有体育教师具备清晰、正确的品德意识，才能在行为中体现出自尊自信、责任担当、积极乐观、文明礼貌、诚信自律、遵守规则、乐于合作、善解人意与积极进取等，才能在潜移默化

---

[1][2] 刘峻杉.教师道德意识澄清：道德教育的起点[J].教师教育研究，2012，24（3）：11-16.

中影响学生的品德素养。

（二）体育教师需要进一步提升自信心

迈入 21 世纪，我国教育事业发展迅速，素质教育、新课程理念等一系列新的教育理论和实践经验给体育教师职业道德的发展提供了更丰富、更全面的教学资源与专业发展的素材。但是，当今社会信息导向的多样性以及教育现象本身的复杂性，让许多体育教师领悟到现实与理想的悖异、实然与应然的错位、真理与谬误界线的模糊，导致其职业理想与真实人格之间的心理冲击，对科学的教育理念产生信念危机，在认识模糊的状态中易于迷失方向、迷失自我。首先，从社会、家长、学校的角度，体育教师有时根本体会不到职业的崇高，体验不到事业成功的幸福感，从而丧失了对教学的信心。比如，社会对体育教师这个职业的误解，家长对体育课只是"蹦蹦跳跳"的陈旧观念，上课铃响了学生却迟迟还没到体育场地的懒散态度，其他学科任课教师的占课行为等，这些负面影响都让体育教师对教学的信心产生了质疑。这些不仅影响了体育教师的教育教学信念，也让他们对自身职业的道德感与责任心变得苍白无力。

其次，体育教师自身存在对"体育教师"身份的隐匿倾向，即承认教师身份，但刻意避讳和隐匿体育教师的身份 [1]。虽然体育教师的入职门槛与过去相比已经显著提升，新入职体育教师大都受过高等教育，社会对体育教师群体的印象有所改观，但却并不彻底。高考降分录取的事实反映了体育教师群体初始文化知识的不足。此外，在各级学校中，相比其他学科，体育教师整体的学历层次偏低，人文、教育知识的结构性缺陷依然存在；在实际工作和生活中，体育教师常给人留下高声言语、不冷静、不遵守纪律 [2] 等不良印象，这些都会影响体育教师对自身身份的认同。这深刻说明在当前的社会环境中，体育教师对自身的身份存在自卑。

因此，在面对各种环境中对体育教师的贬低、歧视与质疑的多种声音时，

[1] 张志斌 . 体育教师污名化的成因、逻辑与自我救赎 [J]. 体育与科学，2020，41（3）：66–71.
[2] 荆雯，李洋，安丽娜，等 . 刻板印象视域下体育人形象的分析 [J]. 体育学刊，2017，24（1）：71–75.

体育教师需要进一步提升自信心，敢于在公众面前展示自身的体育教师身份，坚定自己的职业认同感，并以此不断提升自身的专业发展水平与综合素养。

（三）体育教师存在师德失范行为

教书育人是教师的天职，以身作则、关爱学生是教师不可回避也不容置疑的责任，然而近年来伴随着我国教育事业的发展，教师队伍的师德素质出现了一些不和谐的现象。这些行为和事件极大地损坏了教师群体的形象，也破坏了校园正常的教学秩序，需要引起我们的重视。

首先，不同教学阶段的体育教师存在的师德失范行为具有不同的倾向性。在中小学阶段最容易发生体罚或变相体罚学生的现象，这个年龄段的学生不易管教，他们爱动、自制力差，同时注意力集中的时间比较短，特别是在青春期阶段，叛逆的情绪强烈，是教学管理难度最大的时期。在此阶段，年轻气盛的青年体育教师就容易与其产生碰撞，希望以体罚或变相体罚的形式"制服"学生。有些体育教师虽然对学生体罚或变相体罚较少，但也存在言语粗鲁等行为。这些不良行为看起来无关紧要，却缺失了作为一名体育教师基本的文明礼仪，这也将潜移默化地影响学生的行为倾向与道德品格。肩负科研任务的高校体育教师容易发生一些科研不端的行为，如抄袭、剽窃他人科研成果，在涉及人体的研究中违反知情同意、保护隐私等规定，违反实验动物保护规范等。

其次，根据教育行政主管部门和网络上的资料可知，目前少数体育教师在爱国守法、文化传播、教书育人、关爱学生、言行举止、诚信自律与服务社会这7个维度上存在违反教师职业道德规范的现象：在爱国守法维度存在"法治意识淡薄、扰乱社会治安""危害社会稳定、妨害公共安全""违反国家宪法和法律、违背社会公序良俗"；在文化传播维度存在"通过课堂、媒体网络等其他渠道发表错误观点"；在教书育人维度存在"没有重视体育教学内容与实际情况的适配性，导致出现教学事故""忽视课堂学生实际情况，不能灵活调整体育课堂要求""漠视体育课堂中的潜在危险，导致教学事故""组织有偿体育课外辅导等活动"；在关爱学生维度存在"采用体罚等暴力手段达到教学目的""与学生发生冲突，用暴力手段向学生发泄情绪""高危性体育项目教学中不关注学生状况，导致出现学生伤亡""以考试成绩达标与否为依据实施体罚"；在言行举止维度存在"言行举止粗鲁、不当，经常说脏话""作风不正派、不自重自爱""暗示或明示学生送礼、收受学生的钱财""与学生存在不正当关系，发生猥亵、性骚扰等行为"；在诚信自律维度存在"利用职务之便在考试工作中徇私舞弊、弄虚作假""索要、收受学生及家长财物"；在服务社会维度存在"从教行为不规范，带来不良的社会影响""在课外从事体育培训、营利性招生等兼职兼薪行为""推销、摊派体育用品""非法收取体育训练等费用"等 [1]。

这些体育教师的师德失范行为不仅影响了体育教师队伍的整体形象与师德水平的提高，也对整个社会风气造成了一定的负面影响。究其原因，可能与以下几点有关：在教师层面，体育教师缺乏法治意识和崇高的理想信念、职业素养薄弱、个人素质和价值取向出现问题；在学校层面，师德师风评价考核机制不完备、对师德师风认知评价不全面；在社会层面，师德师风建设宣传力度不够、社会价值观变化。因此，体育教师需要从自身出发，在根源上寻找突破口，对有违师德师风的行为引以为戒，提升自我法治意识和思想政治素养，坚定自身崇高的理想和信念，爱岗敬业。

（四）体育教师的品德存在"离身"现象

为了顺应制度化教育的学科发展逻辑，道德教育在实践中演变成科学化的道德知识的心智学习 [2]。心智成了道德学习的主体，使得科学主义成为人们认识道德的理性工具，道德也由此从生活世界走向了科学世界。道德被解构为系统化的科学知识，被诠释为从外界注入人心的规范和规则，其主要功能是训练人们去征服和占有外在的世界 [3]。科学主义在道德教育中的僭越，致使体育教

---

[1] 孔庆玲 . 体育教师师德师风失范事件负面清单构建与应对策略研究 [D]. 上海：华东师范大学，2022.

[2] 沈光银，尹弘飚 . 从"离身"到"具身"：道德教育的应然转向 [J]. 全球教育展望，2022，51（2）：25-38.

[3] 鲁洁 . 边缘化　外在化　知识化——道德教育的现代综合征 [J]. 教育研究，2005（12）：11-14.

师过于重视自身在道德知识学习过程中的理性发展，从而背离道德修养的生活存在，导致道德知识与道德行为从人的生活乃至生活的意义中剥离开来，使体育教师的品德呈现出身心二元的"离身"问题。

随着制度化教育的产生，学校教育在科学理性的指引下不断追问的是"什么知识最重要"，道德教育成了知识的教育[1]。现代道德教育依循课程式的学科教学的逻辑，将道德转变成了科学化的知识，认为基于道德知识的理性判断与推理是生成道德的内在机制[2]。因此，体育教师对品德的认知变成理论化的知识形式，仅将自身的心智作为接受品德教育的主体，以期在对基本伦理关系和复杂社会关系中的道德准则与要求进行具体阐释或逻辑论证的过程中生成道德或道德行为[3]。体育教师的品德形成是抽离出了生活范畴的学习，只是对条目性的道德知识进行识记、推理和论证，道德学习是心智的任务，与身体毫无关系。这种身心隔绝的品德发展把体育教师生命的价值从道德知识的逻辑体系中抽离出来，追寻的只是适用于指导道德生活的抽象的道德概念、规范和规则，根本背离了道德的本性，是道德的自我放逐、自我消解[4]。

现代道德的发展是让体育教师不仅在认知上明白要做一个具备道德品质的人，同时在行为上也应该自觉实践符合社会规范要求的道德行为，做到真正的知行合一，而不是仅仅在形式上符合道德伦理要求，从理论上知道道德知识即可或者只是对学生进行品德知识的灌输，自己却不加以实践、落实道德行为。总之，体育教师品德的发展需要体育教师身体的参与，在各种环境中体验道德感知，将道德理论知识融入生活实践与教学行为当中，真正发挥品德知识的价值与作用，达到"身"与"心"的最佳契合状态。

[1] 冯建军.主体道德教育与生活 [J]. 教育研究，2002（5）：36-40.

[2] 鲁洁.德育课程的生活论转向——小学德育课程在观念上的变革[J].华东师范大学学报(教育科学版)，2005（3）：9-16.

[3] 钟晓琳，朱小蔓.德育的知识化与德育的生活化：困境及其"精神性"问题[J].课程·教材·教法，2012，32（5）：91-98.

[4] 鲁洁.边缘化　外在化　知识化——道德教育的现代综合征[J].教育研究，2005（12）：11-14.

二、体育教师体育品德的培养策略

（一）树立体育教师品德标兵，发挥先锋模范作用

榜样的力量是无穷的，先进人物本身就是一部催人奋进的教科书。热情颂扬体育教师品德典型，借助榜样的力量进行教育，可以把抽象的说教变成形象的示范，可以把空泛的概念变成实在的样板，可以把精神的感召变成具体的行动，达到激励、鞭策更多体育教师的目的。

比如，2021 年 11 月，广州市花都区花东镇七星小学体育教师、副校长赖宣治获得了"第八届全国道德模范"称号。赖宣治 2010 年从武汉体育学院毕业后来到七星小学，该校以留守儿童和外来务工人员子弟为主，办学条件差，校内体育场地、运动器材非常缺乏。为了让学生有一块较好的运动场，他每天下班后就拿起锄头去平整学校的田径场；为了让学生有可用的体育器材，他一有空闲就卷起袖子去维修损坏的体育器材。他积极进取、自尊自爱，用跳绳改变了一群农村孩子的命运。赖宣治的先进事迹先后受到中央广播电视总台《新闻直播间》《东方时空》《共同关注》等重要栏目的追踪报道。他还成为"《新闻周刊》人物"，入选"2019CCTV 体坛风云人物"。很多体育教师在观看了赖宣治的事迹后都深受感动并纷纷表示要向他学习。

由此可见，在品德方面树立典型的示范作用非常重要。国家、社会、学校等都可以通过各种形式来宣传体育教师品德先进个人，通过示范带动作用培养更多体育教师的体育品德。

（二）促进体育教师终身学习，培养其积极进取的品德

随着社会的发展，知识的更新随之加快，对体育教师各方面的要求更加严格，体育教师若缺乏终身学习的思想与态度，就不能满足社会对人才的需求与学生对新知识的追求。特别是随着信息时代的到来，社会各个领域发生了翻天覆地的变化，经济、政治、文化、生活在互联网技术的影响下呈现高速发展。教育领域在互联网技术的推动下，向着更加宽广的道路前进，教育模式、教育理论、教育资源以全新的形式呈现在人们面前。因此，需要一批能够紧跟时代

步伐、具有终身学习理念和高水平教育技能的体育教师专业化队伍。首先，各级政府、教育行政主管部门与各学校要加强合作，为促进体育教师的终身学习提供良好的物质条件并营造良好的社会环境，使其能有时间和精力去积极实现自身的专业发展。其次，体育教师不能故步自封，要主动自觉地学习，提升道德修养与内在品格，争当新时代体育教师的道德模范，通过终身学习不断丰富自身的精神世界与道德品质，实现个人最高层次的"自由而全面"的发展。最后，加强体育教师的专业培训，提高体育教师对自我能力提升的需求。比如，邀请优秀的体育教师以讲座的方式开展教学的研究与探讨，通过专家型教师和体育教师进行深入的交流与沟通，促进体育教师明晰在教学中遇到的困惑，正视自身的问题并改正自身的不足，向专家型体育教师学习，进而成为更优秀的体育教师，实现自我价值。

（三）强化体育教师师德失范问责效能

教师的师德失范行为是教师违反从业相关制度规范的行为。制度规范是教师作为从业人员应履行责任的表征，师德失范实质上是教师对其责任的违背与亵渎。失责当问，问责就是责任追究。从本质上来看，处理师德失范问题就是依法依规对教师失责问题进行责任追究与惩戒[1]。近年来，面对诸多的师德失范行为，应该采取相应措施进行有效监督、惩治与制止。

从教师师德失范案例通报的情况看出，上位政策是师德失范问责的有力指引和促发动因[2]。各级政府通过成立专门工作组、实行专项活动计划等方式落实上位政策，如有偿补课、教师收受礼金礼品等问题在短期内得到了显著遏制，但是个中存在的问题也需要反思。一方面，专项工作的部署容易使得下级执行部门将师德失范治理工作当成"一次性"的任务来完成，如发布系列文件、开展几次检查、通报一批人、交上一份"答卷"等。这种"走过场"式的工作风格使得师德失范问责效果大打折扣。另一方面，时严时松的管理方式削弱了

---

[1][2] 安相丞，陈蓉晖. 问责视角下我国师德失范问题处理现状的质性分析与提升策略研究——基于 387 个师德失范问题通报案例 [J]. 江苏大学学报（社会科学版），2022，24（4）：92–103.

师德失范问责的严肃性，难以形成持续的震慑。教师大计，师德为先。运动式、刮风式的工作模式虽能速见成效，但难以满足新时代师德师风建设的需要。

矫正体育教师的师德失范问题需要以专业实践为起点进行常态化问责：一是应将体育教师师德失范问责融入常规工作，将师德评价与其他教学、业务等能力的评价结合起来，提升管理者和体育教师对师德问题的重视度；二是进行师德督查时重点考察体育教师日常言行表现，对文件资料等书面的检查为轻；三是善于发现问题，通过暗访、家长调查、随机抽查等方式，全方位地了解体育教师的师德表现；四是始终保持严惩师德失范的氛围，无论是检查时期还是平常，严肃处理师德失范问题，决不姑息，贯彻师德失范"一票否决"的原则，使体育教师时刻绷紧师德之弦。

（四）从正面加强体育教师的师德建设

师德建设一直是党和国家高度关注的问题。进入新时代，党和国家颁布了多项与师德相关的政策文件，对师德建设也提出了更高要求，在一定程度上推动了体育教师道德品质的发展。但是师德建设工作也面临着许多新问题和新挑战。因此，加强和推进体育教师的师德建设并提高师德水平是一项刻不容缓的任务，具体可从以下3个方面入手。

第一，创设良好的师德建设环境。首先，学校要高度重视优秀体育教师师德修养的宣传，把开展师德师风示范引领、师德师风建设校本培训、师德典型宣传等活动放在首位，促进师德师风良好氛围的转变，积极营造风清气正的育人环境；其次，要积极开展青年体育教师"师德师风"演讲比赛，通过活动的开展，大力弘扬体育教师吃苦耐劳的坚韧品格、爱岗敬业的无私奉献精神、团结协作的集体主义精神、求真务实的科学研究精神，实现政治素养、师德素养、教师形象、服务水平、教学质量的提升，切实提升体育教师整体师德水平。总之，学校与社会要充分利用各种方式和载体，大力宣传和推广师德标兵的先进典型和模范事迹，营造人人尊重先进、学习先进、争当先进的良好的师德师风的环境氛围。

第二，建立有效的师德考核机制。把体育教师师德师风的建设与其他专项治理相结合，协同推进，构建长效机制，加大师德考核力度，并作为体育教师年度考核、职称评定、评优选先的重要依据，持续巩固整治成果。

第三，加强教师内在的德性修养。体育教师要自觉主动地全面了解新时代教师职业道德的基本要求，端正思想，积极反省自身职业道德存在的不足，主动提高自身师德修养，自觉抵制不良社会风气的影响，规范体育教师职业道德行为。总之，体育教师要从思想上自觉提高自身的师德意识，加强内在道德品质的修炼，切实做到言传身教，在教师职业道德方面率先垂范。

总之，体育教师应该在积极了解国家关于师德师风政策文件的基础上，秉持正确的认知并落实在具体行为之中，真正做到知行合一。在国家政策的实施要求下，体育教师只有自觉努力地提高自身的内在品德修养，才能更好地培养学生的体育与健康学科核心素养，切实做到体育与健康课程的健身育人与综合育人。基于此，为适应国家与社会对高质量人才的需求，体育教师应该更加努力加强自身的道德品质、专业技能与职业素养，为打造师德全面的高素质教师队伍奠定基础。

第八章

体育教师运动能力

体育教学以身体练习为基本手段、以肢体语言为基本形式进行，这就对体育教师运动能力提出了要求。体育教师运动能力既不同于一般人从事身体锻炼的普通运动能力，又不同于专业运动员从事训练和参加比赛时的特殊运动能力，而是一种面向学生群体进行专业教学，规范化与普通化相结合，能够与教学、训练手段有机结合的能力。体育教师运动能力是体育教师核心素养中关键能力维度的重要表现之一，是体育教师从事本职工作的基本能力，也是对体育教师的基本要求。基于此，本章将重点探讨体育教师运动能力的内涵与培养策略。

第一节　体育教师运动能力的内涵

体育教师运动能力主要强调体育教师需要具备与年龄相符合的体能水平、掌握常见运动项目的原理与方法、掌握运动项目的技战术、具备运动项目教学展示和比赛应用的能力，它是体育教师核心素养的重要组成部分。本节将从体育教师运动能力的提出缘由、价值定位和具体构成3个方面进行阐述。

一、体育教师运动能力的提出缘由

（一）国家政策对体育教师运动能力的要求不断提高

运动能力是体育教师的专业素质能力的重要内容之一，国家始终十分重视提升体育教师专业素质能力。1999 年《中共中央、国务院关于深化教育改革全面推进素质教育的决定》将素质教育提到了前所未有的高度，该文件不仅为学生的全面发展提供了政策导向，还在文中强调："建设高质量的教师队伍""把提高教师实施素质教育的能力和水平作为师资培养、培训的重点"。《国家中长期教育改革和发展规划纲要（2010—2020 年）》中提出要"完善培养培训体系，做好培养培训规划，优化队伍结构，提高教师专业水平和教学能力"。2016 年《关于强化学校体育促进学生身心健康全面发展的意见》也指出体育教师需要不断提高教学水平，注重学生运动技能学习，科学安排运动负荷，重视实践练习。2018 年《中共中央　国务院关于全面深化新时代教师队伍建设改革的意见》中指出："大力振兴教师教育，不断提升教师专业素质能力。"2021 年，教育部印发了《〈体育与健康〉教学改革指导纲要（试行）》，提出中小学体育教师每周基本教学工作量保障 12 课时，并将组织大课间、带队训练、指导比赛、体质监测等活动计入教师工作量。强化体育教师专业素养提升，系统规划对体育教师分层分类培训，每位教师每年要参与不少于 1 次的培训活动，通过强化培训，逐步提高全体体育教师的专业化水平和教育教学能力。由此可见，国家颁布的一系列有关体育教师队伍建设的文件，都体现了顶层设计对体育教师运动能力的重视。

（二）培养学生运动能力需要教师具备运动能力

无论是《义务教育体育与健康课程标准（2022 年版）》还是《普通高中体育与健康课程标准（2017 年版 2020 年修订）》，其中都明确提出体育与健康课程要着重培养学生的运动能力、体育品德、健康行为 3 个方面的体育与健康核心素养。其中，运动能力是体育品德和健康行为的基本载体，只有提高运动能力，才能使得学生体育与健康核心素养的培育真正落地[1]。现代教师教育研究表明，没有教师的生命质量的提升，就很难有高的教学质量；没有教师精神的解放，就很难有学生精神的解放；没有教师的主动发展，就很难有学生的主动发展；没有教师的教育创造，就很难有学生的创造精神[2]。同样，体育教师如果不具备运动能力，就无法培养学生的运动能力。

青少年的心理特征和体育运动实践性强的特点决定了在中小学阶段，特别是小学阶段，学生的直观和模仿能力很强，但对事物全面分析和判断的能力还不完善，他们常常以自己的认识极限和主观感觉来分析、判断事物，一旦某些事物超过他们的主观感觉和认识极限，就必然会产生一系列的心理反应和言行表现[3]。在体育教学中，教师的讲解示范和身体实践是传授知识技能、进行教学的主要手段和途径。当体育教师在示范动作和专项运动方面展现出良好的体能、高超的技战术水平、娴熟的运动项目教学展示和比赛应用能力时，会对学生的主观感觉和认识极限产生积极的正面影响，学生便会对体育教师展现出来的运动能力心生向往并通过实际行动进行模仿，这样的课堂往往会有很好的教学效果。

由此可见，体育教师是发展学生运动能力、培育学生体育与健康核心素养及实现学生健康发展目标的关键。因此，在学生体质健康水平下降和运动技能水平较弱的背景下，体育教师要培养出一批满足社会发展需求的体格强健、人格健全、精力充沛和思想进步的时代新人，关键是要拥有良好的运动能力作为坚固的基础。

（三）运动能力是体育教师与其他学科教师的根本区别

体育课程与学校的其他课程在很多方面具有一致性，但其自身更具有鲜明的特性。体育为学生提供了独有的、开阔的学习和活动环境以及充分的观察、思考、操作、实践的表现机会，对于培养学生的实践能力具有其他学科无法比

---

[1] 尹志华.论运动能力、健康行为和体育品德三个方面学科核心素养的关系[J].体育教学，2019，39（1）：13-16.

[2] 叶澜，白益民，王枬，等.教师角色与教师发展新探[M].北京：教育科学出版社，2001.

[3] 穆荣先.浅谈体育教师示范动作和运动能力在体育教学中的作用[J].黑龙江教育学院学报，1994（2）：48.

拟的优势。并且体育与健康课程的性质决定了其是以身体练习为主要手段的课程，离开了技术动作的学练、离开了运动（竞技）水平的展示，便失去了体育学科最基本的特点。

随着社会的分工，教师的专业化、职业化程度不断提高。在该过程中，知识是教师所有业务能力中的根本基础。体育的学科特殊性和职业特点决定了体育教师需要具备与其他学科教师不同的实践性知识和技能。即由于体育教师的职业要求，他们不仅需要和其他教师一样肩负着培养合格人才的光荣使命，还要从事体育教学和组织学生课外体育活动、业余运动训练、校内外体育竞赛等工作。

体育教师是体育与健康知识、技能及方法的传授者，是学生身心健康的引导者，是体育与健康课程的执行者、实施者。对于他们而言，运动能力是体育工作从业者独一无二的能力，也是体育教师能够开展教学、训练、竞赛等工作的基础，是体育教师与专业对话的途径[1]。简单来说，运动能力是体育教师胜任学校体育工作、从事体育教育教学的必要前提，是体现体育教师业务水平的重要指标。要想成为优秀的体育教师，就需要以扎实的运动能力为基础，按照相应学段的体育与健康课程标准和国家对学校体育工作的基本要求，以及根据不同教学对象的年龄和具体情况，将健康知识、基本运动技能和专项运动技能传授给学生，还需要不断地提高自身的运动能力，提升教学质量，激发学生参与体育活动的兴趣和愿望，教会学生学会科学的锻炼方法，养成终身体育的运动习惯，用来适应新时代学校体育教学的要求，为核心素养在体育与健康课程中的落实提供坚实保障。

二、体育教师运动能力的价值定位

（一）为落实学生运动技能的政策奠定基础

2020 年印发的《关于全面加强和改进新时代学校体育工作的意见》中指

---

[1] 尹志华，付凌一，孙铭珠，等.体育教师发展核心素养的结构探索：基于扎根理论的质性研究 [J]. 体育学刊，2022，29（4）：104–111.

出："强化学校体育教学训练。逐步完善'健康知识＋基本运动技能＋专项运动技能'的学校体育教学模式。"其中尤其对运动技能提出了重要要求，而运动技能又是运动能力形成的基础。这是国家政策对学校体育工作的重要指导，不仅明确了体育与健康课程中核心且必备的教学内容，也对体育教育工作者提出了更高层次的要求。体育教师是学生发展的重要引导者和筑梦人，应该肩负起身为教师的职责，用自己的知识技能和人生阅历去帮助学生，将他们培养成为德智体美劳全面发展的社会主义建设者和接班人，坚定终身体育的思想，用丰富的知识和强壮的体魄来迎接核心素养时代对体育教育工作者的新挑战和新任务。因此，拥有扎实且全面的运动能力是体育教师核心素养中关键能力的根基，这不仅有利于不断提高体育教学质量，还有利于为落实提高学生运动技能和体质健康水平等政策奠定基础，以激发学生体育学习兴趣和热情，教会学生学会科学的锻炼方法，提升学生的运动能力，培养终身体育的运动习惯。

（二）更好地凸显体育教师职业的"运动"特征

体育教师作为教师队伍的重要组成部分，既有与一般教师的共同之处，又有其独具的特点。以教师工作为例，体育教师与一般教师的共同点是：两者都是为了贯彻教育方针，有目的、有计划地启发指导学生积极自觉地学习，掌握一定的基础知识和技能，发展学生的认识能力，培养学生的社会主义理想、道德意志品质。在整个过程中，学生是学习的主体，教师则起着主导作用。其不同点是：其他学科教师主要通过思维活动使学生们掌握教师所传授的内容，而体育教师虽然也传授一定的科学和健康知识，但是其主要通过各种身体练习与模仿促成学生进行运动。一般来说，在体育教学中，清晰简明、正确规范的示范动作胜过千言万语，学生更信任和敬佩那些学历较高、知识渊博、专项水平突出、掌握多项运动技能的体育教师。如果体育教师能在多种运动项目上给学生以正确的指导，并能参与到学生的体育学习活动中去，那么其必将更容易获得学生的认可和尊重。由此可见，运动能力是体育教师立足之本，这一关键能力也能更好地凸显体育教师职业的"运动"特征。

（三）运动能力是体育教师自身保持健康状态的基础

体育教师拥有良好的身体素质是承担繁重教学和社会工作的需要。体育教师的身体健康状况直接关系到其能否完成各种教学科研任务。体育教师本身就是一个耗费大量生理能量而缺少身体锻炼机会的职业，这种耗费虽然强度不大，却是长期的、持续不断的。体育教师如果不注重休养生息、保持适当的体育锻炼，就会出现亚健康状态，生理功能就会下降。

体育教师的教学特点不同于其他学科，是脑力劳动和体力劳动的结合，但对体力有特殊要求。他们需要对体育教学、训练、课外体育活动和竞赛进行组织和指导，同时还肩负着一定的科研活动。一方面，由于体育教师的职业要求，教授学生知识和技能的过程都需要体育教师亲力亲为，进行大量动作技能的示范和讲解，增强学生对运动技能学习的直观感受和理解，最有效地提高学生的运动能力水平。这就对体育教师的运动能力提出了更高的要求，他们不仅要掌握丰富的体育与健康的基础知识与理论，还要拥有强健的体魄和高超的运动技能。因此，运动能力既是体育教师保持健康状态的基础，又是其顺利完成教学工作的必要条件。体育教师只有以健康的体魄为基础才能更好地投身于教育事业中，保证教学质量，为国家输送高质量的人才。

（四）运动能力使得核心素养的培养能够真正落地

体育的学习与其他学科有着本质的区别，其以缄默知识学习为主，以"具身认知"为特色，即知识、技能和方法的学习始终离不开身体的动作操练，甚至在很多时候只可意会，不可言传，需要通过动作的表达来起到示范的作用。对于体育学习中的体验，旁人很难用语言精确描述这种感觉，需要学习个体通过自身的运动认知和感觉来感受。体育学习的这种特性给他人的印象就是必须要有身体的运动才像体育学习，否则就不是真正的体育学习。

在这样的背景下，只有体育教师在教学中展现出运动能力，学生在体育教师的引导下获得运动能力的展现和提升，才能被外人真正认可为体育教学和体育学习。在这一过程中，健康行为和体育品德两个方面的核心素养也可能会随之落实。但这两个方面的核心素养落实并不是最直接的外部表现，甚至有些隐含。也就是说，只有体育教师展示运动能力，具备了良好的体能，掌握了运动项目的原理和方法，具有较高水平的技战术水平，拥有强大的展示和比赛能力，才能从最直接的感官上落实体育与健康学科核心素养。当然，体育与健康课程教学的开展状况并不以他人的感官所感受到的外部现实为基础，但如果脱离了社会中他人的肯定，恐怕只会更加举步维艰。由此可知，当体育教师将运动能力核心素养落地之时，才是3个方面学科核心素养落地的最直接的表现[1]。

三、体育教师运动能力的具体构成

（一）具备与年龄段相适应的体能水平

国内外有非常成熟的体能划分方法，即体能包括与健康密切相关的体能（以下简称健康体能）和与运动技能密切相关的体能（以下简称运动体能）。其中，健康体能包括身体成分、心肺耐力、肌肉力量、肌肉耐力、柔韧性等。这些体能与健康的关系较为密切，如果丧失这些能力就难以维持最基本的生活。运动体能则包括速度、力量、灵敏性、协调性、平衡能力、反应时等，这些体能与运动技能密切相关，如果这些能力不高就难以提高运动水平。当然，需要指出的是，健康体能和运动体能的划分并不意味着两种体能下面所包含的体能种类是截然分开的，实际上，一些体能成分既是与健康相关的体能，又是提高运动技能水平所需要的体能，只是侧重点有所不同[2]。

体能水平的高低与人体的形态学特征以及人体机能特征有着密切关系。体能是进行各类体育运动的基础，同时也是各类运动项目训练的重要内容。各类运动项目的运动员都是通过各种有效的方法提高自己的体能，进而提高与项目相关的技能、战术能力、心理能力和智能，从而提高运动成绩。

在学校体育领域，无论是《义务教育体育与健康课程标准（2022年版）》还是《普通高中体育与健康课程标准（2017年版2020年修订）》，其中都

---

[1][2]　尹志华.体育学科核心素养的解构与阐释[M].上海：华东师范大学出版社，2021.

认为体能涵盖身体成分、心肺耐力、肌肉力量、肌肉耐力、柔韧性、反应能力、位移速度、协调性、灵敏性、爆发力、平衡能力。体育教师保持良好的体能水平是提高自身运动能力的基础；在充沛的体能储备下，体育教师可以承受大负荷课堂教学和参与比赛，能够很好地与学生进行教学配合，从而提高教学效率。同时，良好的体能水平也是体育教师在课堂中保持稳定和良好的心理状态的基础，使他们在面对课堂突发状况时也能够保持清醒，迅速做出应对。体育教师相较于其他学科教师，需要更多地参与到学生的练习和竞赛中，良好的体能水平还有助于体育教师预防伤病，延长运动寿命。一旦体育教师的体能水平降低，不能与所处的年龄段相适应，不仅会造成其教学效率低下、难以把控课堂节奏，师生难以开展有效的教学配合，还会造成体育教师的身体安全风险，容易因体能无法跟上授课强度而受伤，甚至发生猝死。因此，体育教师保持良好的、与自身年龄段相适应的体能水平极为重要。

（二）掌握常见运动项目的原理与方法

掌握常见运动项目的原理是指体育教师能够深挖所教授运动项目的内涵，深入了解各运动项目之间的联系，根据运动项目与运动项目之间的关联性，遵循体育与健康课程标准的要求，依据学生的特点进行相应运动项目的组合教学，以达到事半功倍的教学效果。依据体育与健康课程标准的要求，常见运动项目主要包括田径类运动、球类运动、体操类运动、水上或冰雪类运动、中华传统体育类运动、新兴体育类运动，体育教师应该根据自身的运动背景和教学需求，掌握六大类运动中常见运动项目的原理与方法。

掌握常见运动项目的原理和方法，要求体育教师能够深入钻研运动项目，了解运动项目相关的知识内容，熟悉运动项目的特性和分类，知晓运动项目运动能力发展的方法和内容体系，明晰运动项目的重难点和易错点，相关知识参见表8-1、表8-2。体育教师不仅要自己能够在教学示范和比赛中牢记要点，保持正确的动作，还要能够用合理的教学方法和教学手段帮助学生理解和掌握各个运动项目和运动技术的要点。

表 8-1　运动项目相关的知识内容 [1]

知识分类	知识要点与应用
体育通识知识	1.基础学科知识：生理学、解剖学、生物化学、生物力学、运动训练学、学校体育学、体育教学论 2.奥林匹克文化知识：现代体育与奥运会、项目内容与举办地 3.健康教育基础知识：运动中的安全、常见运动损伤的处理方法、快速消除运动后疲劳等
运动专项知识	1.运动项目文化知识：项目的起源、发展；文化要素、文化环境 2.运动项目特性知识：如田径耐久跑第二极限、呼吸方式；武术防身特定知识；解剖知识、身体薄弱环节、发力力学原理 3.比赛规则知识：田径竞赛知识、篮球比赛规则、排球比赛规则、足球比赛规则；不同层次的比赛，所采用的规则略有不同与调整

表 8-2　部分运动项目的项目特性和专项运动能力发展内容

项目	项目特性（关键词）	专项运动能力发展内容
田径	动作节奏、速度耐力、爆发力、专项速度	田径的内容本身就是运动能力发展的内容（走跑、跳、投等）。其相比基础运动能力的发展，更多地关注目标化、多样化、增难化，如耐力练习中的定时跑、定距跑、让距跑等
体操	动作的控制、空间的感知觉、肌肉发力顺序	体操是全方位的身体运动，内容为翻滚类、攀爬类、支撑类等。其相比基础运动能力的发展，更多地关注多元化、审美化、本体感
武术	武术精气神、攻防技击、武术功法、武术劲力	基本功法：压腿、压肩、踢腿、劈叉、下腰等；抡臂、仆步抡拍、弓马转换；提膝平衡、望月平衡；负重冲拳、相互角力
篮球	团队作战、身体直接对抗、立体式攻守转化、用手控球	球感和球性练习、结合运球与变向的体能练习、结合行进间摆脱的体能练习、身体对抗与摆脱练习、弹跳力练习等
足球	团队作战、身体直接对抗、攻防转化、用足控球	球感与球性练习、运球与变向的体能练习、身体对抗与摆脱等

[1] 王会会，薛奥传，黄涛.学生运动能力发展要点与有效实施的策略研究 [J].青少年体育，2021（9）：111-113.

（三）掌握常见运动项目的技战术

运动项目技战术包括运动技术和运动战术两个方面。运动技术是指运动员完成体育动作的方法，是竞技能力的重要组成部分；运动战术是指运动员根据比赛中各方面的情况，充分发挥自己的特长和优势，为战胜对手而采取的计谋和行为。其中，技术是战术的基础，战术是技术的综合，战术以技术为支撑，技术又靠战术而发挥。技术和战术之间存在密切联系，是彼此影响、共同发展的辩证关系。体育教师掌握常见运动项目的技战术，一方面能够加深其对运动项目的深层理解，从简单独立的单一动作转向复杂技术组合，并根据不同情境进行不同战术配合，有利于更深层地挖掘运动项目的特点；另一方面也能够帮助体育教师改变以往整堂课只练习一个技术动作或只学习理论知识的情况，使学生进行系统化学练。

美国的体育教育一直都对体育教师的技战术掌握提出很高的要求。美国的《体育教师教育国家标准与指导方针》中要求体育教师在教学实践过程中必须具有战术知识和战术决定的素养，并以此来实施体育课堂教学。这个文件中还提出了战术决定能力（tactical and making-decision competency，TDC）框架。该框架提供了在体育课程背景下讨论游戏和比赛战术所需语言，即通过各种各样的提问技巧、反馈和学生反思，体育教师和学生才能更明确地意识到在游戏和比赛中用来解决战术问题的知识，以此培育学生的核心素养。在传统教学中，游戏是从"部分—整体"的角度来教授的，先对运动技能进行技术动作的分解，进行单独教学（即部分），然后将各部分的技能学习结合起来创建游戏玩法（即整体），很少强调游戏战术或在游戏分类中需要解决的基本战术问题。体育教师 TDC 素养的提出能够积极地让学生参与到运动和游戏中，完整体验技战术的真实应用，并在技战术的训练过程中发展学生的各项运动能力和优秀品质。这就要求体育教师必须具备教学实践过程中所需的技战术素养，为学生核心素养的培育奠定基础[1]。在这一点上我们可以对美国的经验加以借鉴，培养体育教师的技战术素养。

---

[1] 尚力沛 . 国外体育教师能力研究新取向：核心素养的视角 [J]. 南京体育学院学报，2020，19（10）：62–67.

（四）具备常见运动项目展示或比赛能力

具备常见运动项目展示能力指的是体育教师在教学中能够正确、优美地示范运动项目中的各个技术动作，并能快速准确地发现学生在练习中出现的错误动作并进行纠正。该项能力能够帮助体育教师高效地将正确的动作教给学生，学生在脑中首先留下对该项技术动作正确的认知理念，能够判断动作的正误，从而为课堂内容的学练打好基础，始终带着正确的认知进行学练，使课堂效率更高。同时，正确、优美的示范动作也能够树立体育教师在学生眼中的高大形象，让学生对体育教师不自觉地产生敬佩之心，从而更愿意配合课堂教学。相反的，如果体育教师的动作不规范、不优美，则会让学生对其丧失敬畏之心，课堂教学就会显得沉闷散漫。而具备常见运动项目比赛能力指的是体育教师不仅要会教，更要会用，属于将理论知识充分应用于实践的能力。该项能力一方面能使体育教师的运动能力落足于实践；另一方面则通过师生在比赛中良好的配合让学生更多地参与进比赛中来，培养顽强拼搏、自强不息的竞争精神，相互合作、不抛弃不放弃的团结精神，以及遵守比赛规则等道德规范。

在运动能力核心素养的表现中，与体能状况、运动原理、技战术运用等侧重于某个方面相比，展示和比赛更侧重于运动能力素养下各个表现的综合运用过程，只有通过展示和比赛，才能全面、完整地提升运动能力核心素养。在展示和比赛过程中，运动能力核心素养的几个表现综合运用、相互联系。首先，体能状况为运动项目展示和比赛的进行提供了体能基础，包括一般体能和专项体能。其中，一般体能的基础性更强，为展示和比赛的顺利进行起奠基性作用；专项体能与运动项目密切相关，对特定项目的展示和比赛起支撑性作用。也就是说，离开了体能提供的基础，运动项目展示和比赛都将面临"塌陷"的危险。常见运动项目的运动原理能够为项目的展示和比赛提供思维基础。诸多运动项目的展示和比赛并不只是纯粹的身体活动，而是由思维起着控制作用。体育教师如果不了解运动项目的原理，尚可能进行简单重复的展示和比赛；但在面对复杂情况下的完整展示和比赛时，将会陷入缺乏思维支撑的困境。最后，技战术是运动项目展示和比赛的核心，并使其变得丰富多彩。也就是说，正是通过运动项目展示和比赛的过程，运动能力核心素养的几个表现实现了串联式的综合运用。

第二节　体育教师运动能力的培养

体育教师运动能力对自身核心素养的养成和学生体育与健康核心素养的培养都起着重要的奠基作用。在国家大力培养学生运动能力、健康行为、体育品德 3 个体育与健康核心素养的背景下，体育教师应当以身作则，不断提高自身的运动能力，用来应对新时代学校体育工作的新挑战和新任务[1]。本节重点介绍当前我国体育教师运动能力的现状反思，并提出体育教师运动能力的培养策略。

一、体育教师运动能力的现状反思

（一）部分体育教师运动能力先天基础较差

良好的运动能力是体育教师从事体育教学工作的前提条件，能够促进体育教师完善体育教学技能，提高体育教学实施能力。当前，先天基础较差是体育教师运动能力不足的突出问题之一。当前社会对体育教师的要求不断提高，而对体育教师的培养更多的是在学校学习期间，因此大学体育教育专业是体育教师培养的重要开端[2]。体育教育专业能否培养职前体育教师的运动能力，则在很大程度上决定着体育教师运动能力的基础是否扎实。

当前，各体育专业相关院校根据社会对体育教师的实际需求也在不断调整

[1] 尹志华，刘皓晖，侯士瑞，等.核心素养时代体育教师专业发展的挑战与应对——基于《义务教育体育与健康课程标准（2022 年版）》的分析 [J]. 体育教育学刊，2022，38（4）：1-9.
[2] 孙铭珠，尹志华.基于教师专业标准的职前体育教师教育改革价值与推进策略 [J]. 体育师友，2022，45（2）：56-59.

体育教育专业的培养方案，注重体育教师运动技能的培养，但是在生源质量、培养内容上仍存在一些问题。这些问题具体体现在：一是我国绝大部分体育教育专业的学生是通过各省市体育专业考试（体育高考）和普通高等学校招生全国统一考试的方式升学而来，通过体育高考后的学生虽然进入了体育教育专业，但是运动水平参差不齐；部分学生由于升学的压力或其他原因，中途选择转向体育专业，这一部分学生由于未经过长期且系统的训练，存在对体育运动项目认知较浅、运动技能水平较低、教学展示和比赛能力较弱等问题。这也是导致目前部分体育教师运动能力先天基础较差的主要原因之一。

二是体育教育专业学生参与体育赛事难度较大，很难通过竞赛来不断了解、检验和提高自身的运动能力。部分大学较注重学生文化和科研能力的培养，却在一定程度上忽视了对学生运动能力的提升，未能考虑专业的特殊性有针对性地为体育教育专业学生举办相关教学技能基本功大赛或者班级、院级、校级性的运动项目比赛。如果体育教育专业学生想要进一步提高自己的运动能力，参加市级、省级、国家级比赛等高水平赛事，则必须通过学校高水平运动队或各省市运动队等渠道进行注册才能参赛。例如，上海市大学生篮球联赛、排球联赛及田径锦标赛仅包括高水平组与阳光组（非体育专业组）两大竞赛组别，这就造成了体育教育专业学生处于十分尴尬的位置，向上由于实力差距较大无法与高水平竞技运动员同台竞争，向下由于学科门槛限制无法参加阳光组与其他专业学生进行竞赛。因此，对于体育教育专业学生来说，即使他们想要参加各种运动项目的高水平赛事，提高自己的运动能力，也会存在多重限制，参与运动项目的体育竞赛活动途径十分狭窄。这也是造成部分体育教师运动技能先天基础较差的又一个重要因素。

（二）体育教师运动能力可持续发展能力整体较弱

保持专业能力的可持续发展有利于体育教师更好地进行继续学习、自我学习，能够应对和解决生活和工作中面临的复杂问题[1]。运动能力是体育教师从事

---

[1]　朱伟文，宫新荷.高等工程教育教师专业能力可持续发展的思考[J].高教发展与评估，2020，36（5）：68-76.

体育教学工作的基本条件，保持并不断提高运动能力对于体育教师而言至关重要。体育教师虽然在体育院系学习时已掌握了多项运动技能，获得了一定的运动能力基础。但是，随着工作年限增加、家庭事务限制、不良生活习惯等多重影响，目前部分体育教师对于自身运动能力可持续发展的意识和行为在逐渐减弱。

从学校层面来看：一是由于体育课不属于高考科目，与升学率无关，大部分学校领导对体育与健康课程往往不太重视，对体育教师的要求也不是很高，使得部分体育教师认为该岗位无更大的发展空间，只要保证体育课堂教学不出差错即可，逐渐丧失了体育教师职业认同感。"做一天和尚撞一天钟"便成了他们的思维方式，继续追求职业上的提升对他们而言已经意义不大。消极的思想造成了他们行动上的懒惰，导致他们的运动能力停滞不前或开始下降。二是学校内部学习"环境"较差，部分学校的教学器材较为缺乏，为体育教师提供的运动技能培训的机会也较少，体育教师间也未形成学习共同体等。这些因素使得体育教师只能自己寻找各种方式继续学习和不断发展，导致其无法切实有效提高自己的运动能力。

从体育教师层面来看：一是他们都必须面对随着年龄的增长，体力和精力都在逐步下降、运动伤病逐渐增多、家庭负担日益加重等难题。虽然体育教师长期处于运动环境之中，看似每天都在参与体育锻炼，具备丰富的体育教学经验，但是由于学校对体育与健康课程的不重视、周而复始的体育教学、工作负担的不断加重、待遇与实际劳动不成正比等因素的影响，久而久之，部分体育教师便产生了极强的职业倦怠感和不思进取、安于现状的态度，这最终会导致体育教师自主锻炼意识不断丧失，继续学练以保持运动能力可持续发展的意识不断减弱。二是不良的生活习惯、自控力差也是体育教师运动能力可持续发展较弱的重要因素。由于体育教师职业的"运动"特征，部分体育教师的性格较为外向、随性，但是自控力较差，存在不良的生活习惯，导致体育教师作息不规律、体型走样、情绪易激动，身体机能也随之下降，从而导致他们运动能力的急剧下降[1]。

---

[1] 祁光耀. 非教学期间高校体育教师运动能力保持研究 [J]. 运动，2013（20）：103-104.

据调查，大多数体育教师在 30~35 岁以后就开始发胖，其主要原因多与体育教师工作后不注重加强自身的运动和锻炼有关。因此，体育教师应不断加强自我学习和锻炼，保持良好的体能和技能，防止运动能力过早退化。这是体育教师从事本职工作的基本要求 [1]。

（三）体育教师运动能力个体发展不均衡

体育教师应该具备的运动能力不仅仅是基础体能和运动项目技术，还应包括运动原理与方法、运动项目的展示和比赛应用等方面，这是一个综合构成体系 [2]。近年来，国家不断重视建设新时代高素质体育教师队伍，体育教师能力整体有着明显提升，但是仍存在运动能力个体发展不均衡的问题，具体有以下两种表现。

一是"知识"强而"技术"弱。部分体育教育专业出身的体育教师对于运动项目的原理和方法的掌握较为完备，但是也存在缺乏较高水平的技术能力和比赛经验不足等问题。他们在实际体育教学中运动项目展示能力较弱；在运动项目比赛应用能力方面，也难以通过多种实战来对自身比赛应用能力做出进一步检验。如果体育教师不能很好地提高自身运动技能的比赛应用能力，也就无法为学生提供更多深层次的教学指导。

二是"技术"强而"知识"弱。部分体育教师片面地认为自己只要运动技能水平高即可胜任体育教师岗位，而忽视了对运动项目原理、方法的学习和掌握。比如，一些运动训练专业或高水平运动队出身的体育教师，他们的运动技术水平较高，在体育教学中对于运动项目的展示和比赛应用能力较为"得心应手"，但是对于运动项目原理、方法的学习和掌握就相对浅显，甚至部分体育教师沉醉于自己高超的运动技术水平之中而不愿意学习其他方面。以篮球项目为例，体育教师在授课前要充分了解篮球的技术原理与方法，包括篮球技术的概念和分类、运用特点与要求；篮球运球、传接球、移动动作的物理学原理等

---

[1] 刘平清. 体育教师应具备良好的运动能力 [J]. 体育师友，2001（2）：44.

[2] 尹志华，付凌一，孙铭珠，等. 体育教师发展核心素养的结构探索：基于扎根理论的质性研究 [J]. 体育学刊，2022，29（4）：104–111.

知识。只有这样体育教师才能在扎实的运动项目的知识体系的支撑下，有效、便捷地促进自身和学生运动能力的发展。此外，在体教融合背景下，国家大力提倡退役运动员转型为体育教师。这部分转型的体育教师，其自身专项技能水平毋庸置疑，能够提供高质量的运动技能展示，并具有丰富的参赛经验。但是，运动训练和学校体育的教学理念不同，体育教师更需要全面和综合的运动能力，既需要扎实的理论基础，也需要较高水平的运动能力。因此，这部分转型的体育教师就存在运动能力掌握不够全面、运动知识较为薄弱、会做不会教等问题，难以很好地完成体育与健康课程的教学任务。

二、体育教师运动能力的培养策略

（一）各方要提高对体育教师运动能力的重视程度

体育教师运动能力的提高不仅需要依靠自身努力，还需要国家、地方、学校等各方面给予足够的重视。在国家层面，政策文件和法规中不仅要重视学生运动能力核心素养的培养，还需要关注体育教师运动能力的提升。这是因为体育教师是培养学生体育素养的关键，体育教师运动能力是学生获得运动能力的基础。政府及教育行政主管部门要提高对体育教师运动能力的重视程度：一是要构建体育教师运动能力准入机制。体育教育行政主管部门与体育院校合作制定体育教师运动能力评价标准，对于新入职的体育教师要进行统一的考核并给予评分，通过从体能、运动项目原理和方法、运动项目技战术、运动项目比赛应用能力等多方面对其运动能力进行考核，合格后才能成为体育教师。二是要不断完善中小学体育教师资格考试制度，当前体育教师资格考试主要采用笔试和模拟体育教学的面试相结合的方式进行评判，而在一定程度上忽视了对体育教师运动能力的考评。因此，国家要不断完善已有的政策，将运动能力考核纳入体育教师资格考试制度中，以此发挥国家政策的"指挥棒"作用，提高地方、学校等层面对体育教师运动能力的重视程度。

在地方层面，各学校要将体育教师运动能力的考核结果纳入中小学优秀体育传统运动学校评比中，从而提高各学校对体育教师运动能力的重视程度。地方相关部门要对学校体育器械和设施的硬件配置、体育教学软件配备等方面给予资金和优惠政策的支持，为体育教师运动能力的继续发展提供良好的环境。

在学校层面，加大对体育教师运动能力的培养，制定体育教师成长的激励机制，不仅要重视体育教师教科研成果、学生升学率等考核指标，还可以将体能水平、基本功大赛或体育竞赛活动奖项等运动能力指标纳入体育教师评优、评奖、评职称的指标中，通过相应的奖惩、评价考核等制度，为体育教师运动能力可持续发展提供坚实的保障。

（二）要大力提升职前体育教师的运动能力

在基础教育教学改革全面开展的当下，体育教师必须要能够应对学校体育工作的各种新挑战。职前教育是体育教师成长的关键阶段，同时也是培养体育教师运动能力的主要阶段。因此，职前体育教师教育应树立全面、均衡发展的教育理念，不仅要注重对职前体育教师进行运动项目的原理和方法的培训，提高其运动技术水平，还需要加强对职前体育教师运动项目技战术、展示和比赛应用能力的提升，以培养出既专业又全面的体育教师，与新时代核心素养导向下对体育教师需求相契合。

学校应不断完善职前体育教师教育的培养方案，对职前体育教师教育中运动能力的培养提出明确且清晰的规划，根据不同的阶段侧重提高不同的运动能力。学校在加强对职前体育教师进行运动项目的原理和方法培训的同时，还要加强对其运动项目技战术、展示和比赛应用能力等方面的考评。

首先，学校要引导职前体育教师学习运动项目原理和方法的理论知识，同时学习和掌握多项运动项目技能，以实现理论和实践相结合，打好坚实的运动能力基础。在此基础上，通过积极举办班内、学院内、校级、市级的运动技能相关比赛或体育教学基本功大赛，重视培养运动项目的展示和比赛应用能力。职前体育教师应积极参加各类实践活动，如在体育教育专业实习中增加教学经验，弥补运动能力某些方面的不足，促进体育教师不断完善自己，逐渐成为"知识"强、"技术"强的专业型体育人才。

其次，在课程建设上，学校不仅要注重增加新兴运动项目（如健美操、轮滑、攀岩等）课程的开设，丰富选修课的种类，提高职前体育教师运动技能的广度，还要在专项运动技能领域不断增设职前体育教师的教学展示与运动项目赛事方法培养的课程，注重将在职体育教师必备的运动能力以课程的方式体现在职前体育教师教育培养的课程中，如体育赛事组织能力、课外体育活动开展能力、体育游戏与基本体操、体育见习等。

最后，在考核标准上，学校要不断更新职前体育教师运动能力的考核标准，做到不仅要考查职前体育教师的体能状况和运动项目的基本知识与技能，同时还要兼顾考查其运动项目的技战术能力、运动项目的展示和比赛等综合性运动能力的掌握情况。

（三）多渠道探索建立在职体育教师运动能力提升机制

体育教师运动能力的提升，需要多方共同发力。

在国家层面，加大对体育教师运动能力培训工作政策、法规的制定与实施力度，确保体育教师运动能力培训得到应有的重视和政策的切实保障。加大对体育教师运动能力培训的监督和考核力度，落实好体育教师继续教育登记制度，确保体育教师培训工作的高效和高质量进行。

在地方层面，各省市相关部门应给予资金和优惠政策支持，鼓励各区县或体育教师自行组织学术大讲堂、研究共同体、学校小组工作坊等活动，并建立体育教师长期有效的运动能力激励机制，为他们搭建更加广阔的发展空间。除了组织针对体育教师教学技能和运动能力等基本素质的培训活动，各省市相关部门还应该利用大数据技术为本省市范围内的学校共同搭建优质体育教育资源共享平台，体育教师可以通过这一平台互相交流运动项目的原理和方法、技战术和比赛应用的经验，分享优秀的运动技术展示或比赛的视频，不断提高体育教师运动能力水平。

在学校层面，应根据国家政策的引领，树立体育技能教育与体育理论教育并重的理念，在重视体育教师理论知识学习的基础上强化运动技能实践。一是给予体育教师继续学习和深造的机会，让体育教师参与各种实践培训活动，强化运动能力提升。二是建立学校体育教师运动能力培训机制，按教学阶段（一学期或者一季度）积极聘请高校体育领域的专家和教授、校外高水平教练员和运动员，为体育教师提供有关运动能力知识的讲座或运动技能实践培训。体育教研员也应带领体育教师积极打造运动能力学习共同体，以强带弱，优势互补，实现体育教师运动能力的共同进步。此外，该共同体还可以通过经常性的跨校际、跨区域开展多校联动培训进行交流与学习，共同提升体育教师运动能力。

（四）体育教师自身要主动提升运动能力

事物能否快速发展是由内因和外因两个关键因素共同决定的，其中内因才是事物进行变化的最本质的因素。因此，体育教师应激发内部动机，主动地提升自身运动能力。首先，增强自身提升运动能力的意识。体育教师要建立坚定的职业认同感，通过学习体育教育的重要性和认同体育教师职业的意义，不断克服自身惰性和贪图安逸的心理，背负起体育教育工作者的责任；坚决抵制不良社会环境和舆论的干扰，做好本职工作，完成教学使命，培养稳定而优良的职业素养，自我督促保持教学所需的良好运动能力。其次，树立终身体育的观念。体育教师应不断拓展自身运动知识和能力的深度和广度，做好运动项目学练的规划，取长补短，如此才能更好、更快地提高自身运动能力。此外，体育教师还要提高自控能力，杜绝不良生活习惯，树立正确的健康观，认识到身体健康是第一位，在与自己年龄段相适应的运动量和运动负荷下坚持体育锻炼，提高自己的体能水平，尽力避免运动伤病对运动能力产生的伤害。

（五）通过信息技术加强对体育教师运动能力提升的辅助

人工智能赋能基础教育的重要路径就是以智能教学系统的形式为学习者提供个性化支撑和辅导[1]。以人工智能为代表的新科技赋能体育教育，为体育教育领域带来了全新机遇，不仅能够提高体育教师运动能力，也可以通过信息技术向学生更加规范地展示动作技术。

一方面，体育教师可以将大数据、人工智能等应用于自身的运动能力提

---

[1] 贾积有，颜泽忠，张志永，等 . 人工智能赋能基础教育的路径与实践 [J]. 数字教育，2020，6（1）：1–8.

升。例如，体育教师可利用体育健身类 App（移动互联网应用程序）积极报名参加其中的体能训练、团体性竞赛活动、马拉松等全民赛事，提高自己的运动技术和体育竞赛能力。体育教师还可以在运动过程中佩戴可穿戴设备（如运动手环、智能手表、智能低氧设备、智能神经肌肉电刺激设备等）记录全天候的运动数据，对自身机体综合指标（如肌电、呼吸、体温、心率、血压、血氧饱和度和血糖等多种生命数据）进行监控，根据数据的反馈调整体能训练计划，提升训练的质量，以此来保持良好的与自身年龄相适应的体能水平。体育教师可以利用摄像机、手机、AI 动作捕捉软件在自己学习某项运动技能的过程中进行拍摄和记录，通过 Kinovea 等运动视觉技术处理软件对自身运动技术进行捕捉、跟踪、测量，对自身的动作技术进行精准化、科学化智能识别和测量，这样可以帮助体育教师更清楚、更直观、更有针对性地了解自身运动技术在完成质量、幅度、角度、运动轨迹等方面与标准动作技术的差距，不断改进自身运动技术水平，提高自身运动能力，完成从表象动作模仿到认知技术动作的转变。体育教师可以通过 VR（虚拟现实）技术创建体育赛事活动来体验虚拟世界的计算机仿真系统，在虚幻的世界中感受体育竞赛最真实的场景，获得接近于真实比赛情境中的立体化沉浸式的动作体验，并且在 VR 情境中进行模拟训练，帮助自己更好更快地提高运动能力。

另一方面，体育教师可将大数据、人工智能等应用到体育教学中，打造新型的体育教育生态系统，助力体育教师针对各种运动项目的技战术和专项素质进行科学指导。即便部分体育教师可能存在运动能力水平较低的情况，但是通过新技术可以弥补其在教学中可能存在的不足。例如，在体育教学生涯中，体育教师难免会遇到自己不是很熟悉的运动项目，此时体育教师就可以利用基于人工智能的肢体动作类教学视频系统地向学生展示完整动作技术或分解动作技术，便于学生更直观、更正确地体会动作技术结构，避免出现"错教"或"乱教"的现象。

第九章

体育教师课程领悟能力

课程领悟能力是体育教师核心素养中关键能力维度的重要表现之一。体育教师是否能够正确领悟体育与健康课程，在一定程度上决定着体育与健康课程能否切实发挥健身育人的重要作用。本章通过介绍体育教师课程领悟能力的内涵与培养策略，帮助读者深入了解什么是体育教师课程领悟能力以及如何培养等。

第一节　体育教师课程领悟能力的内涵

体育教师课程领悟能力不仅体现在体育教师对体育与健康课程标准的相关精神的理解程度上，还体现在体育教师能否结合自身教学经验对体育与健康课程形成独特认知，并独立构建课程上。本节将从体育教师课程领悟能力的提出缘由、价值定位和具体构成 3 个方面进行阐述，呈现体育教师课程领悟能力的整体内涵。

一、体育教师课程领悟能力的提出缘由

（一）古德莱德五层次课程观需要体育教师领悟课程

体育教师对课程的领悟是一种缄默认知，无法用言语描述但却建构于体

育教师知识体系中。对于教师的课程领悟，最早可以追溯至美国学者古德莱德（Goodlad）提出的五层次课程观。

古德莱德提出了五种处于不同层次、具有不同意义的课程：①理想课程（ideological curriculum），指由一些研究机构、学术团体和课程专家提出应开设的课程。这种课程常常以设想、建议、规划或计划的形式表现出来，其影响取决于是否被官方采纳。②正式课程（formal curriculum），指由教育行政部门规定的课程计划、课程标准和教材，即被许多人所理解的学校课程表中的课程。③领悟课程（perceived curriculum），指由教师所领会的课程。由于教师对正式课程会有多种理解，因此，每个教师对正式课程的领会有差异，从而也会对正式课程作用的发挥产生不同影响。④运作课程（operational curriculum），即教师在课堂上实际实施的课程。由于课堂上学生对课程的反应情况错综复杂，需不断做出调整，故教师所领悟的课程与实际实施的课程可能会有一定差距。⑤经验课程（experiential curriculum），指学生实际体验到的课程。每个学生从同一课程中所获得的体验或学习经验往往是不同的，因而对课程的实际理解也可能有所区别[1]。以上由古德莱德所提出的五种不同层次的课程在体育与健康课程领域则可具化为相应的体育与健康课程（表9-1）。

表 9-1　古德莱德五层次课程和相对应的体育与健康课程

古德莱德五层次课程	相对应的体育与健康课程
理想课程	在体育领域各个学者提倡开设的各种各样的体育课程
正式课程	按照由国家颁布的体育与健康课程标准开设的体育课程
领悟课程	研究机构基于课程标准开发的可操作性体育课程
运作课程	体育教师在课堂上真正实施的课程，受多种因素的影响
经验课程	学生通过体育学习而真正接受的体育课程

---

[1]　杜志强. 领悟课程研究 [D]. 重庆：西南大学，2006.

根据古德莱德五层次课程理论，体育与健康课程是由各学者提出的理想课程落实到学生通过体育学习而真正接受的体育课程，再由学生接受的课程反作用于理想课程的相关研究，在这个自上而下与自下而上的双向过程中，体育教师扮演着关键纽带的角色。体育教师领悟课程是连接理想课程、正式课程与运作课程、经验课程的关键一环。因此，体育教师是否能够正确领悟课程决定了国家颁布的课程标准能否真正实现育人价值。为此，古德莱德所提出的五层次课程观要求体育教师具备正确领悟课程的能力。

（二）核心素养导向体育课程改革要求体育教师领悟课程

在中华人民共和国成立以来的前七轮基础教育课程改革之中，通过课程培养出了一大批能够满足当时社会需求的优秀人才，但同时也存在着学科育人范围窄化的现象，即此前的学科教学围绕专业人才智育展开，如体育教学的重点是让学生掌握技术与知识，其他学科仅传授相应知识即可[1]。围绕知识中心观展开的育人能够使学生获得一定的专业知识，但无法促进学生全面发展，越来越难以满足时代进步的需求。

在素养导向的国际课程改革潮流的影响下，党和国家快速推进课程改革进程，当前我国体育课程改革进入了核心素养时代。2016 年，教育部委托北京师范大学林崇德教授及其团队研制了《中国学生发展核心素养》框架，以培养全面发展的人为核心，提升 21 世纪国家人才发展的竞争力。该框架包含文化基础、自主发展、社会参与 3 个维度，人文底蕴、科学精神、学会学习、健康生活、责任担当、实践创新六大核心素养[2]。《中国学生发展核心素养》框架是对"培养什么人"的整体形象刻画，而学科 / 课程核心素养则是深入到具体学科和课程之中，通过各学科育人优势培养学生素养。《普通高中体育与健康课程标准（2017 年版 2020 年修订）》和《义务教育体育与健康课程标准（2022年版）》均以培养学生运动能力、健康行为、体育品德核心素养为总目标。

---

[1] 尹志华，孙铭珠，孟涵，等 . 新时代核心素养导向体育课程改革的缘由、需求机理与推进策略 [J]. 沈阳体育学院学报，2022，41（4）：22-28.

[2] 核心素养研究课题组 . 中国学生发展核心素养 [J]. 中国教育学刊，2016，37（10）：1-3.

其中，运动能力是指学生在参与运动中所表现出来的综合能力；健康行为是指学生增进身心健康和积极适应外部环境的综合表现；体育品德是指学生在体育运动中应遵循的行为规范和体育伦理以及形成的价值追求和精神风貌。

在当前以核心素养为导向的体育课程改革背景下，体育与健康课程提出了全新的教育理念、课程目标、课程内容、教学方法、评价方式，这也对体育教师提出了巨大挑战。面对革新，体育教师需要扬弃过去以知识中心观为主导的体育课程观，重新领悟与学习体育课程改革的新精神、新思想、新理念，才能将课程改革的变化内化于心、外化于行，培养出满足国家和社会需要的全面发展的人才。为此，核心素养导向的体育课程改革对体育教师课程领悟能力提出了较高要求。

（三）深刻领悟课程是体育教师专业发展的需求

体育教师专业发展是指体育教师作为专业人员，在自身以及外界专业组织双重机制的作用下提升专业知识、专业技能、专业能力和专业道德的过程[1]。格斯基（Guskey）认为教师专业发展应经历以下 4 个阶段：①外部信息的输入，在认知上发生变化。在接受外部的新理念、新思想后，教师会保持观望态度，引起暂时的想法、信念、理想等认知性变化。②将新知识付之于实践。教师尝试性地将所接收到的新知识与理念在实践中体现，产生短暂的行为变化。③学生的成就。当教师发现此前获得的新知识与新理念在付诸行动后，学生出现了明显的变化，学习成绩明显提高。教师将因此改变此前对新知识、新理念的观望态度。④积极主动地改变。学生积极的变化能够引起教师对新知识的态度变化，并对教师行为产生长期影响，即在此后都会使用该新理念直至更新、更合理的理念出现[2]。

在格斯基关于教师专业发展应经历的 4 个阶段中，教师获得专业发展的

[1] 舒宗礼，王华倬. 教育生命视阈下的体育教师专业发展的现实状态及未来愿景 [J]. 北京体育大学学报，2018，41（12）：91-98.
[2] GUSKEY T R. Staff development and the process of teacher change[J].Educational researcher, 1986, 15（5）：5-12.

前提是处于第一阶段的教师能够对新知识与新理念产生正确的认知与理解。对于体育教师的专业发展而言，其首先要对新知识与新理念产生正确理解，即能够对体育课程改革的新精神、新思想、新理念以及体育与健康课程标准中提出的新要求进行正确的理解与认知，即解读体育与健康课程 [1]。当且仅当体育教师能够领悟体育与健康课程，才能进入专业发展的第二阶段，将领悟付之于实践；在第三阶段中体会到新颁布的体育与健康课程标准的合理之处；进而在第四阶段形成积极主动、稳定长久的改变，实现专业发展。为此，深刻领悟课程是体育教师专业发展的关键需求。

二、体育教师课程领悟能力的价值定位

（一）有助于国家体育与健康课程标准的落地实施

在宏观层面，体育与健康课程标准由专家通过在全国范围进行广泛的调研、访谈，汲取全国各地一线体育教师的经验，并结合国家对未来人才培养需求而制定，是国家意志的体现，是人才培养的顶层设计。我国体育与健康课程标准秉持了"目标引领内容"的原则，从总体上提出了核心素养、总目标、分目标、课程内容、学业水平、实施建议等方面，指导地方教育行政部门、学校体育教师开展教学工作。在中观层面，地方教育行政部门与学校根据国家颁布的课程标准制定地方课程实施方案，安排体育教师的教学任务，既需要在课程标准的指导下开展体育教学，还需要根据地方的实际情况开展具有地方特色的体育课程和校本体育课程。在微观层面，体育教师在课程标准、地方体育课程实施方案的指导下展开体育教学。在宏观、中观至微观的自上而下的落实过程中，体育教师是课程的构建者与实施者，处于直接面向学生开展教学的地位，为此，在国家层面的体育与健康课程标准作用于微观层面的人才培养过程中，体育教师发挥着重要作用。

---

[1] 尹志华，刘皓晖，侯士瑞，等 . 核心素养时代体育教师专业发展的挑战与应对——基于《义务教育体育与健康课程标准（2022 年版）》的分析 [J]. 体育教育学刊，2022，38（4）：1-9.

体育教师能否将国家体育与健康课程标准的重要精神与理念落实于体育教学实践，能否根据课程实施方案构建体育与健康校本课程、构建合理的目标内容体系，取决于其能否正确领悟体育与健康课程标准。在此过程中，如果体育教师具备成熟的体育课程领悟能力，就能够在教学中紧紧围绕学生核心素养设计教学目标与内容体系，并依据学业质量要求开展多样化学习评价，使专家设计的理想课程与国家要求开设的正式课程成为学生真正接受的经验课程。因此，培养体育教师课程领悟能力有助于国家体育与健康课程标准的落地实施。

（二）有助于促进体育教师角色的转变

大量的实践表明，教师是课程改革的关键人物。在第八次课程改革中，教师的应然角色已完成了转变。在与体育与健康课程的关系层面，体育教师需由原先的课程传递者和执行者转变为课程的研究者和建构者。长期以来，受我国长期采用全国统一的课程计划、教学大纲和统编教材的影响，人们往往习惯于将教师当成课程的传递者，任务是尽可能忠实地反映课程设计者的意图。为此，在此前长期的学校体育工作中，体育教师只需要考虑如何教的问题，即怎么教才能传递课程标准的设计意图，而并非从更高层次、更高站位的角度审视体育与健康课程有哪些问题。即体育教师被置身于课程研究之外，难以思考体育与健康课程应肩负什么历史使命、形成什么样的目标体系以及如何设计全面的内容体系等。而随着课程标准代替教学大纲，以目标引领内容的形式赋予体育教师思考如何构建体育与健康课程、研究体育与健康课程的权利与自由。在构建与研究课程过程中，体育教师能够完成角色转变的前提是其具备课程领悟能力，即能够准确领悟体育与健康课程标准的精神与理念。在此基础上，体育教师才能结合自身经验构建合理的目标和内容体系。

另外，在体育教师的职能层面，"体育"教师应积极向"体育与健康"教师转变。以义务教育体育与健康课程为例，在《义务教育体育与健康课程标准（2011年版）》以及此前各版本的课程标准中并未明确指出体育教师是健康教育的主要负责者。而《义务教育体育与健康课程标准（2022年版）》明确指出，体育教师不仅应承担体育教学工作，还应承担健康教育教学工作。由此可见，未来体育教师还应扮演健康教育教师的角色。具备课程领悟能力的体育教师能够深入解读健康行为与运动能力、体育品德的关系，并在深刻理解健康教育课程内容的基础上主动构建相应的健康教育目标、内容体系，为"体育"教师向"体育与健康"教师的角色转变奠基。

（三）有助于体育教师核心素养的全面培养

体育教师核心素养是体育教师全面发展的综合表现。"素养"的概念强调了价值观、品格、能力之间存在着密切的联系。站在教师全面发展的角度审视体育教师课程领悟能力，可以发现培养课程领悟能力能够促进体育教师形成正确的价值观念、必备品格和关键能力。

在价值观念层面，体育教师核心素养包含了制度观、职业观和学生观。首先，当体育教师正确领悟了体育与健康课程，即可理解当前体育与健康课程标准中重要的育人价值与内在机理，进而自发地认可、维护课程标准，并对其进行宣传、反思，对由教育部颁布的官方文件性质的课程标准形成正确的价值观念。其次，当体育教师能够领悟体育与健康课程特殊的育人价值时，将对自身职业的重要地位形成正确认知，明晰体育教师职业对于培养学生核心素养，提高学生健康素养、道德品质，促进学生全面发展的重要作用，能够为从事体育教师职业而感到无比自豪，在自身职业受到"污名化"时主动向公众澄清。最后，在学生观方面，体育教师能够正确领悟课程标准，即能够深刻认识通过课程能够"培养什么人"，始终"以学生发展为中心"，将学生的成长需求作为课程实施的出发点与落脚点。

在必备品格层面，体育教师核心素养包含了体育人文底蕴、体育科学精神、体育品德3个范畴。首先，当体育教师能够深入领悟体育与健康课程时，就能够理解体育与健康课程不仅是对学生身体的教育，还应是体育文化的熏陶，应通过体育强化学生的文化自信。当体育教师了解到要提高学生体育文化水平时，便会主动学习使自身具备更深厚的体育人文底蕴。其次，在体育科学精神方面，当体育教师深刻领悟到在新时代体育教师不仅是课程的传递者，还是课程的研究者和创新者时，将产生提高自身科研水平的内在动机，促进其体育科学精神的培养。最后，在体育品德层面，深入领悟体育与健康课程的体育教师能够理解"以德育德"的教学思路，使作为育德者的自己首先具备体育品德。

在关键能力层面，体育教师核心素养包含了体育运动能力、体育课程领悟能力、体育教学实施能力、课外体育执行能力、体育教研能力、学习与反思能力6个范畴。对于体育运动能力而言，领悟体育课程的体育教师能够认识到自己不仅需要掌握运动技术本身，还要拥有一定的体能水平，掌握运动原理与方法、运动项目的展示和比赛应用能力等，以满足构建课程内容体系的要求，进而主动培养全面的运动能力。对于体育教学实施能力而言，体育教师领悟体育课程是进行教学实施的前提，只有当体育教师对课程形成全方位解读，才能落地应用于直面学生的教学实施。对于课外体育执行能力而言，领悟体育课程的体育教师能够形成"大课程观"，将对课外体育活动功能的认识由竞技运动训练转向促进学生全面发展。对于体育教研能力而言，体育教师对课程的领悟能够帮助其全面了解当前课程，明晰"培养什么人、怎么培养人"，进而围绕体育课程展开教研活动，提高体育教研能力。对于学习与反思能力而言，在体育教师理解、解读、构建课程的过程中，包含了体育教师结合自身教学经验审视当前体育课程的环节，这本身便是对新思想、新理念的学习与反思，能够在此过程中培养体育教师的学习与反思能力。

三、体育教师课程领悟能力的具体构成

（一）体育与健康课程理解能力

1. 理解国家课程方案对体育课程的要求

理解国家课程方案对体育课程的要求即体育教师能够认识到国家课程方案对体育与健康课程提出了哪些要求，以及这些要求背后蕴含的重要意义，进而为其在体育与健康课程中落实课程方案奠定基础。以《义务教育课程方案（2022年版）》（以下简称课程方案）为例，在培养目标中提出，要"使学生有理想、有本领、有担当，培养德智体美劳全面发展的社会主义建设者和接班人"。为

此，体育与健康课程需要在教学中设置相应的内容，通过体育教师言传身教，使学生树立远大理想，如成为运动员为国争光、成为研究者为体育事业做出贡献、保持健康体魄为祖国健康工作 50 年等；其次，通过体育与健康课程将学生培养成有本领的人，如掌握 1 或 2 项运动技能、学会心肺复苏等紧急救援本领、将体育学练中培养出的坚强韧性迁移至其他领域；最后，通过体育课程思政等多种方式使学生明白自己肩负的时代重任，为中华民族伟大复兴而奋斗与担当。

在课程设置方面，课程方案提出义务教育课程包含国家课程、地方课程和校本课程。国家课程是主体，地方课程与校本课程为拓展补充，兼顾差异。因此，体育教师应能够理解体育与健康课程不应局限于根据国家颁布的课程标准设置国家课程，还需要地方名师工作室、学校体育组等开发具有特色的校本课程。

在课程实施方面，课程方案提出要深化教学改革，改进教育评价等要求。第一，坚持素养导向，即要求体育教师理解当前体育与健康课程进入了素养时代，能够理解健身育人、全面育人的价值。第二，强化学科实践，即体育教师应能够理解"做中学"的原理，进而能够认识到创设真实情境进行教学的重要价值。第三，推进综合学习，即要求体育教师从整体的视角理解体育与健康课程，能够认识到可以通过某一个学习内容协同推进多方面的育人价值。第四，落实因材施教，即要求体育教师能够认识到学生在体育学习中的主体地位，根据学生的个体差异展开差异化教学对学生的个性发展具有重要意义。

在教育评价方面，课程方案提出要更新教育评价观念、创新评价方式方法、提升考试评价质量等。为此，体育教师应认识到未来体育与健康课程评价要突破以往依靠总结性评价评估学生运动技能的桎梏，采用多种评价方式，为提高学生素养而评。

2. 理解国家体育与健康课程标准

理解国家体育与健康课程标准即体育教师能够正确地认识课程标准中相关内容的表述。以《普通高中体育与健康课程标准（2017 年版 2020 年修订）》为例，该版课程标准提出要培养学生的学科核心素养。为此，体育教师应理解核心素养的背景、目的和具体内涵。首先，体育与健康学科核心素养是基于《中国学生发展核心素养》[1]而提出的，与其他学科核心素养一同促进学生发展核心素养的生成。其次，体育与健康核心素养的提出标志着我国基础教育进入了"素养为纲"的时代，即要摒弃以往注重技能与知识的学练范式，转向注重学生的素养发展，集中体现了体育学科的育人价值。最后，要正确把握体育与健康学科核心素养的内涵与具体表现形式（表9-2），避免把运动能力简单归为动作技能教学，把健康教育划作健康知识传授，把体育品德当成枯燥的口头说教，使三者相互分离。体育教师应在某一教学任务或情境中同时发展学生的运动能力、健康行为、体育品德三大核心素养，只是在不同任务与情境中发展核心素养的侧重点不同。

表 9-2 体育与健康学科核心素养的内涵与具体表现形式

核心素养	内涵	具体表现形式
运动能力	体能、技战术能力和心理能力等在身体活动中的综合表现，是人类身体活动的基础	体能状况、运动认知与技战术运用、体育展示与比赛
健康行为	增进身心健康和积极适应外部环境的综合表现，是提高健康意识、改善健康状况并逐渐形成健康文明生活方式的关键	体育锻炼意识与习惯、健康知识掌握与应用、情绪调控、环境适应
体育品德	在体育运动中应当遵循的行为规范以及形成的价值追求和精神风貌，对维护社会规范、树立良好的社会风尚具有积极作用	体育精神、体育道德、体育品格

在课程结构方面，体育教师应能够理解普通高中体育与健康课程由12个模块构成，每学年平均分配4个模块，其中第1模块为必修必学的体能模块，另外10个模块为必修选学的运动技能系列，还有1个模块为健康教育。其中，体能、运动技能系列、健康教育为平行关系，而运动技能系列的10个模块为递进

[1] 核心素养研究课题组. 中国学生发展核心素养 [J]. 中国教育学刊, 2016, 37（10）: 1-3.

关系，难度逐级上升。学生可以根据兴趣选修学校提供的运动项目，最多可选
3 个运动项目，分别在第一学年、第二学年、第三学年进行学习。

在课程内容方面，体育教师应能够充分理解课程标准中设置的内容要求、
教学提示与学业要求。其中，内容要求展示了在该运动技能的教学中学生应
接受的学习内容；教学提示能够为体育教师采用多种教学方法、展开结构化教
学、设计教学情境等提供帮助；学业要求则能够从核心素养的角度刻画学生在
学完本模块后应展现的学业表现。学业要求与学业质量共同为体育教师提供了
学业评价的依据，区别在于学业表现为某一模块的评价依据与评价标准，学业
质量则是以特定时间段为单位来整体刻画学业成就表现。

3. 理解国内外主流体育与健康课程模式

课程模式是一线体育教师实施体育教学的媒介[1]，体育教师在体育课程模
式的框架中将教学理念、教学方法、单元设计、课时设计、教学评价等元素有
机融合，依据一定的原则实施教学活动。为此，体育教师应对国内外主流体育
课程模式形成整体认识，能够结合不同体育课程模式的特点开展体育教学。

当前，国内较成熟的体育课程模式为季浏教授研发的中国健康体育课程模
式[2]。该课程模式的学习目标为提高学生身心健康水平。这一目标与我国体育与
健康课程标准对接，呼应了"健康第一"的指导思想。在教学内容层面，秉持目
标引领内容的原则，只要是受学生喜爱、能够促进学生身心健康发展的内容均可
作为教学内容。在教学方式层面，主张采取多元化方式，反对满堂灌，鼓励教师
根据自身教学需求设计个性化的教学程序，设计开放、活泼、灵活的组织形式。
在课堂氛围层面，要致力于营造师生和谐互动、情绪饱满高昂、场景活泼热烈、
气氛积极向上的课堂教学氛围，反对以教师为主导的"一言堂"。在学习评价层
面，以学业质量与评价建议为依据，加强结果性评价与过程性评价的融合。此
外，中国健康体育课程模式还强调三大关键要点：运动负荷、体能练习和运动技

[1] RINK J. Designing the physical education curriculum： promoting active lifestyles[M]. New York，NY：McGraw Hill-Higher Education，2007.
[2] 季浏. 中国健康体育课程模式的思考与构建 [J]. 北京体育大学学报，2015，38（9）：72–80.

能。体育教师须充分理解三大关键要点的内涵才能发挥该模式的优势。

一线体育教师搜集国内外体育课程模式资料较难。为此，汪晓赞等学者总结了国外主流体育课程模式：个人和社会责任课程模式、体适能教育课程模式、运动教育课程模式、战术性游戏教学课程模式、冒险教育课程模式、动作教育课程模式、动力体育课程模式、合作学习课程模式[1]。体育教师可通过阅读了解不同体育课程模式的优势与亮点，进而对当前主流体育课程模式形成深入理解。

（二）体育与健康课程解读能力

1. 解读国家体育与健康课程标准内容

解读是建立在理解的基础之上，要求体育教师能够结合自身的教学经验，对我国的体育与健康课程标准形成独特、深入的体会与见解。

以《义务教育体育与健康课程标准（2022 年版）》的课程理念为例。第一，课程标准提出要坚持"健康第一"，体育教师在理解以体育心、健康促进的重要作用基础之上，应进一步深度解读"健康第一"指导思想。在新冠病毒感染疫情等重大公共卫生突发事件背景下，构建牢固的公共卫生体系具有重大意义[2]，因此课程标准强调应发挥体育与健康课程对学生健康促进的突出作用。体育教师在理解"健康第一"的具体内涵后，结合时代背景、疫情体验和健康教育经历，进而能对"健康第一"指导思想形成更深入、独特的解读，有意识地在体育教学中发展学生健康素养。

第二，课程标准中提出要落实"教会、勤练、常赛"。体育教师在了解到"学、练、赛"一体化后，可结合实际教学经验对"学、练、赛"一体化形成独特解读。如结合教学中遇到的"技术好不一定能赢比赛"等教学问题对"教会、勤练、常赛"进行解读，进而感悟出应让学生体验完整比赛、在比赛中磨炼学生的技战术整体素养等。

---

[1] 汪晓赞，尹志华，李有强，等.国际视域下当代体育课程模式的发展向度与脉络解析 [J].体育科学，2014，34（11）：3-15.

[2] 尹志华，张古月，孙铭珠.关照健康：重大疫情下体育与健康课程面临的挑战、责任和未来转向 [J].体育成人教育学刊，2020，36（2）：20-25.

第三，在加强课程内容整体设计方面，课程标准提出要使学生掌握结构化的基本运动技能、体能、专项运动技能和健康技能等。体育教师在理解"结构化"概念的基础上，应进一步对如何设计结构化内容进行解读，如在篮球战术教学中以模拟比赛的形式将规则、技战术、健康知识、团结合作精神、专项体能、比赛观赏与评价有机结合，注重元素与元素之间的关联，实现对教学内容的整体性设计。

第四，课程标准中提出注重教学方式改革。体育教师在理解"以知识与技能为本"向"以学生发展为本"转变基础上，应联系以往教学经验，如传授了学生运动技术与知识以后，学生仅仅学会了知识、技术，但无法形成整体理解，难以将体育与健康课程育体育心的重要价值迁移至日常生活中。故体育教师应进一步深入解读何为学生发展，思考如何采取多种新型教学方法影响学生综合能力形成。如体育教师观察到学生的自学、模仿能力较差，则可在课堂中设置学生自学环节，以翻转课堂的形式培养学生的自学能力，进而迁移至其他学科的学习甚至日常生活中。

第五，课程标准中提出要注重综合性学习评价，即评价内容多维、评价方法多样、评价主体多元等。当体育教师理解综合性学习评价包含哪些方面以后，便可对综合性评价的意义、目的、路径进行解读，结合自身教学经验思考未来如何在学习评价中设置多维评价内容、使用多样评价方法、邀请多元评价主体等。如对于学生健康素养的评价，体育教师在理解综合评价健康素养内涵的基础上可结合实际情况进行解读：健康素养不仅表现在体育与健康课程中，更多表现为日常生活习惯、健康态度、健康决策等，为此可邀请班主任、校医、家长、学生等多元主体参与学生健康素养的评价。

2.解读体育与健康课程教材

当前，我国体育与健康课程教材主要包括学生教科书与教师教学用书，《义务教育体育与健康课程标准（2022年版）》中指出学生用书应包含健康教育、体育文化、体育精神等内容，教师教学用书应包含基本运动技能、体能、专项运动技能等内容。

在学生用书方面，学生教科书中的健康教育内容是根据《生命安全与健康教育进中小学课程教材指南》的要求适当拓展和丰富的。体育教师应深刻理解体育与健康之间的紧密联系，在帮助学生使用健康教育教材时应有效引导中小学生通过体育锻炼来促进身心健康，重视体能锻炼的原则和方法的介绍，使学生掌握科学锻炼的方法并且为终身体育奠定基础。此外，教科书中的体育文化与体育精神的内容主要包括革命领袖的体育思想和实践、中华优秀传统体育的知识、中国运动员为国争光的光辉事迹、中华体育精神、体育运动的起源与发展、奥林匹克运动会、体育运动的基础知识和原理、体育比赛欣赏、体育的价值和功能等方面。体育教师应认识到这些内容对加深学生关于体育的认识、培养学生的体育品德以及增强学生的文化自信都有重要作用。

在教师用书方面，基本运动技能部分包含移动性技能、非移动性技能和操控性技能等方面的内容，能够为体育教师提供多样化练习手段；体能教师用书与《国家学生体质健康标准（2014年修订）》存在联系，能够为体育教师培养学生体能与专项运动体能提供丰富手段；专项运动技能教师用书涵盖了球类运动、田径类运动、体操类运动、水上或冰雪类运动、中华传统体育类运动、新兴体育类运动，能够为体育教师提供基础知识与基本技能、技战术运用、体能、展示与比赛、规则与裁判方法、观赏与评价等方面的内容，从而帮助体育教师构建体育课程内容体系。

总之，教材是指依照课程标准编写，系统反映学科内容的教学用书，是课程的核心教学材料，也是教师教授、学生学习的基本依据和主要工具[1]。体育教师应充分发挥主观能动性，依据自身对教材内容的独特解读，更加合理地"用教材教学生"而非"教学生用教材"。

3. 解读地方体育与健康课程实施方案

由于我国经济和社会发展不均衡，各地体育与健康课程实施条件的差异巨大，因而国家体育与健康课程标准难以兼顾不同地区的体育教学情况。为此，

---

[1] 郭戈. 教材是个专业，也是门学问 [J]. 中小学教材教学，2020（10）：1.

国家体育与健康课程标准建议各省、自治区、直辖市教育行政部门结合地区实际情况，制定适合本地区的课程实施方案，如高中体育与健康课程地方实施方案具体包括对课程标准精神的理解和贯彻要点，对本地区教育和体育与健康课程教学的现状、问题、学生体质健康状况等情况进行的分析，本地区推进高中体育与健康课程实施的目标和策略，本地区高中体育与健康课程学习评价的内容和标准，本地区完善体育场地器材的方案，以及本地区高中体育教师的培训计划等。

体育教师应进一步分析本地区颁布的体育与健康课程实施方案，在国家课程标准的引导下依据地区课程实施方案对体育教学进行调整，如针对本地区教育和体育与健康课程教学的现状、问题与学生体质健康状况提出自己的改进思路，并运用于实践中；对比本地区与国家的高中体育与健康课程学习评价的内容和标准，反思本地区体育教学的缺陷与改进之处；结合本地区体育教师培养计划与身边体育教师专业发展情况，领悟未来自身专业发展的需求等。总体而言，解读地方体育与健康课程实施方案，就是指体育教师在国家课程标准的指导下深入了解自己所在地区如何推进体育与健康教学工作，结合自身感悟与经验对所在地区的体育与健康课程形成独特见解，助力于指导学校层面开展具有特色的校园体育工作。

（三）体育与健康课程构建能力

1. 构建体育与健康课程目标体系

体育与健康课程目标体系的构建是指体育教师在课程标准的引领下，能根据地方学校办学特色、学生情况设计合适的总目标、分目标等。体育与健康课程目标体系具体包括学段目标、水平目标、单元/模块目标、课时目标等。目标体系在构建时应遵循以下原则：①任何层次的目标都要涵盖三个方面的学科核心素养，以整体形式渗透进课程目标之中。虽然在不同单元和课时中可以有所侧重，但不能缺少某个方面的素养。②保证目标之间逐级落实的关系。教师应具备将目标逐步分解的能力，自上而下将核心素养渗透进课程总目标—学段/水平目标—模块/单元目标—课时目标的层级框架中。③要从学生角度制定目标。

不仅要充分考虑学生学情，更要在撰写学习目标时使用"学生能够……"的表达形式。④目标要可达成和可测量。目标的有效性须由"可达成"来保障；目标的合理性须依靠"可测量"来进行评价。[1] 以《普通高中体育与健康课程标准（2017年版2020年修订）》中的田径类运动为例，投掷运动目标体系不仅要涵盖3个方面的核心素养，而且从学段到模块到课时还应体现逐步细化和逐级落实的特点，呈现出上下贯通的方式（表9-3）。

表9-3 指向核心素养的投掷运动目标体系

目标类型	具体描述	备注
学段目标	1. 掌握投掷运动基本动作技术、组合技术和技战术的原理和规则，并在多种形式投掷比赛中进行运用，学会欣赏高水平投掷赛事，组织和参与小型比赛。制订和实施体能锻炼计划，达到《国家学生体质健康标准（2014年修订）》中相应年级合格及以上水平 2. 运用投掷运动主动参加锻炼，掌握投掷运动中预防运动损伤、安全防护等知识；在学练中表现出较强的情绪调控、同伴合作和竞争能力；适应投掷运动的各种自然环境和社会环境 3. 在投掷运动中自尊自强、克服困难，具有勇敢顽强、积极进取、超越自我的精神；遵守投掷比赛规则，公平参与比赛；文明礼貌，尊重对手，正确对待比赛胜负等	高中三年
模块目标	1. 了解推铅球的起源和发展，掌握侧向滑步推铅球基本动作和组合动作技术；了解推铅球技术的原理和规则，并能在游戏和小组比赛中运用；观看投掷赛事；专项体能与一般体能水平有一定程度提高 2. 初步具备运用投掷运动进行课外体育锻炼的意识，基本能处理与同学的人际关系，提高侧向滑步推铅球技术学练的安全意识；知道适应投掷运动环境的重要性	投掷运动模块1

[1] 尹志华，孙铭珠，孟涵，等.新时代核心素养导向体育课程改革的缘由、需求机理与推进策略[J].沈阳体育学院学报，2022，41（4）：22-28.

续表

目标类型	具体描述	备注
模块目标	3. 初步具备在学练和比赛情境中自尊自信，具有超越自我的精神，提高文明礼貌、尊重他人的意识	投掷运动模块 1
课时目标	1. 85%的学生基本完成侧向滑步中积极摆蹬与蹬转用力动作的结合，运用所学动作技术参与简单比赛，发展速度、力量等体能 2. 90%的学生能够提高自主锻炼意识，与同伴主动交流，能在安全环境中练习铅球 3. 95%的学生在学练中自尊自强，主动克服铅球学练的枯燥感，遇到铅球脱手时冷静对待，并将该现象视为提升情绪调控能力的绝佳机会	投掷运动模块 1第 7 次课

2. 构建一体化体育与健康课程内容体系

课程内容是体育学科课程体系中最核心、最关键的部分，是体育课程的枢纽，决定着体育课程的总体走向[1]。国家体育与健康课程标准从宏观的角度确定了体育与健康课程的内容，如普通高中课程内容由必修必学（体能、健康教育）、必修选学两个部分组成，其中必修选学包括球类运动、田径类运动、体操类运动、水上或冰雪类运动、武术与民族民间传统体育类运动、新兴体育类运动；义务教育阶段的课程内容由基本运动技能、体能、健康教育、专项运动技能、跨学科主题学习 5 个部分组成。但是，在微观的课时、单元、学期、学年中，课程标准未提出明确规定，需由体育教师自主构建一体化体育与健康课程内容体系，保证在课时、单元、学期、学年、水平甚至学段之间衔接顺畅，避免重复内容的教学。

在纵向维度，一体化体育与健康课程内容体系主要由以下 3 个部分组成：幼儿园至小学的基本运动技能衔接、义务教育阶段各单元与水平间的衔接、义务教育阶段与普通高中的衔接。第一，在幼儿园至小学的课程内容衔接中，体

---

[1] 于素梅. 一体化体育课程内容体系的建构 [J]. 体育学刊，2019，26（4）：16-21.

育教师应在课程标准的引领下设计符合学生身心发展特点的基本运动技能练习，如以游戏形式为依托的走、跑、跳、投身体活动，培养学生参与体育学习的兴趣，为发展专项运动技能打下基础。第二，在构建课时、单元等教学内容时，应注重随着教学进度的推进而逐级增加内容的难度与复杂程度，避免平行内容的重复教学。第三，在义务教育阶段与普通高中的课程内容衔接中，高中体育教师应提前掌握本地区义务教育阶段体育与健康课程实施情况，并以此为依据设计进阶教学内容，避免在不同学段中出现相同教学内容的现象。

在横向维度，一体化体育与健康课程内容体系不仅要保证各学段间的有效衔接，还要保证完整地呈现体育与健康课程标准中的课程内容。以构建高三体操专项运动技能内容体系为例，应确保在体操类运动的模块8—10中，在知识与技能、技战术运用、体能练习、动作展示与比赛、规则与裁判、赛事观赏与评价6个方面均设置相应内容（表9-4）。

表9-4　高三体操专项运动技能内容体系[1]

内容要素	模块 8	模块 9	模块 10
知识与技能	1. 学习体操运动赛事分析的理论知识 2. 学习难度较大的自由体操动作	1. 学习体操运动的生理学和解剖学理论知识 2. 学习难度较大的双杠动作	1. 学习体操运动生物力学等理论知识 2. 学习难度较大的单杠动作
技战术运用	设计体操训练计划，并对计划进行评价	为自己、他人设计体操训练计划，对训练效果进行评价，并进行修改、完善	为非体操专项学生、社会人士设计利用体操进行锻炼的计划
体能练习	1. 发展一般体能和自由体操专项体能 2. 积极练习倒立、翻腾等动作	1. 发展一般体能和双杠专项体能 2. 积极练习支撑、挂臂摆动等动作	1. 发展一般体能和单杠专项体能 2. 积极练习屈伸、支撑摆动等动作

---

[1] 尹志华，孙铭珠，孟涵，等. 新时代核心素养导向体育课程改革的缘由、需求机理与推进策略 [J]. 沈阳体育学院学报，2022，41（4）：22-28.

内容要素	模块 8	模块 9	模块 10
动作展示与比赛	展示高难度自由体操动作，参加校级及以上等级比赛；组织比赛	展示高难度双杠动作，参加校级及以上等级比赛；组织比赛	展示高难度单杠动作，参加校级及以上等级比赛；组织比赛
规则与裁判	担任校级自由体操比赛裁判，并能正确运用裁判法	担任校级双杠比赛裁判，并能正确运用裁判法	胜任校级单杠比赛裁判；并能正确运用裁判法
赛事观赏与评价	观看、欣赏比赛，运用体操评分规则对运动员动作进行评分，分享观赛心得	观看、欣赏比赛，运用体操评分规则对运动员动作进行较为专业的评分，积极分享观赛心得	观看、欣赏比赛，运用体操评分规则对运动员动作进行专业评分，积极分享观赛心得

3. 构建体育与健康校本课程

国家课程、地方课程与学校课程共同构成了我国基础教育课程的完整体系。在国家、地方、学校的三级管理体系中，体育与健康课程校本化是由宏观至微观的落地过程。在此过程中，体育教师既要对国家课程标准的指导思想、基本理念、课程目标、课程内容及实施建议形成深入理解，又要依据地方学校的办学特色开发出切实可行、具有个性化特点的学校课程实施方案，从校园体育特色课程、校园体育特色文化节、校园体育大课间等角度进行全方位的构建。

如某地区为中华传统武术发源地之一，具有浓厚的武术文化氛围，则该地区的体育与健康课程方案可重点关注打造地区特色武术学校，将武术作为体育与健康校本课程。但需要注意的是，这一校本课程的构建依旧需要以国家颁布的课程标准为引领，以武术为主题发展学生运动能力、健康行为、体育品德核心素养。在课程教学中设计结构化的教学内容，如武术实战运用及动作演化历程，既可实战吸引学生的学习兴趣、强调武术的实用性，又能带领学生学习武术发展的悠久历史，形成民族自豪感。此外，体育与健康校本课程的构建应突破限制，将体育特殊元素融入课内外体育活动，如在大课间以武术操的形式提高学生身体的活动水平，在校园文化节、运动会中加入武术校本课程的相关元素等。

第二节 体育教师课程领悟能力的培养

体育教师课程领悟能力包含理解能力、解读能力、构建能力 3 个方面，能够使体育教师在对体育与健康课程形成正确认知的基础上产生个性化认识，在体育与健康课程标准的引领下，深刻落实"教会、勤练、常赛"的要求，培养学生的体育与健康核心素养。本节主要介绍体育教师课程领悟能力的现状反思以及培养策略。

一、体育教师课程领悟能力的现状反思

（一）对体育与健康课程改革的新方向理解有待加深

长期以来，我国体育与健康课程围绕知识中心观、内容中心观展开教学，这在特定的历史背景下具有一定的积极意义。由于当时体育师资力量薄弱，且大部分人对体育的认识仅停留在运动技能学习与强健体魄层面，希望通过体育课来发展学生的体能、培养学生的运动技能、促进学生的健康发展。为此，体育教师在教学时仅注重运动技术学练，通过频繁地讲解、示范某一技术，使学生模仿并掌握该技术动作是如何做的，旨在使学生能够做出正确动作。但是，随着新课改的推进，在此教学模式下难以使学生掌握完整运动技能的缺陷逐渐显露，学生虽然能做出正确的技术动作，但无法将其应用于实战，难以将各种碎片化的技能串联使用，无法在不同情境中做出使用何种技战术的决策。为此，在国家课程方案的引领下，新的体育与健康课程标准提出了运动能力、健康行为、体育品德 3 个方面核心素养、结构化教学、设置复杂情境、跨学科主题学习等概念，为如何满足新时代体育人才需求指明了方向。

目前，大部分体育教师能够认真阅读课程标准，努力将课程标准的相关精神融入教学实践，这是当前我国学校体育不断向好发展的积极现象。但是，也还存在部分体育教师对课程标准理解不深入的现象。首先，部分体育教师由于

职业倦怠、终身学习意识薄弱等，对新颁布的体育与健康课程标准缺乏学习，进而无法正确地领悟该标准。其次，部分体育教师由于长期以来受内容中心观、知识中心观的影响，专注于培养学生知识技能的惯性思维，难以对新课标中提出的新概念形成正确理解。为此，他们在解读课程标准时往往会提出以下问题：体育课不就是学习体育运动技术的吗？不教单个动作技术，学生怎么能打比赛？可以本堂课只培养运动能力，下堂课在教室里培养健康行为吗？在实际教学中，这部分体育教师也往往会在表面设计了以发展核心素养为目标的教学内容，实际却仍然对单一技术动作进行学练。究其原因，在于体育教师对教学的认知是建立在以往教学经验之上的，难以适应新思想、新理念对体育教师已有知识体系产生的冲击。为此，部分体育教师在阅读课程标准后表示难以理解并贯彻其理念、要求、精神，这就需要长时间的教研活动培训、阅读使他们能够逐渐正确领悟课程标准的内容。

（二）根据自身教学经验解读课程标准存在一定困难

体育教师课程领悟能力包含理解、解读、构建3个维度。其中，理解是指体育教师能对课程标准形成正确认识，仅需要体育教师正确理解内容即可，是一种客观认知。解读是指体育教师结合自身经验，对此前理解的课程标准形成独特观点，即在阅读课程标准时将其中的理念、概念等在脑海中与自身教学经验相匹配，进而能够认识到结构化、情境、素养等概念的提出缘由、重要价值及实施路径，是一种主观认知。构建是指体育教师在解读的基础上在实际教学中运用课程标准的相关精神进行设计，是一种基于结合主观与客观的实际操作。而体育教师能否将对课程标准的理解运用于实践，在很大程度上取决于其能否对课程标准形成独特解读。

目前，我国大部分体育教师能够在理解课程标准的基础上，结合自身经验对课程标准形成独特解读，为自主构建课程目标、内容体系提供了理论基础和实践依据。但是，还有部分体育教师在形成独特解读方面存在困难。首先，职前体育教师或新入职体育教师缺乏足够的教学经验，在解读课程标准时可能出现理解浮于表面的现象，难以与其中所提及的要点形成共鸣，进而无法产生深度理解。其次，部分体育教师可能存在理论联系实际能力较差的现象，即在日常体育教学工作中未能结合课程标准进行思考、反思，在阅读课程标准时联想实际教学情境的意识较为薄弱，进而割裂了主观的教学经验与客观的课程标准内容，难以准确地解读课程标准。为此，未来在培养体育教师时，还需依托教学实践，重视体育教师对体育课程标准相关内容的具身体验，帮助其结合理论与实践，对课程标准形成独特的解读。

（三）难以严格依照课程标准构建体育与健康课程

新的体育与健康课程标准整体性地构建了我国基础教育阶段体育与健康课程的目标、内容、评价标准等，但是由于篇幅有限，只能展示部分课程内容案例，难以为体育教师提供所有的教学内容设计。为此，体育教师需要根据课程标准中的目标、内容、评价建议，自行设计微观的大单元计划、课时计划等，基于自身教学经验、学生需求以及对课程标准的理解构建体育与健康课程。

当前，大部分体育教师已能够独立构建课程目标、内容体系，但部分体育教师在这些工作上还存在困难。例如，课程标准提出应以大单元教学帮助学生掌握 1 或 2 项运动技能。一般而言，18 课时的大单元教学对体育教师构建课程的能力要求较高。部分体育教师对课程标准的领悟能力较差，可能对大单元教学存在各种疑问。例如，双手前抛实心球等内容较简单、技术含量较少的项目，如何设计 18 课时的大单元教学？该问题的提出往往反映出体育教师构建体育与健康课程的能力难以满足课程标准的要求。事实上，当体育教师具备较强的课程构建能力时，完全可以为简单的运动项目设置大单元教学。在课程标准中，专项运动技能包含基础知识与基本技能、技战术运用、体能、展示或比赛、规则与裁判方法、观赏与评价 6 个方面。如果体育教师在构建体育与健康课程的目标、内容、评价标准时只注重双手前抛实心球动作技术标准性与实心球投掷距离时，自然难以设计满足课程标准要求的 18 课时大单元教学。相反，若体育教师能够兼顾以上专项运动技能的 6 个方面，并在教学中适当设置跨学科主题学习情境，则能够轻松构建双手前抛实心球的 18 课时大单元教学。

此外，部分体育教师还存在构建一体化内容体系能力薄弱的现象。一体化教学内容要求体育教师能够在某一学期大单元教学中设计内容连贯、情境复杂程度逐渐增加的课时，使学生能够连续练习所学内容，在艾宾浩斯遗忘曲线大幅度下滑前再次为学生提供练习机会；在学期与学期之间设置相互关联、复杂程度与内容涵盖面逐渐提高的教学内容。当前，部分体育教师在长期以来注重单一运动技术的惯性思维之下，其所设计的教学内容相互割裂，如今天练运球，明天练传球，后天练投篮，看似每个技术都练习到位了，但每个技术间的重要联系被割断，故学生难以掌握完整的运动技能。为此，体育教师需要培养构建一体化体育与健康课程的能力，并在此基础上结合教学经验与对课程标准的理解，重构更加科学合理的体育与健康课程。

二、体育教师课程领悟能力的培养策略

（一）体育教师课程理解能力的培养

1. 针对课程方案提供解读性文件

在国家层面，应为体育教师领悟体育与健康课程提供充分帮助，自上而下地采取措施，使宏观政策能够层层下沉落实到一线体育教师的课程领悟能力培养中去。除了颁布体育与健康课程标准、课程方案以外，国家还可以进一步出台相关文件对课程方案中所提及的相关精神进行解读。如针对课程方案中提出的"有理想、有本领、有担当"的要求，国家可以发布文件对体育与健康课程如何培养"有理想、有本领、有担当"的时代新人进行解读，帮助体育教师有意识地通过教学培养学生的理想、本领、担当。

在地方层面，地方教育行政部门会根据国家颁布的课程方案来制定地方课程实施方案。为此，为了方便体育教师理解国家课程方案与地方课程实施方案的共同点与不同点，以及深入理解地方课程实施方案的相关精神，地方教育行政部门同样需要为一线体育教师发布相应的解读性文件，使体育教师能够通过阅读文件而直接理解如何在国家课程方案与地方课程实施方案的指导下开展教学，如何满足国家课程方案与地方课程实施方案对培养学生的要求。地方课程实施方案的解读性文件应具备以下特点：首先，以国家课程方案为导向；其次，

结合体育教学实际，以通俗易懂的语言传达如何实施体育与健康课程；最后，留给体育教师一定的自主发挥空间。

在学校层面，需做好国家课程方案解读文件与地方课程实施方案解读文件的传达工作。确保每一位体育教师都能够正确理解国家课程方案与地方课程实施方案，为体育教师进一步解读体育与健康课程打好基础。

2. 邀请国内学校体育课程领域权威专家解读课程标准

在理论层面，首先，国家可邀请体育与健康课程标准研制组和修订组成员为一线体育教师举办讲座，主要从课程标准中提出的概念、课程标准的结构、不同版本课程标准演进时的变化等方面入手。比如，《义务教育体育与健康课程标准（2022年版）》新增了跨学科主题学习，一线体育教师在此前的工作经历中可能对跨学科主题学习较为陌生，难以理解或误解其内涵，为此，需由专家针对跨学科主题学习展开讲解。其次，地方教育行政部门和学术期刊杂志社可推出专题文章，从学理层面阐释课程标准的内涵。体育教师在阅读学术论文的过程中既能够理解体育与健康课程标准，又能够积累体育学术素养，为从事体育科研工作打下基础。

在实践层面，地方教育行政部门、名师工作室、教研室、学校等可邀请资深体育教师根据新颁布的体育与健康课程标准的要求，进行公开课展示。这样可以以教学案例的形式使体育教师能够更加直观地了解体育与健康课应该怎么上。此外，也可以通过开展教学比赛、公开课展示等形式，使体育教师主动研究体育与健康课程标准，在自主探索、摸索之中，体育教师结合自身教学实践理解课程标准，如为何体育能够培养学生的三大核心素养，相互之间如何协同推进以实现全面育人等。

3. 开辟多重渠道，为体育教师了解国内外体育课程模式提供保障

国家应鼓励学校体育研究者对国内外主流体育课程模式展开研究。于国内而言，当前国内典型的体育课程模式是华东师范大学季浏教授开发的中国健康体育课程模式。季浏教授及其团队已撰写若干专题文章并开展了多项课题向全国体育教师普及该课程模式。体育教师可通过阅读相关论文、参与培训学习等掌握中

国健康体育课程模式。而针对国外体育课程模式，则需要国内学者展开进一步研究，甚至开展课题进行专项研究。如前所述的 8 个国外主流体育课程模式，未来学者则可进一步深入研究每一个体育课程模式的结构、理念、关键点等，对不同的体育课程模式分别形成专题性文章，为一线体育教师打开国际视野。

与体育与健康课程标准一样，体育教师如果能够以看课、评课的形式了解国外体育课程模式，就能够更生动直观地对其形成基本印象。为此，国家及地方教育行政部门可以以课题的形式组织、拍摄国外主流体育课程模式的教学视频或进行公开课展示，帮助体育教师理解不同课程模式的特点，并根据体育与健康课程标准的要求在教学中运用不同的体育课程模式，培养学生的体育与健康核心素养。

（二）体育教师课程解读能力的培养

1. 以案例探讨为主题开展座谈会，加强体育教师的具身体验

首先，座谈会的召开应保持在中等或较小范围，并定期展开探讨。中等或较小规模的座谈会一般是以某个学校或若干个学校的体育组合作的形式展开的，这样能够使所有的体育教师都有机会参与，且更愿意在同事之间分享自己对课程标准的理解。

其次，以案例探讨为主题开展讨论。在座谈会中，一些体育教师针对课程标准中的内容进行纯理论层面的探讨，无法直观地使其他体育教师了解他们是如何解读课程标准的。只有当一些体育教师能够结合自身的实际教学案例、典型教学情境，讲解课程标准中的关键要点是如何被体现在教学之中的，才能使其他的体育教师形成对课程标准的具身体验。例如，当某位体育教师针对"结构化"这一概念进行探讨时，仅仅相互分享对"结构化"这一名词内涵的解读，难以使其他的体育教师迅速明晰何为结构化。而当该体育教师能够拿出结构化教学视频、教案，针对如何安排各元素相互联系使学生形成整体体验进行讲解，并呼应"结构化"概念内涵时[1]，其他体育教师才能够联想自身教学情境

[1]　尹志华,孟涵,孙铭珠,等.新课标背景下体育与健康课程落实核心素养培养的思维原则与实践路径[J].首都体育学院学报,2022,34（3）:253-262.

而形成共鸣，并可以直接用于体育教学实践。

最后，在座谈会中除了讨论针对课程标准进行教学设计的案例以外，还要注重分享不同的体育教师对课程标准形成个人解读的过程。例如，体育教师在谈及设置运动情境，使学生形成完整运动体验、学会完整运动技能时，可分享自己理论联系实际的经历以探讨"解读过程"心得，使其他体育教师理解应如何解读课程标准，培养其对课程标准的解读能力。

2. 邀请教材编写组为体育教师提供教材解读思路

首先，在国家层面，可邀请不同出版社的体育与健康教材编写组，以讲座、撰写解读性文章等形式向全国体育教师解读不同版本的教材。内容可包括教材使用对促进学生发展核心素养的重要意义，教材如何体现学生核心素养，教材中的文字、插图等细节能够反映哪些体育文化、中华传统文化等。总之，编写组可为体育教师提供针对体育与健康教材内容的介绍与编写思路的解读，供体育教师在使用教材时能够正确地理解教材中反映的核心素养培育路径。

其次，体育教师需根据教材编写组对教材的解读，结合自己的教学安排，形成教材使用思路。

最后，体育教师在实践中加深对体育与健康教材的领悟。体育教师从认知上形成对体育与健康教材的解读能够为实际使用教材提供保障，而体育教师还需要在教学实践中不断地修正对体育与健康教材的解读。

3. 组织社会实践，帮助体育教师了解地方特色

首先，地方教育行政部门可每年对体育教师开展具有浓郁地区色彩的历史文化教育，内容主要包含对当地体育史发展的脉络梳理和对当地文化传承情况的报告等。通过进行地区文化底蕴的培训，一方面体育教师能够了解地区体育课程实施方案制定的背景，进而在课程实施中有意识地突出某方面特色；另一方面体育教师也可以开拓视野，提高自身的文化修养，进而在课堂上为学生讲述本地区悠久的历史文化。

其次，地方教育行政主管部门可组织体育教师对所在地区的地理特点进行实地考察。如在东北地区，地方教育局可带领体育教师实地体验当地的雪山地理风貌及浓厚的滑雪体育文化，从而领会重点培养学生冰雪运动技能的要求；在江南地区，地方教育局可带领体育教师实地领略水乡多湖多河、降雨量大的地理特色，从而理解培养学生水中自救与救援技能的要求。

最后，地方教育行政主管部门还可向体育教师分享当地社会经济发展、学校体育发展情况，如向体育教师提供当地每年的财政报告、学校体育工作相关财政支出、体育竞赛举办情况、学生体质健康水平情况及分析等，体育教师可根据地区发展情况更贴近实际地理解与解读地区体育课程实施方案。如当体育教师了解到该地区学生体质健康水平历年波动情况，即可理解地方课程实施方案中为什么提出要重点加强学生体质健康水平发展与监测的要求，进而严格把控体育课堂中学生的运动负荷，设计能够高效提升学生体质健康水平的教学内容。

（三）体育教师课程构建能力的培养

1. 开展学情调研，为体育教师制定学习目标体系提供参考信息

首先，体育教师在进行单元目标、课时目标的设置时既要以课程总目标为导向，也要以具体的学业质量为要求，通过设置连续、一体化和整体性的目标体系达成总目标。而该目标体系的设定需要体育教师能够对体育与健康课程标准形成深入解读。其次，目标的设定要根据学生的学习情况而定，设置"最近发展区"目标。过高要求的学习目标将打击学生的自信心，扰乱教师的教学节奏；过低要求的学习目标将使体育与健康教学失去挑战性，使教学内容索然无味。基于此，学校可组织体育教师对学生的学情进行摸底，以预评价的形式对学生学习基础形成整体把握。通过以体育与健康课程标准总目标、分目标、学业质量水平为目标终点，学生预评价为目标起点，体育教师可在起点与终点间设置一体化、连续性学习目标体系，连接起点与终点。最后，体育教师可与同事相互探讨学习目标制定策略。

2. 充分发挥学徒制优势，鼓励体育教师批判创新课程内容

新入职的体育教师需要由具备较深资历、较丰富教学经验的体育教师引领，也就是以学徒制助力新手体育教师专业发展。作为"师父"的体育教师应充分发挥"传、帮、带"的作用：将当前自己构建的一体化课程内容体系案例

"传"给新手体育教师，使他们获得能够模仿学习的模板，对如何构建一体化课程内容体系形成初步了解；在传授自身构建课程内容体系的经验时，还应"帮"新手体育教师在教学实践中体会该课程内容体系的结构，帮助他们了解构建课程内容体系的过程与步骤；"带"则指在体育教师认识并了解体育与健康课程内容体系构建过程以后，带领新手体育教师尝试自主构建课程内容体系，并在构建过程中不断提出改进意见，使"学徒"在"师父"的扶持之下体验构建课程内容体系的全过程。

新手体育教师在跟随"师父"学习的过程中，应时刻思考课程内容是否能够满足课程标准的要求与本校学生的学习兴趣与需求，以批判的眼光审视当前课程内容体系的不足，继承和创新"师父"所构建的课程内容体系。

3. 围绕校本教研展开体育校本课程的培训

首先，在校本教研过程中应唤醒体育教师的课程意识、资源意识和学生意识。也就是说，要向体育教师强调体育校本课程的重要性，不可在构建过程中敷衍了事。在构建校本课程的过程中，体育教师应充分挖掘学校资源，如教学场地、器材、师资力量等，统筹优化校园资源配置，以高效开发相关课程。此外，体育教师还要以学生为中心，广泛征求学生意见，构建能够满足学生需求的体育校本课程。其次，培养体育教师的课程开发能力，即校本课程同样需要体育教师围绕核心素养设计目标、内容、评价。最后，基于校本课程开展教研活动。体育教师在进行体育校本课程教学时应关注学生的学习兴趣、学习成就等，检验体育校本课程的育人效果，并不断反思、发现校本课程的短板。通过体育组内探讨，不断改进体育校本课程，在"教"与"研"的相互促进下，不断提高体育教师开发和构建体育校本课程的能力。

第十章

体育教师教学实施能力

在体育教师核心素养的价值观念、必备品格、关键能力三维框架中，教学实施能力是关键能力维度的重要组成部分，起着承上启下的作用，承接了运动能力与课程领悟能力，作为这两个方面的实施载体，同时又与后续的课外体育执行能力、教研能力、学习与反思能力相衔接。近年来，随着以"素养为纲"的体育与健康课程体系逐步构建，对体育教师教学实施能力提出了新要求。因此，新时代的体育教师应主动求变，积极提升自身的教学实施能力。

第一节 体育教师教学实施能力的内涵

体育教师教学实施能力是一种实践能力，是体育教师教学能力的炼金石，是教师将理论运用于实践的主要载体。本节将从体育教师教学实施能力的提出缘由、价值定位和具体构成3个方面进行阐述，以帮助读者全面了解体育教师教学实施能力的内涵。

一、体育教师教学实施能力的提出缘由

（一）素养导向的课程改革要求体育教师具备成熟的学科实践能力

梳理我国基础教育体育课程改革历史可知，体育与健康课程逐渐由知识本位向素养本位转变，逐步实现由"教书"向"教书育人"的理念转变，在体育与健康课程领域则更加关注课程的"健身育人"功能。回顾过去，在知识获取途径匮乏、学生体质健康状况普遍较差的年代，为了快速提高学生体质健康水平，在知识中心观指导下对学生进行知识灌输具有一定的价值与意义。但是，随着信息时代的快速发展，学生获取知识的途径增多，社会更加强调培养学生综合能力。因此，为了满足时代要求，《普通高中体育与健康课程标准（2017年版 2020 年修订）》和《义务教育体育与健康课程标准（2022 年版）》将体育与健康课程导向了素养时代，即在素养导向的课程改革背景下，体育课程的时代使命是培养学生核心素养，促进学生全面发展。

核心素养的提出是实现由素质教育的"教书"向"教书""育人"相结合的理念转变，更加关注学科的"育人"作用，更加关注实现人的全面发展。核心素养的培养是为了满足学生能够在真实世界解决复杂问题的需求。但是，以往知识中心观的教学会使体育教师陷入"把学科等同于科目，等同于学科知识"的误区，即重视学科知识的学术性，忽视学科知识的实用性、陶冶性[1]。为此，新一轮课程改革将学科实践置于重要地位，致力于凸显学校科目的实践性。也就是说，未来的体育与健康课程应重点帮助学生在获取知识的基础上能够构建起结构化知识体系，能够将知识运用于实践之中，在真实、复杂的情境中掌握解决现实问题的能力。在此背景之下，体育教师作为连接课程与学生的中间枢纽，其学科实践能力是学生培养核心素养的关键一环。体育教师在教学实践中，若具备创设真实情境、引导学生灵活运用知识的教学实施能力，则能够有效避免学生吸收"惰性知识"，提高所学内容的实用性与陶冶性，促进学生终身体育

---

[1] 崔允漷，张紫红，郭洪瑞．溯源与解读：学科实践即学习方式变革的新方向 [J]. 教育研究，2021，42（12）：55-63.

素养的发展。

因此，在素养导向的体育课程改革背景下，学科实践是避免将学校科目等同于学科知识，并提高学生所学知识实用性的重要路径。体育教师作为课程与学生的纽带，其学科实践能力应当被置于体育教师核心素养的重要地位。

（二）实践能力导向教师教育的兴起

实践能力导向教师教育（Practice-based teacher education）最早起源于美国，后逐步发展到全球。近年来，我国也非常强调实践能力导向教师教育。

一方面，以自上而下的国家政策为顶层指导。在《国家中长期教育改革和发展规划纲要（2010—2020 年）》中提到要"注重知行统一"，要坚持教育教学与生产劳动、社会实践相结合，要开发实践课程和活动课程；在《教育部关于加强师范生教育实践的意见》和《中共中央　国务院关于全面深化新时代教师队伍建设改革的意见》中均提到了要提升教师教学实践能力。另一方面，来源于自下而上的教师教育范式转变。很长一段时间，世界各国教师教育都存在着理论与实践二元对立的现象，以往的观点认为教育需要先"知之"后"行之"，认为只有先系统地掌握了相关理论知识后，才能够付诸实践。但随着社会发展与理念更新，人们开始发现"理论导向"的教师教育培养出的教师往往会出现适应期长、无法迅速胜任工作的情况。在全球经济迅速发展的背景下，教师的教学环境变得多元化，教师面临着相较以往更为复杂的挑战，其所接受的培训与教育往往更新较慢，无法满足实践教学的需要。因此，"知行合一"下的实践导向的教师教育被搬上了舞台。

在实践能力导向教师教育兴起的背景之下，体育作为以频繁的身体活动实践为特点的科目，体育教师的教学实践能力显得更为重要。在理论与实践的频繁互动中，体育教师教学实施能力是将教师脑海中所储藏的知识运用于实践的关键因素。通过教学实施，体育教师能够在实践中检验所学知识，为教学实践提供正确指导，进而提高教学实践能力。因此，在实践能力导向教师教育兴起的背景下，提高体育教师教学实施能力是促进其开展教学实践的重要手段。

（三）教学实施是体育教师体现专业特点的根本方式

律师、医生、工程师之所以被称为专业人员，是因为其工作具有明显的专业性，职业具有不可替代性。例如，医生作为专业人员，其医学知识、操作能力等救死扶伤的技能便是其独特能力；律师作为专业人员，能够熟悉各类法律条文，能够在对簿公堂中熟练、灵活运用各类法律，这便是律师的专业能力[1]。而长期以来，体育教师却面临着边缘化的尴尬局面，往往会出现"同工不同酬""被动生病""其他教师随意占课"的现象。出现这种现象的根本原因在于体育教师作为专业人员的专业能力没有得到社会公众的认可，人们的认识还停留在体育教师的工作就是拿着口哨组织学生开展运动，其不可替代性没有被凸显。

在体育课程改革的推动下，体育与健康课程肩负着培养学生运动能力、健康行为、体育品德，促进学生全面发展的使命。在此背景下，体育教师的专业价值被凸显，应当与医生、律师、工程师一样，具有不可替代的专业能力，如围绕核心素养展开体育教学设计、开发体育教学资源、对学生进行体育学习评价、运用信息化手段实施体育教学等。以上体育教学实施能力是体育教师作为专业人员，区别于其他学科教师、其他职业的最主要特点，是体育教师专业发展的重要内容。舒尔曼（Shulman）指出，教师工作的核心追求不是学问，而是教学实践或行动的改善[2]。因此，应将教学实施能力作为体育教师核心素养的重要内容。

二、体育教师教学实施能力的价值定位

（一）是落实国家意志的实践途径

体育与健康课程标准是教育部颁布的对中小学体育教学具有指导意义的纲领性文件，是体育教师教学实践的重要依据，其对课程性质、课程目标、课程内容、学业质量与课程实施都作出了规定。但课程标准与课程方案中的理念想要落地，就需要以具体的教学实施为依托。也就是说，体育教师对于体育教学

---

[1] 尹志华，孙铭珠.论体育教师专业发展的逻辑起点与终极追求 [J].体育成人教育学刊，2016，32（2）：87-91.

[2] 崔允漷，王少非.教师专业发展即专业实践的改善 [J].教育研究，2014，35（9）：77-82.

的理解与实施能力，对落实课程标准的意志起着重要作用。在培养目标方面，以《义务教育课程方案（2022 年版）》为例，该课程方案提出要培养有理想、有本领、有担当的时代新人。掌握成熟的教学实施能力的体育教师能够知晓如何通过体育教学坚定学生的理想信念，在教学设计中融入爱国主义教育，通过多样化教学手段培养德智体美劳全面发展的时代新人。在课程目标方面，基于《中国学生发展核心素养》总体框架，《普通高中体育与健康课程标准（2017 年版 2020 年修订）》与《义务教育体育与健康课程标准（2022 年版）》均提出要发展学生体育与健康核心素养。具备成熟教学实施能力的体育教师能够明晰培养学生核心素养的缘由与方法，通过大单元教学、真实教学情境等使学生掌握结构化知识与技能，协同推进运动能力、健康行为、体育品德的发展，以满足国家对未来人才培养的需求。秉持着"目标引领内容"的原则，具备成熟教学实施能力的体育教师能够通过系列教学行为达成课程目标，培养全面发展的学生，最终落实国家、社会对新时代人才的终极追求。因此，体育教师教学实施能力是落实国家意志的重要实践途径。

（二）能够帮助体育教师成为名副其实的专业人员

体育教师区别于其他学科教师的重要特点之一就是体育教师具有体育教学实施能力，这也是体育教师自身价值得以凸显与去"污名化"的主要途径。以往导致体育课"说起来重要、做起来次要、忙起来不要"的原因正是教育界对体育课存在认知偏差，即认为体育课只是活动，不是真正意义上的学术性课程。在这种错误认知下，体育教师的价值与专业性无法得到凸显，进而也导致了社会对体育教师职业"污名化"的现象较为严重。

随着素养导向的课程改革的推进，新时代的体育课程实现了"质的蜕变"。学校体育近年来已发生结构性变化，体育作为健身育人、促进人全面发展的载体的作用已经在教育系统和全社会达成了高度共识。新时代的体育与健康课程不仅仅停留在身体活动层面，而是实现了由活动到学科再到育人载体的超越，体育教学也不再是可有可无。作为实施体育教学的专业人员，体育教师的不可替代性便体现在其能够通过教学行为培养学生的运动能力、健康行为、体育品德，能够促进学生全面发展。因此，具备成熟的体育教学实施能力能够帮助体育教师成为名副其实的专业人员。

（三）是促进学生全面发展的必要条件

在任何时期，体育教师的教学实施能力都是需要关注的重点，决定着国家的课程意志能否真正落实到每一位学生身上。如在素养导向的课程改革背景下，体育教师如果仍然以传统思维进行碎片化教学，则必将导致学生无法体验完整的运动，无法对所学运动项目形成整体认知，难以在课程标准的指导下获得全面发展。

体育教师对于学生核心素养的培育就如绘画一般，学生作为一张白纸，其在学完体育与健康课程后所呈现出的内容究竟是完整的成品还是不完整的半成品，不仅仅取决于白纸本身的大小（自身天赋）。换言之，学生在上完体育课后究竟是实现了运动能力、健康行为、体育品德 3 个方面的核心素养协同发展，还是仅仅学会了单个运动技术，主要取决于体育教师在作画时的理念和本领。而体育教师的教学实施能力正是绘画的关键。在"素养为纲"的体育与健康课程新发展趋势下，如果体育教师能够掌握最新的教学理念，使用信息技术、多媒体手段开发各类教学资源，为学生发展服务，那么其体育教学效果将极大程度地提高，学生将能够在教学中体验到真实运动情境、完整比赛体验，能够与其他学科形成跨学科互动，进而培养体育与健康核心素养，获得综合能力的全面发展。因此，当体育教师具备了成熟的教学实施能力，就能从学生的角度出发，基于学生个性化学习需求，开展有针对性的体育教学，引导学生进行有效体育学习，从而实现学生全面健康发展的目标。

三、体育教师教学实施能力的具体构成

（一）体育教学设计能力

体育教学设计是将抽象的核心素养理念落实于教学实践的重要手段，体育教师能否在教学中培养学生核心素养，取决于其是否具备基于核心素养的体育教学设计能力。体育教学设计主要包含学习目标设计、教学内容设计、教学策

略设计等。

　　首先，在学习目标设计方面，体育教师应紧紧围绕运动能力、健康行为、体育品德展开。在运动能力维度，通过设计符合学生身心发展特点、学习兴趣与需求的目标，提高学生参与运动学练的兴趣；在体育运动学习中突出文化内涵，提高学生的体育文化素养；帮助学生学会学习，鼓励学生进行自主、合作、探究学习，为终身体育奠定基础。在健康行为维度，应培养学生健康的生活方式，以体育运动为载体帮助学生掌握情绪调控能力，促进身心健康水平的提高；还要在运动中培养学生的自我保护意识，了解运动伤病的预防与处理等。在体育品德维度，不仅要设置相应的运动情境，培养学生的体育精神、体育道德和体育品格，还要使学生养成责任担当意识[1]，指向课程方案中所绘制的新时代人才画像，即培养有理想、有本领、有担当的时代新人。

　　其次，在教学内容设计方面，应兼顾课程标准中所设置的各领域的内容，在课程标准的引领下设计学段、模块、单元、课时教学内容，应避免对课程内容的简单叠加。例如，在八年级阶段要避免设计完全由体能练习组成的教学设计，避免设计完全由体育教师在教室内满堂灌健康知识的"一言堂"教学设计等。体育教师应通过相互穿插、融合，在教学设计中既体现体能练习内容，又具有健康教育意义，还可以设置相应的跨学科主题促进学生德智体美劳五育并举。

　　此外，在教学内容设计时应避免对知识点、动作技术的过度关注，要兼顾课程标准中所提及的内容的多重维度。如在进行专项运动技能教学时，体育教师要避免在教学设计中仅关注学生动作技术的学练，而是应兼顾基础知识与基本技能、技战术、体能、展示或比赛、规则与裁判方法、观赏与评价，在教学设计中体现"使学生体验完整运动项目，掌握结构化知识与技能"的理念。

　　最后，在教学策略方面，体育教师可根据不同的学习目标采用不同的教学策略。如要发展学生团结协作的能力，则可以在教学中设计以小组为单位完成的教学任务，使学生在各司其职、相互配合的过程中形成集体意识，提高人际

---

[1] 张中印，马凌波，尹志华.指向核心素养的体育教学设计：理论与路径、问题与策略[J].北京体育大学学报，2022，45（3）：58-68.

沟通交往能力。如果要培养学生的创新能力,那么体育教师可以设置在真实体育运动中可能遇到的问题情境,引导学生探索解决实际复杂问题的方法。具备成熟教学设计能力的体育教师能够通过使用不同的教学风格配合教学内容达成教学目标。

(二)体育教学操作能力

体育教学操作能力是体育教师教学实施能力的基础支撑,具体包括实施体育与健康教学的能力、设置丰富的体育与健康教学情境的能力、管理体育与健康课堂教学的能力、开展结构化的体育与健康教学的能力、在体育与健康教学中进行运动负荷监测的能力。

1. 实施体育与健康教学的能力

体育与健康教学是体育教师依据教学设计开展教学活动而实现教学目标的过程。其中,体育课是体育教师培养学生核心素养的渠道之一,也是体育教师教育理念实施落地的重要场所。体育课堂教学是复杂的,体育教师需要面对各类学生与各种突发情况,因此就需要其具备良好的实施体育与健康教学能力,能够随机应对出现的各种紧急情况。《义务教育体育与健康课程标准(2022年版)》中提出的"育人本位"的观念也需要在体育课堂中落实,需要"凸显学生主体地位",因此体育教师的教学策略选择与运用能力就尤为重要。能够完成基本的体育教学实施过程,是一名体育教师的基本功。当前,一些跨专业或者跨学科的人员进入体育教学领域,他们不具备基本的教学实施功底或者此方面的能力较弱,因而很难成为合格的体育教师。

2. 设置丰富的体育与健康教学情境的能力

多年来,我国体育与健康课程面临着学生学了若干年体育但难以掌握1或2项运动技能的困境,究其原因在于碎片化知识的传递与单一动作技术练习难以帮助学生在课堂与真实生活中产生高通路迁移,也就是说,学生在课堂所学与实际生活中遇到的问题脱轨。为了使学生能够在真实、复杂情境中依旧能够像学习时一样熟练自如,体育教师需要设置丰富的教学情境,以培养学生的"专家思维",使学生能够在设定的教学情境中"像运动员一样思考"。教学情境按复杂程度可以分为简单教学情境、中等复杂教学情境和复杂教学情境。其中，复杂教学情境是指动态变化的、结果难以预测、需要灵活应对的情境，如对抗练习、教学比赛或成套动作的展示。每节课的内容应将简单教学情境、中等复杂教学情境、复杂教学情境相结合，以复杂教学情境为主。这有助于学生将所学的知识和技能在实践中运用并得到不断强化和巩固，也才能培养学生的核心素养[1]。

例如，在篮球传球练习中，体育教师不仅要教会学生篮球传接球的动作，还要设置真实的比赛情境，帮助学生理解传球在比赛中的重要作用，掌握不同情况下传球方式的选择以及传球时机的把握。只有当学生在真实比赛情境中学会传球，才能在比赛中运用传球技术，这样才能帮助学生学会完整的篮球运动。

3. 管理体育与健康课堂教学的能力

管理体育与健康课堂教学的能力是体育教师教学操作能力的重要构成，成功的教学本非靠体育教师单方面的知识灌输，教学是体育教师与学生之间的心灵交互过程。因此，体育教师如何与学生建立良好的关系，如何调动学生参与的积极性等都是课内培育学生学科核心素养的重要因素。例如，在纪律懒散的班级中，体育教师若无法管理学生，学生就会变成一盘散沙。

良好的体育与健康课堂管理能力是体育教师将教学设计落到实处和实现"健身育人"价值的保障，如果缺乏这一能力则会造成教学效率低下、教学目标无法达成等问题。新时代体育教师要更新对于管理二字的理解，管理不仅是规训学生的身体，不等于上"纪律课"，而是秉持公平民主的态度，与学生达成上课纪律的一致认同，如上课精神面貌、请假流程、借还器材流程、上下课集合速度与地点等。

4. 开展结构化的体育与健康教学的能力

课程标准中强调体育教师应开展结构化教学，其目的在于加强某一学习主题中每个环节之间的联系，帮助学生对运动技能形成整体性理解。与结构化教

---

[1]　季浏. 坚持"三个导向"的义务教育体育与健康课程标准（2022年版）解析[J]. 体育学刊，2022，29（3）：1-7.

学相对应的教学方式是单一动作技能学练，该学练方法虽然能让学生掌握正确的动作技术，但是当学生面临真实的比赛情境时，却难以合理地使用该动作技术。因此，体育教师在进行教学实施时，必须具备开展结构化教学的能力。强调每节课要进行结构化运动知识和技能的教学，即意味着不管体育教师教授什么项目，不管哪个年级和水平，每节课都应将基本技能与组合技能相结合，以组合技能学练为主，有些运动项目还需要学练战术配合[1]。比如，在投篮动作教学时，传统的单一动作技术练习重点在于学生按照"三直角、一内收"的口诀进行反复学练，直至学生做出正确的动作，体育教师即认为学生掌握了该技术。但是，结构化教学不仅要求学生学会动作，重点还在于能够将投篮动作与其他技战术连接，如接传球投篮、跑空位投篮、传球假动作接投篮、选择合适投篮时机等，使学生学会使用该技能。

5. 在体育与健康教学中进行运动负荷监测的能力

为了解决学生体质健康水平不佳、部分学生体能水平偏低的困境，课程标准提出要科学设置运动负荷。体育与健康课程中的运动负荷由群体运动密度、个体运动密度和运动强度衡量。群体运动密度是指一节体育实践课所有学生总体运动时间占课堂总时间的比例，要求不低于 75%；个体运动密度是指一节体育实践课单个学生的运动时间占课堂总时间的比例，要求不低于 50%；运动强度用心率范围表示，要求班级所有学生平均心率原则上在 140~160 次 / 分。只有满足以上条件，才能避免体育课成为"不出汗"的体育课。为此，体育教师在教学实施过程中，需要能够时刻监控学生的运动密度与运动强度，避免学生出现安全事故。在运动强度方面，体育教师可以通过心率带或学生在规定时间内自行数心跳来计算；在运动密度方面，体育教师可以通过相应公式来计算。进行科学的运动负荷监测，既有助于教师和学生及时知晓运动强度，进而调整体育教学内容；又有助于教师和学生在安全的前提下上体育课，减少学校和家长的担忧。

---

[1] 季浏 . 坚持"三个导向"的义务教育体育与健康课程标准（2022 年版）解析 [J]. 体育学刊，2022，29（3）：1-7.

（三）体育学习评价能力

体育与健康课程学习的评价与考试是通过系统收集学生的课内体育学习态度与表现、课外体育锻炼情况与成效、健康行为等信息，依据学业质量对所反映的核心素养水平及学生学习情况进行判断和评估的活动，是不断完善课程建设的重要环节和途径。在素养导向的课程改革背景下，学生体育学习评价应当由原先注重动作技术正确性的评价与学生体能的测评转向全面评价"核心素养达成水平"。

因此，在新时代，体育教师需具备较高水平的评价能力，尤其是要形成测评学生核心素养的意识。首先，素养的评价难以通过测量跳远距离、测试100米跑时间等手段衡量，需要体育教师通过观察学生表现进行评价，即体育教师需要掌握表现性评价能力。其次，学生的先天差异导致无法站在同一起跑线进行学习，故传统的终结性评价会极大地打击学生的积极性。为此，体育教师还需具备将过程性评价与总结性评价相结合的能力，既要对学生学习的最终成果进行衡量，也要在学习过程中彰显学生学习的进步幅度。最后，课程标准中提出在健康教育中可适当加入纸笔测试，故体育教师还需具备对学生进行书面考试的能力，如制作与批阅考试试卷、分析学生答题情况等。

（四）体育教学资源开发能力

教学资源有广义与狭义之分，广义的教学资源是指为了达成教学目标所能够利用的一切要素与条件，而狭义的教学资源则指教材、场地、器材等显性物质条件。教学资源既有显性的，即可以被直接利用的工具、场地、器材等；也有隐性的，诸如一物多用、教学模范、特长生等。开发多样化教学资源能够最大程度为体育教师提供教学便利，提高教学效率。

《义务教育体育与健康课程标准（2022年版）》在"课程实施"中为体育教师开发教学资源提供了明确指示。以健康教育为例（表10-1），在人力资源、器材设施资源、课程内容资源、自然地理资源、信息资源、时间资源等方面，体育教师应该在课程标准的指导下开发资源，丰富健康教育教学内容与手段，提高健康教育的教学效果。

表 10-1 《义务教育体育与健康课程标准（2022 年版）》对健康教育资源的开发与利用

资源类型	有关健康教育资源的主要建议
人力资源	体育教师不仅能承担体育教学工作，而且能承担健康教育教学工作
器材设施资源	摄像机既可以记录学生在健康教育课堂上的学习行为，又可以记录其在日常生活中的健康技能运用情况
课程内容资源	挖掘与学生日常生活密切相关的健康教育内容
自然地理资源	利用良好的自然环境调节学生的身心健康状态
信息资源	丰富学生的健康知识，形成健康的意识和生活方式
时间资源	引导学生积极参与课外体育锻炼和健康实践活动

（五）体育信息化教学能力

针对信息技术应用，《普通高中体育与健康课程标准（2017 年版 2020 年修订）》提出："为了应对信息技术对教育发展所产生的革命性影响，促进体育与健康课程内容、教学手段和方法的现代化，教师应秉持以学习者为中心和技术支持学习的理念，在体育与健康课程中重视利用现代信息技术手段，将多媒体、电子白板、智能手机、运动手表、心率监测仪、计步器、加速度计等信息技术手段深度融合到体育与健康课程的教学中。同时，尝试在体育与健康课程中开展微课、慕课、翻转课堂等教学，促进学生体育与健康课程的线上与线下学习相结合，为学生提供更多现代化的学习体验，提高学生的信息素养。"《义务教育体育与健康课程标准（2022 年版）》则提出："在教学中，根据小学生感性认知能力强、初中生感性认知与理性认知快速发展的特点，积极开发与利用多种现代信息技术，开展微课、慕课、翻转课堂等教学，帮助学生通过线下线上相结合的方式，打破学习的时空壁垒，拓宽体育与健康课程的学习视野。"

依据课程标准的要求，体育信息化教学主要是两个方面。

一是信息化设备在体育教学中的运用。信息化设备是指专门用于网络环境下的终端设备，如手机、计算机等。信息化设备运用的场域有广义与狭义之分。广义的信息化设备运用能力泛指所有与教学有关的信息化设备运用，包括课堂教学与课后教学，而狭义的信息化设备运用能力则单指课堂中，此处特指广义的信息化设备运用能力。信息化设备运用能力的重要性不仅体现在运动项目的教学中，其在开展健康教育上更加重要。信息时代下教师信息化设备的运用能力需要得到提升，其重要性在重大突发公共卫生事件下更加凸显。有关统计显示，在新冠病毒感染疫情期间，教育部号召"停课不停学"，全国有接近2.7亿的学生通过线上的方式进行学习，技术的革新与新冠病毒感染疫情的特殊背景相结合，教师信息化教学设备运用能力就成为影响其线上、线下教学质量的重要因素。

二是在体育课堂教学中开展多种信息化教学形式。比如，新冠病毒感染疫情的冲击对体育与健康课程带来了机遇与挑战。与其他学科不同，体育学科的健身性和实践性特点突出，在以往的体育教学中，空中课堂、线上教学等形式较为少见，微课、慕课等在体育教学中的应用较为狭窄，但在新冠病毒感染疫情等重大公共突发健康危机的冲击下，体育学科实现了多途径、多渠道的线上教学，慕课、微课等拓宽了体育教师教学实施能力的发展维度。因此，体育教师应该把握机遇，克服挑战，在目前线上教学良好的基础上，在体育课堂教学中积极融合信息技术，这样可以有效拓宽学生学习体育与健康理论和实践知识的场景，并且较强的交互功能也能对学习社群或学习共同体的构建起到良好推动作用。

（六）体育教学安全防护能力

近年来，学生在学校体育运动中发生猝死、受伤的负面新闻屡见不鲜。其原因在于：一是少数学生患有先天性疾病，运动成为其突然发病的诱因；二是由于体育教学安全防护措施不到位，导致学生发生运动伤病。作为体育教学负责人，体育教师有责任与义务对学生进行安全防护，故体育教师的安全防护能力是体育教学实施能力的重要组成部分。

第一，体育教师应在课前对学生做好充分的安全教育，使学生充分认识到安全运动的重要性，提高自我保护意识，尤其要强调有先天性疾病的学生在医嘱之下进行科学运动。第二，在课前检查体育场地设施，防止存在安全隐患的运动场地设备导致学生发生安全事故，如检查篮筐是否牢固、跳远沙坑是否有异物、双杠单杠是否存在松动等。第三，在教学过程中，应对危险运动做好保护与帮助工作，如学生练习体操时，教会学生保护与帮助方法等。第四，还要严格控制学生的心率保持在安全范围以内，最大心率（次／分）一般不能超过"220－年龄"。

第二节　体育教师教学实施能力的培养

体育教师教学实施能力在教学理念的革新和变化下不断动态发展，在素养本位的教育理念引领下，体育教师教学实施能力的发展取得了一系列的成就，但当前教学实施能力的培养还存在一些问题。本节对体育教师教学实施能力的现状进行了反思，并提出了体育教师教学实施能力的培养策略。

一、体育教师教学实施能力的现状反思

（一）新时代体育教师教学实施能力取得的成就

1. 体育教师自身的教学实施能力获得明显进步

通过 20 多年的基础教育课程改革，我国体育教师教学实施能力取得了明显进步，主要体现在教学内容遵循"三个规律"、多样化教学方式广泛运用、多元学习评价方式基本形成、课程资源得到有效开发与利用等方面。其中，尤其是体育教师的教育观念和行为得到转变，包括体育教师的教学话语体系发生了很大变化，如立德树人、健康第一、目标引领内容等词语人尽皆知；体育教师逐步由"教书匠"向"育人者"转变；逐步从"体育教师"向"体育与健康教学研究者"转变；体育教师的教学灵活性、高效性和特色明显增强等[1]。以上

---

[1]　季浏，钟秉枢. 义务教育体育与健康课程标准（2022 年版）解读 [M]. 北京：高等教育出版社，2022.

体育教师教学实施能力方面的良好变化，不仅促进了体育教师专业发展，更重要的是为向学生提供高质量的体育教学奠定了人力资源基础。

2. 当前体育教师实施能力发展的外部条件良好

自第八次基础教育课程改革以来，我国学校体育发生了"质"的蜕变，体育教师教学实施能力也在这场重大变革下实现了质的变化。总体而言，当前我国体育教师职前教育体系已较为完备，各级师范院校、体育学院均开设了体育教育专业来培养未来的优秀体育教师。在大力发展体育师范教育的过程中，职前体育教师的教学实施能力获得了显著提高，能够在就业后胜任体育教师职业的基本工作要求。此外，针对在职体育教师，国家及地方均开展了丰富的体育教师培训活动，如"国培计划""强师计划"以及各地所开展的体育教师名师工作室等，希望通过培训、讲座、教学比赛的形式推动与激励体育教师发展教学实施能力，从外部为体育教师教学实施能力的提升提供了较多机会与条件。

3. 学生体质健康发展趋势向好

多年来，受"重文轻武""重智育、轻体育"思想的影响，我国学生体质健康水平在一个时期内处于下降状态，体育课承载了这方面太多的压力。随着国家对学校体育重视程度的提升与系列政策文件的出台，学校体育发展迎来转机，再辅以新课标、新理念、新方法，体育教师教学实施能力也实现了转型发展，其最佳的证明就是学生的体质健康发展趋势向好。第八次全国学生体质与健康调研数据显示，13~22 岁的学生体质健康达标优良率从 2014 年的 14.8% 上升到 2019 年的 17.7%，上升了 2.9 个百分点，13~15 岁、16~18 岁、19~22 岁的学生体质健康达标优良率分别上升了 5.1、1.8、0.2 个百分点 [1]，从上述数据可知，我国学生体质健康数据呈现出由跌转涨的趋势。出现以上喜人现象的原因来自于国家、教育行政部门、学校等多方主体的努力，也得益于我国体育教师教学实施能力的提高。

---

[1] 季浏. 使命与光荣：我国基础教育阶段体育与健康课程改革 20 年回顾 [J]. 首都体育学院学报，2021，33（6）：581–587.

（二）新时代体育教师教学实施能力所面临的问题

1. 国家课程改革的渐进性对体育教师的教学实施产生影响

20多年来，我国基础教育体育课程改革不断前进，先后颁布了多个版本的体育与健康课程标准。这就意味着课程改革存在渐进性，即一些新的教学思想和教学理念处于逐步完善之中，那么体育教师的教学实施能力也不可能一蹴而就，要受到国家课程标准的影响。以义务教育阶段的体育学习评价为例，《义务教育体育与健康课程标准》2011年版与2022年版相比，明显就存在一些不足（表10-2）。

表10-2　《义务教育体育与健康课程标准》2011年版与2022年版评价体系的比较

评价体系	课程标准（2011年版）	课程标准（2022年版）
学业质量	无	1.基本运动技能学业质量合格标准 2.体能学业质量合格标准 3.健康教育学业质量合格标准 4.专项运动技能学业质量合格标准（涵盖球类运动、田径类运动、体操类运动、水上或冰雪类运动、中华传统体育类运动、新兴体育类运动）
学习评价	1.明确体育与健康学习评价目标 （1）了解学生体育学习状况 （2）判断学生体育学习不足 （3）发现学生体育学习潜能 （4）培养学生的自我认知和教育能力 2.合理选择体育与健康学习评价内容（涵盖体能、知识与技能、态度与参与、情意与合作） 3.采用多样的体育与健康学习评价方法 （1）定性评价与定量评价相结合 （2）形成性评价与终结性评价相结合 （3）相对性评价与绝对性评价相结合 4.发挥多方面评价主体的作用（涵盖教师评价、学生评价、其他人员评价） 5.合理运用体育与健康学习评价结果	1.确定评价目的（评价学生核心素养的达成度） 2.选择评价内容 （1）运动能力的发展 （2）健康行为的形成 （3）体育品德的养成 3.选择适宜的评价方式 （1）注重评价方法多样化 （2）重视过程性评价 （3）加强运用现代信息技术开展实时和精准的评价 4.合理利用评价结果

续表

评价体系	课程标准（2011 年版）	课程标准（2022 年版）
学业水平考试	无	1.以考查核心素养水平为测试目的 2.创设贴近生活、具有较强应用性的情境 3.以结构化的知识与技能为主要命题内容 4.命题形式以实践测试为主
综合评定	无	采取过程性评价与学业水平考试相结合的评定方式，将评定结果作为高一级学校招生录取、地区教育质量评估等参考依据

比如，从评价建议的构成体系来看，课程标准（2011 年版）主要针对学习评价建议，对评价目标、内容、方法、主体、结果运用等方面提出了具体建议。课程标准（2022 年版）则对与评价相关的内容进行大幅度拓展，包括了学业质量、学习评价、学业水平考试、综合评定四大部分。课程标准（2022 年版）对评价的考虑更加完善，也更加具有指导性。

国家层面课程改革渐进性所产生的问题，是社会发展与进步的必然结果。因此，针对国家课程标准层面的指导，体育教师需及时关注新版课程标准的内容，及时更新教学理念，完善体育教学实施能力。

2. 体育教师教学理念有待进一步实现结构化更新

新时代体育教师教学实施能力发展呈现出稳中向好的趋势，但也始终存在着一些新旧问题需要加以解决，教学理念缺乏结构化更新便是其中之一。虽然许多体育教师陈旧的教学理念在课程改革的引领下得到了修正，但是更多的体育教师对于"健身育人"等教学理念的认识有待加深，对于体育教学实施能力在"素养为纲"的课程体系下的作用认识仅停留在表层促进学生身体健康方面，究其原因正是传统教育"老三中心"（以教师、系统书本知识、课堂为中心）的教学理念在基层体育教师中较为根深蒂固，并没有得到结构性的革新。

体育教师可能在研读《普通高中体育与健康课程标准（2017 年版 2020 年修订）》和《义务教育体育与健康课程标准（2022 年版）》以后才能够认识到要发展学生的运动能力、健康行为、体育品德，但由于未能对核心素养产生结构化认识，把培养体育核心素养窄化为教会学生运动技能，灌输健康知识，培养道德品质，无法认识到素养的培养应是对学生综合能力的全面发展。在未结构化理解课程改革理念的状态下，体育教师教学实施能力便难以向正确方向发展。

3. 体育教师教学实施能力发展不平衡、不充分问题凸显

不平衡问题主要表现为体育课堂教学质量存在地区差异：在东部沿海发达地区，体育课堂教学"花样百出"，各式各样的运动项目、体育俱乐部、体育竞赛开展得如火如荼；但在中部或西部等地区，受到地理因素、经济条件以及传统体育教学理念较为根深蒂固的影响，体育课堂教学质量还是处于较低水平。

不充分问题主要体现在体育教师教学实施能力的发展缺乏育人特质。体育课是落实课程标准中"教会、勤练、常赛"要求的具体途径，是课程标准实现由公共产品向个人产品的转型，但在不平衡、不充分发展的影响下，体育课堂教学质量不高、教学质量参差不齐的现象较为普遍。比如，季浏教授对我国目前体育课中存在的五大常见课堂形式与学校体育教育所面临的三大问题进行了总结，五大常见课堂形式分别是安全课、单一技术课、放羊课、军事课、纪律课；三大问题分别是学生喜欢体育不喜欢体育课，学生学了 12 年体育课没有掌握 1 项运动，学生身体素质持续下降[1]。此类体育课与健身育人的课程理念背道而驰，大量的时间被用于队列队形的调动和组织，而真正用于学生锻炼学习的时间反而被挤占。因此，在"素养为纲"的体育与健康课程体系初步形成的同时，体育教师教学实施能力作为落实国家意志的实践途径，其发展不平衡、不充分的问题也需要得到解决。

---

[1] 季浏. 坚持"三个导向"的义务教育体育与健康课程标准（2022 年版）解析 [J]. 体育学刊，2022，29（3）：1-7.

二、体育教师教学实施能力的培养策略

（一）举办专题研修，带领体育教师开展基于课程标准的教学设计

第一，应带领体育教师从整体的角度了解教学设计的内涵、各级教学计划之间的内在关系、体育教学设计的要求等。这样可以使体育教师深刻认识和重视教学设计，避免部分体育教师认为"教学设计只是摆设，实际上课应根据临场情况来，脑海里有流程即可"，或在设计教学计划时使学年教学计划、模块教学计划、学期教学计划、大单元教学计划、课时教学计划之间脱离内在联系，出现反复教育与脱节教学的现象。

第二，从认知上使体育教师正确认识教学设计后，还应设置研读课程标准的环节。课程标准是指导体育教师开展教学实施的纲领性文件，当体育教师无法理解课程标准的新理念、新思想时，便无法在教学设计中体现课程标准的理念。为此，在研修中要由资深体育教师、专家领学课程标准，结合实际教学经验向体育教师讲解课程标准的要点，使体育教师对课程标准形成结构化的全面理解，才能完成基于课程标准的教学设计。

第三，由资深体育教师、专家带领体育教师进行教学设计。在此过程中，撰写可以按照从模仿到自主设计的顺序展开。这样不仅可以帮助体育教师理解教学设计的整体面貌、结构、内容、写法，重点还在于要向体育教师展示如何将"结构化""教学情境""跨学科"等理念融入教学设计，形成符合课程标准要求的各级各类体育教学计划。

第四，研修中还可设置体育教师交流环节，邀请体育教师相互交换教学设计，取长补短，交流撰写基于课程标准的教学设计的经验。

（二）设置育人情境，为体育教师提供教学操作的具身体验

体育教学操作能力是体育教师在实际教学实践中的重要依托，具体包含实施体育与健康教学的能力、设置丰富的体育与健康教学情境的能力、管理体育与健康课堂教学的能力、开展结构化体育与健康教学的能力、在体育与健康教学中进行运动负荷监测的能力等，具有鲜明的实践属性。因此，为了帮助体育

教师能够在现实教学中掌握以上能力，在对其进行培训时也应该为其设置真实的育人情境（区别于体育教师在课堂中的教学情境），为其提供教学操作的具身体验，既避免单一、碎片化的知识传递，更强调在与学生互动过程中培养以上各项能力。

第一，提高实施体育与健康教学的能力需要体育教师在实际教学中不断打磨。在进行体育教师培训时，参与培训的体育教师通过轮流扮演学生、教师角色的形式，模拟日常教学。培训者可指定某位体育教师进行讲解示范法的练习，其他体育教师作为学生模拟日常教学中可能出现的情况，如部分学生难以理解某个技术概念、寻找不到正确的发力模式等，需要体育教师重新整合讲解语言，针对学生理解的难点进一步展开深入教学。参与培训的体育教师还可以模拟部分学生在比赛中相互责怪队友的情境，培养体育教师以口头规劝与安排而让学生感受团结的力量、完成教学任务的能力。在以上模拟真实上课情境的过程中，提高体育教师的教学能力。

第二，针对教学情境，不同教学目标的达成需要设置不同的教学情境。为此，在培训中可针对同样的运动项目提出不同的教学目标，引领体育教师根据目标设置教学内容。

第三，在管理体育课堂方面，体育教师往往会遇到学生不认真听讲、不按时上课、迟到早退、上课打闹、懒散等情况。为此，在培训中也可由其他体育教师模拟以上情况，通过小组研讨提出解决方案，形成应对课堂各种问题的管理方案。

第四，在结构化教学能力的培养方面，可设置两个不同的教学案例：碎片化教学与结构化教学，并邀请体育教师通过实际教学实施来感受两个不同案例在教学内容、教学方法、教学策略以及教学效果上的差异。例如，由资深体育教师或专家提供一份篮球的单一技术练习教学设计、一份篮球的结构化教学设计，要求体育教师根据这两份教学设计分别展开教学，对比基于这两份教学设计实施教学时的切身体会，使其结合理论学习对结构化教学产生具身体验，进一步理解结构化教学的要义。

第五，培养体育教师监测运动负荷的能力可通过观看教学视频并亲自动手计算负荷的训练手段实现。例如，可在网上搜寻完整的体育教学视频，由体育教师计算该教学视频中的运动密度，体验运动密度监测的过程。针对运动强度，体育教师可以观看大量符合 140~160 次 / 分心率要求的体育教学视频，对此强度要求下的教学安排形成深刻感知与整体把握。

（三）研发评价工具，以教学实践为依托提高评价能力

对体育教师而言，以往的秒表、量尺等评价工具已无法满足新时代的素养评价要求。为此，学校体育研究者、工作者需进一步依据素养评价需求，为体育教师提供新时代评价工具。在此方面，可参考美国健康和体育教育工作者协会为体育教师开发基于课程标准的工具[1]。如 PE Metrics（美国基于标准的 K–12 体育学业成就评价工具）为体育教师对学生进行表现性评价提供了若干评价工具（表 10–3）。体育教师可在教学实施过程中直接使用以下评价工具，对学生体育学习表现进行评价，并为学生提供详细的定性反馈。

表 10–3　PE Metrics 评价工具

评价表	评价形式	案例
检查表	使用简单的"是"或"否"来确定个人表现标准是否存在	是否做出了大臂带动小臂的动作？
评定量表	类似于核对表，但增加了关于标准达成程度的信息，清楚准确地区分了 3~5 个不同级别的绩效水平	每周参加运动的频率：0 分 = 从未参加；1 分 = 每周 1 或 2 次；2 分 = 每周 3 或 4 次；3 分 = 每周 5 或 6 次；4 分 = 每周 7 次及以上
整体量表	保留对不同级别标准的分级使用，但通过对每个级别使用整体描述来区分不同级别	评分 1= 日志没有完成、数据缺失、细节不到位；评分 2= 日志基本完成、有部分数据缺失、细节较为完善；评分 3= 日志全部完成、数据没有缺失、细节完美
评估准则	将学生的表现与定义明确的标准行为相匹配，根据多项标准和整体表现来给出整体的绩效水平	等级 1= 反思仅局限于活动，没有将个人感受与实际联系；等级 2= 反思描述了活动，并加入了基于个人感受的评价；等级 3= 反思描述了活动，并加入了基于个人感受的评价，能够将所得体会运用到健康促进活动与健身锻炼之中

---

[1] 刘皓晖，尹志华，孟涵，等 . 基于美国国家课程标准的体育素养评价指标体系内容、特点及启示 [J]. 成都体育学院学报，2022，48（4）：84–90.

此外，在为体育教师研发评价工具的基础之上，还需对体育教师进行评价能力的培养。首先，强调各类评价在体育教学实施中的重要性，使体育教师能够在教学实施中重视评价的作用，理解正式评价、非正式评价、表现性评价、过程性评价、总结性评价的不同功能与意义，避免只教不评或是只有终结性评价，没有过程性评价的现象。其次，在实际教学过程中向体育教师展示如何运用评价工具对学生素养进行综合评价，也就是展示如何使用各种评价量表，通过各类评价相互配合的方式检验学生是否能将所学内容在不同情境中进行高通路迁移等。最后，检验体育教师的评价能力。培训者可寻找完整体育教学视频，要求多位体育教师使用评价工具对学生的整体与个体进行评价，最后由资深专家对体育教师的评价过程与结果进行点评。

（四）展示典型案例，启发体育教师开发资源的新思路

《义务教育体育与健康课程标准（2022年版）》在课程实施的"课程资源开发与利用"板块提出了人力资源、器材设施资源、课程内容资源、自然地理资源、信息资源、时间资源等方面建议。由于我国地大物博、地区发展不平衡，各地区体育教学资源的开发条件的差异较大，故各地区体育教师能够开发的资源可能存在差异，不仅需要根据不同地区的条件进行在地性培养，更重要的是启发体育教师开发体育教学资源的思路，充分发挥体育教师的主观能动性，创新性地开发教学资源。

第一，培训者可通过展示一些体育教师因开发教学资源而获取优秀教学成果的典型案例，使其他的体育教师明晰开发教学资源的重要意义，提高其开发教学资源的内在动机。第二，培训者可在讲座、培训、研修的过程中搜寻全国各地的体育教师开发教学资源的优秀案例。在培训过程中，以典型案例的形式对体育教师开发教学资源的全过程进行展示，目的在于帮助其他体育教师了解开发教学资源的必要流程。第三，各地方教师教育组织、体育组应为体育教师整合有开发潜力的资源。例如，在人力资源方面，向体育教师反映本校的医护人员、班主任、团干部、家长等群体的情况，考量是否能够被用于作为课外体育活动负责人；在器材设施方面，学校也应为体育教师统筹清点教学器材，

供体育教师思考是否需要自主开发多样化运动场地，是否可以将器材"一物多用"；在课程内容资源方面，可告知体育教师本校拥有哪些线上课程内容资源可用于体育教学；在自然地理资源方面，可组织体育教师实地考察周边地理环境，考虑是否适合开展定向越野、冰上项目等运动；在信息资源方面，可将校园阅览室、图书馆、校园 VPN 等资源的使用权限向体育教师开放，供体育教师搜寻能够为体育教学服务的信息资源；在时间资源方面，应严格把控"双减"的要求，为学生留出更多课后时间。第四，除了带领体育教师学习如何根据课程标准的指导开发以上 6 个方面的资源以外，还要启发体育教师发挥创造力，从更多角度进行思考，开发一切能够为体育教学服务的资源，最大程度地提高教学效果。

（五）开展专题讲座，提高体育教师的信息素养

在信息时代，信息技术为体育教师开展教学提供了极大便利。通过使用信息技术，体育教师能够大幅提高教学效率、效果，因此，应培养体育教师的信息素养，使其在教学实施中能够灵活地运用信息技术。

首先，为体育教师提供获取最新教学研究成果的信息资源方法与途径。对于大部分老教师而言，获取体育教学资源的途径较少，大部分不会熟练使用互联网的老教师只能通过书籍、同事交流、讲座等形式进行专业发展。但通过以上途径获取的资源与庞大的网络资源相比终究是有限的。此外，还有部分年轻教师虽然能够使用互联网，但难以找到可以获取海量知识的资源库。因此，为了帮助体育教师专业发展，在专题讲座中应为体育教师分享寻找和收集信息的方法与途径，如知网、短视频分享平台、微信公众号等，实现网络资源共享。

其次，向体育教师传授在实际教学过程中使用信息技术的手段。如向体育教师分享当前部分教师在体育教学中使用平板电脑、心率带、投影仪、移动显示屏等信息技术案例，并引导启发体育教师探索在体育教学过程中利用更多信息化资源、设备的手段，实现体育教学与信息技术的高度融合。

最后，倡导在体育学习评价中使用信息技术。《义务教育体育与健康课程标准（2022 年版）》明确提出要"加强运用现代信息技术开展实时和精准的评

价"，体育教师需要具备使用信息技术对学生进行精准评价的能力。因此，应贯彻落实课程标准关于信息化评价的理念，着重引导体育教师正确使用计步器、加速度计、运动手表、心率监测仪以及更多可视化设备开展体育学习评价 [1]。

（六）研读负面事件，围绕真实教学事故展开培训

体育教师的安全防护能力是开展体育教学的必要保障。作为体育教学的主要负责人，体育教师有责任与义务保障学生在课堂中安全运动。因此，安全防护能力是体育教师培训内容的关键组成部分，具体可以从以下几个方面入手。

第一，培养体育教师的安全意识，引起其对安全事故的重视。在培训中，培训者可以通过列举触目惊心的体育教学安全事故与其严重后果，使体育教师深刻体会到安全防护的重大意义，提高体育教师在教学中保障学生安全的意识。

第二，针对真实的安全教学事故，分析其发生的缘由。例如，篮球架倒塌压伤学生的安全事故，是由于学校未及时检修老化的器材设施，体育教师也未注意器材存在安全隐患等；学生在双杠练习时摔落导致手臂骨折的安全事故，是由于体育教师未在双杠下铺设缓冲保护垫，也未进行保护与帮助等。通过分享真实的安全事故案例，为体育教师敲响警钟。

第三，邀请不同学科、项目的专家开展安全教育培训，强化体育教师安全防护技能。如邀请医护人员向体育教师分享医学知识，帮助其科学、安全地安排教学任务以及掌握突发运动伤病的处理方法，如心肺复苏术、"8"字包扎法等；邀请体操专项的教师向其他体育教师讲解体操运动中常见的保护与帮助方法；邀请运动场地设施的安装维修人员传授排查运动场地器材潜在危险的方法等。

第四，在培训中提高体育教师安全防护意识与技能的同时，还要向体育教师普及相关法律知识，避免体育教师"因噎废食"，因为安全防护问题而不敢进行正常体育教学，或进行运动负荷不达标的体育教学，防止某些体育教师以安全为借口进行"放羊式教学"。

---

[1] 尹志华，刘皓晖，侯士瑞，等 . 核心素养时代体育教师专业发展的挑战与应对——基于《义务教育体育与健康课程标准（2022 年版）》的分析 [J]. 体育教育学刊，2022，38（4）：1-9.

第十一章

体育教师课外体育执行能力

作为学校体育工作的主要执行者，体育教师不仅要从事体育课堂教学，还要做好各类课外体育工作，如课余体育锻炼、课外运动训练、体育社团活动、体育竞赛活动等，从多角度提升学生体育与健康核心素养。课外体育执行能力作为体育教师核心素养在关键能力维度的重要表现之一，是体育教师必须掌握的能力。因此，体育教师要跳出认为自己只需完成课堂教学工作的狭隘思维，主动参与学校各类课外体育工作，提升课外体育工作能力，成为学校体育工作的多面手。

第一节　体育教师课外体育执行能力的内涵

体育教师课外体育执行能力很容易被学校主管领导和体育教师所忽视，甚至很多学校的课外体育活动由其他学科教师来执行，没有充分发挥体育教师的作用。本节将从体育教师课外体育执行能力的提出缘由、价值定位和具体构成3个方面进行阐述，有助于体育教师更好地提升自己的课外体育执行能力。

一、体育教师课外体育执行能力的提出缘由

（一）国家政策对开展课外体育提出了相关要求

在我国当前学校体育日益重视课外体育开展和党中央提出"加强青少年体育增强青少年体质"的大背景下，学校体育政策执行力成为核心话题。而课外体育作为学校体育的重要组成部分，也是提高学生体质健康水平，形成体育锻炼习惯的重要途径。体育教师作为课外体育的执行者，提高其课外体育执行能力是推动学校体育发展的重要保证，国家对此非常重视，出台了诸多相关政策。

比如，2016 年发布的《国务院办公厅关于强化学校体育促进学生身心健康全面发展的意见》中要求提高体育教师课外体育执行能力，把组织开展课外活动、学生体质健康测试、课余训练、比赛等纳入体育教师的教学工作量，而且家长要支持学生参加社会体育活动，社区要为学生体育活动创造便利条件，逐步形成家庭、学校、社区联动，共同指导学生进行体育锻炼的机制。《普通高中体育与健康课程标准（2017 年版 2020 年修订）》明确提出坚持"健康第一"指导思想，体育教师要积极组织、指导、引导学生参与课外体育活动，培养学生参与课外体育活动习惯。《义务教育体育与健康课程标准（2022 年版）》强调要落实"健康第一"的教育理念，更加明确了如何推动课外体育活动在学校体育中的发展规划，以及体育教师专业发展方向。2022 年修订的《体育法》规定，对学生在校期间每天用于体育活动的时间给予保证。诸多国家政策、文件表明，课外体育活动在学校体育中占有重要地位，对促进学生体质健康具有积极影响。因此，体育教师作为学校体育工作的核心成员，应积极承担执行课外体育活动的责任和义务，在执行过程中应充分发挥自身的主动性、能动性和创造性。

（二）体育与健康"大课程观"的提出

著名教育家李秉德教授认为"课程就是课堂教学、课外学习以及自学活动的内容纲要和目标体系，是教学和学生各种学习活动的总体规划及其过程"。其进一步阐明："课程不仅是正规的课堂教学的内容，还应包括学生课外学习的内容，应当把课堂教学和课外学习内容有机统一起来"。上述有关课程的阐

释为体育与健康"大课程观"的提出提供了理论支撑。

早在 2002 年，教育部在《全国普通高等学校体育课程教学指导纲要》中就已提出："为实现体育课程目标，应使体育教学与课外、校外的体育活动有机结合，学校与社会紧密联系。要把有目的、有计划、有组织的课外体育锻炼、校外（社会、野外）活动、运动训练等纳入体育课程，形成课内外、校内外有机联系的课程结构。"《普通高中体育与健康课程标准（2017 年版 2020 年修订）》也提出："学科核心素养形成的途径不仅包括体育与健康课，还有课外体育锻炼、体育竞赛活动和体育社团活动等。"学校体育各要素之间必须紧密联系、相辅相成，只有这样才能达到预期成果。但从以往学校体育开展情况来看，相关工作主要集中在学校体育教学上，认为体育课堂教学才是体育课程的主阵地，却在一定程度上忽视了课外体育等要素对学生全面发展的重要作用。实践证明，仅凭每周几次的体育课堂教学很难实现学校体育课程目标。课堂教学以传授体育基本知识和基本运动技能为主，要想达到增强学生体质，贯彻落实"每天锻炼一小时，健康工作五十年，幸福生活一辈子"的目标，课堂教学远远不够。为此，在体育与健康"大课程观"指导下，体育教师为了适应新时代体育教师专业发展的需求，应从过去以提升体育课堂教学能力为主，转向将课外体育执行力纳入能力建设范畴之中。

（三）全面发展体育教师综合素养的需要

随着新时代体育教师需要承担的责任与义务越来越重，体育教师综合素养亟须得到提升，他们不仅要会教学，还要承担课堂教学以外的很多与学校体育相关的工作。但目前来看，我国部分体育教师仍然秉持着陈旧的职业观念，认为只要上好体育与健康课程就可以了。学校体育由体育教学（以体育课为主要形式）、课外体育活动、运动代表队的训练和各种形式的体育比赛、早操和课间操、科学的作息和保健措施（旨在讲究卫生、注意营养、预防疾病发生等）等多方面组成，上好体育课是体育教师的义务和责任，但不是唯一的义务和责任。如果体育教师不能明确自身的职责定位，体育教师专业发展出现"错位"和"缺位"问题，这既关系到体育教师自身的职业发展，也关系到学校的整体运行。新时代体育教师专业发展要求体育教师要具备高度的综合素养。基层体育教师应努力改变传统的意识观念，经过长时间实践和磨炼以及自身的不断反思，成长为具有一定综合素养的体育教师。目前，一些中小学体育教师的工作停留于形式与内涵单一层面，基本都是以体育教学为主，对课外体育工作关注有限，长此以往会导致体育教师缺乏执行课外体育等方面的责任和义务。因此，发展体育教师课外体育执行能力，在一定程度上也是为了促进体育教师综合素养的提高，为体育教师专业高质量发展提供助力。

二、体育教师课外体育执行能力的价值定位

（一）有助于落实"教会、勤练、常赛"的要求

"教会、勤练、常赛"是新时代学校体育的具体要求，也是评价体育教师专业水平的重要指标，2020年印发的《关于全面加强和改进新时代学校体育工作的意见》明确指出："围绕教会、勤练、常赛的要求，完善体育教师绩效工资和考核评价机制。"《义务教育体育与健康课程标准（2022年版）》提出，应根据学生的兴趣和爱好，落实"教会、勤练、常赛"要求，注重"学、练、赛"一体化教学，坚持课内外有机结合。"教会"主要发生在课堂教学中，而"勤练和常赛"更多是在课外体育中进行，其目的是巩固学生所学的运动知识和技能并运用到各种展示和比赛中，以此来激发学生运动兴趣，同时也为了落实"保障学生每天校内、校外各1小时体育活动时间"的要求。因此，落实"教会、勤练、常赛"的要求，是体育教师课外体育执行能力提出的重要价值所在。

体育教师具备课外体育执行能力是落实"教会、勤练、常赛"和"保障学生每天校内、校外各1小时体育活动时间"要求的重要保证。通过体育教学与课外体育的有机结合，以及学校、家庭和社区体育的多元联动，建立长效机制。比如，通过亲子体育活动、家长云课堂、社区体育圈等，实现体育资源共享、体育活动共建。体育教师在完成高质量体育教学实施的同时，可以通过主动组织、指导、引导学生参与课外体育活动和竞赛活动（如班级、小团体活动，体育文化节，体育嘉年华，趣味体育竞赛，年级性体育活动或者全校性大

型体育活动等），采用多种组织方式，激发学生的运动兴趣，培养集体荣誉感，逐渐培养学生的体育锻炼习惯，缓解学生的学习压力，丰富学生的课余文化生活。另外，在上述活动的实施过程中，体育教师既要展现出较强的运动能力和比赛水准，为学生树立榜样，又要适时扮演好不同服务者的角色，以身示范，并不断地鼓舞学生、带动学生，从而提高课外体育质量。总之，体育教师要真正理解"教会、勤练、常赛"的内涵及相互关系，提升课外体育执行能力，为落实"教会、勤练、常赛"的要求奠定基础。

（二）有助于全方位培养学生的体育与健康核心素养

体育与健康课程的教学内容和教学时间均具有一定的局限性，体育教师仅仅依靠短短的 40 分钟课时难以达成全面培养学生运动能力、健康行为和体育品德 3 个方面核心素养的目标。课外体育作为学校体育的重要组成部分，能够弥补课堂教学的不足，帮助实现促进学生核心素养全面发展的目标。

运动能力是指学生参与体育运动过程中的综合表现。目前，我国体育教学内容倡导从"单一技术导向"向"结构化知识和技能导向"转变，也就是由以往只重视每节课进行单一技术的教学变成基本技术与组合技术教学、比赛或展示相结合的教学。但单纯依靠体育课短短 40 分钟是难以达成促进学生核心素养全面发展的目标的，通过充分利用课外体育时间可以促进学生运动能力发展和运动技能巩固。

健康行为是增进身心健康和积极适应外部环境的综合表现，包括体育锻炼习惯、环境适应等。俱乐部和社团活动可以为学生提供归属感，并减少一些学生所经历的孤独感。在这些活动中建立的友谊以及在整个学校中更广泛地建立的友谊为学生提供了社会支持网络，从而有助于提高他们的适应能力。此外，课外体育活动内容具有多样化特征，不受课程标准的限制。学生可以自发地游戏，选择自己喜欢的运动项目并开展比赛。

体育品德是指在体育运动中应当遵守的社会行为规范、体育伦理以及形成的价值追求和精神风貌。在课外体育活动中体育教师较少参与和指导，学生只有不断通过个体与个体、个体与群体、群体与群体间的运动和交往，才能在锻炼中改造身心、完善自我。例如，学生个体间的交往可以发展学生的语言理解和表达能力；学生个体与群体之间的交往能够形成正确的个体和集体观念。此外，学生还可以在不断的失败与成功的经历中锻炼自己的心理承受能力等。同时，通过体育竞赛也能够培养学生遵守规则、尊重裁判、尊重对手、公平竞争等体育精神以及责任意识、正确胜负观等体育品格。

因此，体育教师通过提高课外体育执行能力，实施高质量课外体育活动，有助于全方位培养学生的体育与健康核心素养。

（三）有助于体育教师拓宽视野、拓展价值

几十年来，体育教师的主要任务一直都是如何上好一节体育课，而课外体育从提出以来一直都是课堂体育教学的延伸，这种思想观念根深蒂固地印在体育教师以及学校领导的心中。近几年来，由于种种原因，国家出台了多个政策，明确了课外体育的重要性，提高了课外体育在学校体育中的地位，但想在短时间内去全面落实也存在很大难度。为此，体育教师应努力接受新理念、新思想的熏陶，将课外体育作为自身所应当承担的义务和责任，紧跟时代发展。实际上，未来的学校体育教学改革首先要实现的就是组织全员参与的体育竞赛活动，所以新时代的体育教师应深入贯彻课程理念，拓宽视野，推动学校体育改革。换言之，体育教师除了要巩固自己的专业教学能力之外，还要提高课外体育执行能力，如活动或比赛的编排、组织、策划、协调、沟通、管理、评价能力。这些是提高课外体育执行能力的重要因素，体育教师应完善自己在这些方面的能力。因此，要推动学校体育教师队伍建设行动计划的落实，实现学校体育高质量发展，体育教师就要想方设法提升自己的综合能力，努力在课外体育中发挥自己的价值，提高自身的竞争力并紧跟时代发展。

三、体育教师课外体育执行能力的具体构成

（一）设计和实施课外体育活动的能力

1. 课外体育活动工作计划的制订

第一，全校性课外体育活动计划。全校性课外体育活动计划一般是由体育

教研室或体育教研组在总结学年或学期经验，广泛听取各方面意见的基础上制订，报学校主管领导批准后执行，一般为各年级的多位体育教师共同执行。全校性课外体育活动计划可以学年或学期为单位，其主要内容有：课外体育活动的指导思想与目标；早操、课间操、大课间活动的内容及组织措施；年级活动、班级活动和体育俱乐部的工作安排；体质健康的测试安排；学生体育干部的培训；宣传教育、检查批评的落实等。

第二，年级课外体育活动计划。年级课外体育活动计划通常适合规模较大、学生较多的学校，一般由体育教研室或体育教研组负责整个年级体育工作的教师去执行，年级主任或体育教研组组长协助完成。计划的主要依据是学校课外体育活动计划以及本年级学生身心发展特点、运动水平等，关键是细化学校课外体育活动计划，并安排适合本年级学生特点的课外体育活动。

第三，班级课外体育活动计划。班级课外体育活动计划是落实每天1小时体育锻炼的重要保证，是为落实全校性课外体育活动计划或年级课外体育活动计划而制订的具体实施方案，通常由体育教师进行指导，在征求全班同学的意见后制订并实施。其主要内容有班级课外体育活动的目标、内容和形式，活动小组的划分，检查评比方法等。活动的时间、场地、器材等一般需按学校的总体安排落实。

第四，小团体活动计划和个人活动计划。由于小团体活动和个人活动相对自由度大，不容易规范管理，计划性也相对较差，尤其是时聚时散的小团体在很大程度上比较随意。一般来说，体育教师可以通过指导、咨询、协调等形式介入其中：尽可能做到有求必应、有叫必到，并鼓励、启发学生有计划地锻炼，持之以恒。对学生个人的活动，体育教师则可以耐心引导，启发学生根据班级课外体育活动计划，结合学生个人的实际，有针对性地做出计划安排。此类计划的内容可包括个人锻炼的目标、时间、场地、内容、方式以及测评方法。

2. 课外体育活动的实施

体育教师在执行课外体育活动之前，首先要确立制度和工作规范，根据全校性课外体育活动计划，确定好活动的时间、地点、人员、要求、各部门（人员）的职责以及评价机制等。其中最主要的部分是各部门（人员）的职责和评价机制。体育教师职责主要包括以下几方面：负责活动场地布置，安排各班在指定的位置活动；负责检查学生携带体育活动器材的情况，如果是学校提供的则要按时发出与收回；负责活动场地以及全体学生的运动安全；巡视各班活动情况，对学生的运动项目给予指导和帮助，力争动作规范与完整；激发学生的运动兴趣，提高学生的运动质量等。同时，体育教师还要确定好各相关部门的职责，其他部门的职责主要是协助体育教师。其他部门的职责可包括：督促和提醒学生按时参加体育课外活动；对学生进行安全教育，保证学生有序参加，预防安全事故的发生；配合体育教师对学生的运动项目进行指导和帮助，保证活动质量；和学生一起参与活动，在活动中积极起模范带头作用，做学生的表率；对班级表现好的学生要及时给予鼓励和表扬，通过创新管理办法，努力形成良好的班级锻炼氛围等。评价机制可包括：对各班活动情况进行检查与评价，对班级参与人数、班级有无追逐打闹、学生活动目标、运动强度、运动密度进行打分等。在活动方案落实过程中，每位体育教师应各司其职、各尽其能。体育教研组组长起着统领全局的作用，各体育教师主要承担指导、沟通、协调和组织的工作，必要时也可以邀请班主任等教师参与其中，着重组织、引导和监督学生主动参与活动。综上所述，由于课外体育活动具有多种活动形式，每个形式的计划的制订也有所差异，体育教师应根据不同的活动形式设计和实施具有针对性的活动方案，以满足学生活动需要。

（二）设计和开展课外运动训练的能力

1.运动队的组建

组建运动队是体育教师设计和开展课外运动训练的前提，也是首要任务。首先，在确定运动项目时，优先考虑的是学校体育活动基础和体育传统，次要考虑的是场地器材和生源情况，还要考虑体育教师的专长以及知识储备。其次，在运动员选拔时，不能盲目进行，可以参照竞技体育运动员选材的步骤展开，即根据运动项目的特点和要求对部分在校学生进行各种能力的科学测试，并经过一段时间的考察，挑选出各方面均适合从事某一运动项目的人才。在进行课外体育活动时，虽然大部分体育教师主要凭借经验挑选出具有运动天赋的学生，但往往具有一定的局限性，因此，还是要通过指标测试（如身体形态、生理机能、身体素质等）进行挑选。

2. 运动训练计划的制订

运动训练计划包括年度训练计划、阶段训练计划、周训练计划和课时训练计划等。年度训练计划是根据学校学年教学周期安排的训练计划，一般分为秋季、冬季、春季和夏季 4 个阶段。在秋季阶段，大部分体育教师利用这段时间重点发展学生的身体素质，进行技术教学与训练，改进技术上存在的不足，测验身体素质、技术、心理和生理方面的各项指标。在冬季阶段，需要适当减少技术训练，增加身体训练，进一步发展与全面提高身体素质和专项身体素质，发展一般耐力和专项耐力，并巩固专项技术，测验身体素质和技术训练的各项指标。在春季阶段，主要是系统地提高训练的强度和密度，适当增加技术训练，提高技术水平，继续提高身体素质，参加校内外的各种比赛。在夏季阶段，要继续加强身体训练，不断提高训练的强度和密度，加强技术训练，积极参加各种比赛，提高身体素质和技术、战术水平以及各项心理与生理指标。

阶段训练计划是根据年度训练计划中所规定的各阶段的任务、内容、要求和训练次数等制订，阶段训练计划的内容比年度训练计划更具体，分为基础训练阶段计划、准备比赛阶段计划、比赛阶段计划、恢复阶段计划和临时性短期集训计划等。体育教师应从学生的具体情况出发，明确阶段训练的时间和安排，以及阶段训练的重点内容、解决的难点问题等。

周训练计划是根据阶段训练计划，并结合课余体育训练实际制订的一个星期的训练安排。由于中小学生正处于身体发育时期，所以体育教师要安排好周训练时间，训练次数应控制在 3 次左右，每次训练时间以 1.5 小时左右为宜。

课时训练计划是最基础的训练计划，体育教师可根据天气、学生的身心状态等进行一次针对性的训练安排。

3. 运动训练的开展与评价

首先，体育教师要进行学校课余运动训练的内容安排，包括身体训练、技术训练、心理训练、战术训练和品德作风训练等。每种训练的目的不同，所采用的训练方法也有所区别，如身体训练多采用重复训练法、循环训练法、变换训练法，技术训练多采用竞赛训练法等。其次，学校课余训练效果主要从身体、技战术、运动成绩、运动员输送率几个方面进行评价。身体训练水平评价的内容一般包括身体形态、生理机能和身体素质等，其中，身体形态常用指标有身高、体重、胸围等。技战术训练水平的评价最好是使运动员处在最高负荷比赛的环境中进行，以保证技战术水平的充分展示，为评价提供可靠、有效的依据。运动成绩的取得建立在日常科学训练的基础上，所以，体育教师对于学生运动员个人或是整个运动队运动成绩的评价，可主要参照参加各类比赛所取得的运动成绩。运动员输送率的评价也应该成为评价学校课余体育运动训练效果的重要指标，因为学校课余体育运动训练的最终目的是为高一级体育运动训练组织（队）输送优秀的体育苗子，这也是检验体育教师训练效果的重要依据。

（三）指导课外运动竞赛的能力

1. 课外运动竞赛组织形式

课外运动竞赛是指体育教师充分利用课余时间，组织学生以争取优胜为目的，以运动项目、游戏活动、身体练习为内容，根据正规的、简化的或自定的规则所进行的个人或集体的体力、技艺、智力和心理的相互比赛。一般来说，课外运动竞赛的组织形式分为学校运动会、单项运动竞赛、单项娱乐性（趣味性、健身性）竞赛、季节性单项竞赛、体育节和校际间交流竞赛等。体育教师在指导运动竞赛时应根据不同的组织形式做好本职工作。如校运会的组织，由于规模较大、组织工作复杂，一般是由多个相关部门共同负责，体育教师作为主要执行者负责竞赛秩序册编制、竞赛组织与安排、裁判组织与安排、竞赛成绩记录与统计及审查，解决竞赛中出现的业务问题。单项竞赛的组织，如篮球赛、排球赛等，一般是由体育教师直接负责分工、执行，班主任、年级组其他教师主要起到辅助作用。体育节不仅涉及体育运动实践，还会涉及体育文化知识，规模与层次各不相同，体育教师应根据体育节的内容特点，协同校团委、学生会、政教处等部门共同组织实施。

2. 课外运动竞赛的实施

课外运动竞赛计划一般包括年度体育竞赛日程计划和竞赛规程。制订年度体育竞赛日程计划之前，体育教师应做好充足准备，包括本学年的竞赛项目、竞赛时间、竞赛地点、参赛单位和主办单位等。计划制订时应根据本校工作计划的安排和实际情况，同时也要考虑上级有关部门的竞赛安排和要求，与相关部门协商后形成文件，然后呈报校长，经审批后方可实施。同样，体育教师在制定竞赛规程时应包含以下内容：竞赛名称、目的、任务和要求、时间地点、参赛单位和人数、竞赛项目和表演项目、竞赛方法、报名方法、注意事项等。另外，整个竞赛规程应保证明确可行、内容清晰明了，并且尽可能有利于更多的学生参与，尤其是在比赛内容、参加人数、比赛方法上应着眼于广大学生，鼓励更多的学生参与竞赛，真正发挥学校运动竞赛在课外体育中的积极作用。在方法运用上，如竞赛的方法，体育教师可以采用淘汰法、顺序法、循环法、轮换法等。评定成绩与名次的方法：体育教师评定个人成绩和名次时，可根据客观标准评定（如田径、跳绳等），也可根据条件和动作质量评定（如广播操、武术等），还可根据战胜对手或特定因素评定（如乒乓球、排球等）。体育教师在评定团队成绩和名次时，有以下几种方式：按照参赛者所得分数的总和评定；按规定参加人数所得名次的总和评定；按参赛者的平均成绩评定；按达到规定的标准人数评定等。

（四）组织和开展课外体育社团活动的能力

体育社团活动是近些年来出现的课外体育活动组织形式。由于体育社团活动项目多，器材的购买和保养，需要较多的经费拨款支撑，所以在大学阶段开展居多，但目前在中小学开展课外体育社团活动的也越来越多。一般而言，学生可根据自己的兴趣爱好自由地参加体育社团活动，参加符合自己兴趣和特长的体育锻炼活动。俱乐部活动计划由专门责任人根据学校体育工作的总体规划和课外体育活动计划设置目标、任务、运营方式、人员安排、经费预算等，还包括经费的筹措、场地器材设备等的合理配置。体育教师作为体育社团的主要组织者和执行者，任务是将专门责任人制订的活动计划、内容等整体框架落实到位并付诸实施。所以，在学校开展体育社团活动对体育教师提出了以下要求：必须有强烈的事业心和无私敬业精神；要刻苦钻研组织方法，全面发展专长，保证体育社团的开展质量。此外，考核与评价也是体育教师组织和开展社团活动的重要内容。为了能使锻炼与练习过程紧紧围绕学生课外体育活动目标运作，体育教师需要改变主要考核学生掌握运动技术水平和运动成绩的方式，应加大对学生体育娱乐性方面内容的关注，同时也要能够反映出学生练习时量的改变与质的提高。

第二节 体育教师课外体育执行能力的培养

作为一种重要的体育教师核心素养，体育教师目前的课外体育执行能力还存在一些问题，还需要在对现实状况进行反思的基础上，更好地提出提升课外体育执行能力的培养策略。

一、体育教师课外体育执行能力的现状反思

（一）在思想上对课外体育工作认识不到位

体育教师对待学校体育工作主要表现出 3 种行为：一是高涨的热情；二是反对的行为；三是徘徊、观望的行为。这 3 种行为都受不同思想观念的影响。体育教师对执行课外体育工作的消极行为的产生，主要影响因素是自身思想认识不到位。多年来，体育教师一直习惯按照体育教学大纲规定的项目进行教学和考核，而忽视了课外体育活动的重要价值，也缺乏执行课外体育的能力。因此，当国家、地方、学校高度重视课外体育工作，拟进一步提升其在学校体育中的地位时，就需要体育教师承担执行课外体育工作任务的职责。但是，由于传统思想根深蒂固，大多数体育教师不会把其当作一种责任，而是当作一种负

担，从思想上不太认同，甚至个别体育教师持反对和徘徊、观望的态度，在开展课外体育工作时采取敷衍的工作态度。因此，体育教师的思想认识是影响其课外体育执行能力的关键因素，如果缺乏积极、正确地对待课外体育的思想和态度，课外体育执行能力也不会提升。

（二）对国家相关政策的执行不到位

课外体育政策是国家推动中小学开展课外体育活动的重要手段，但不容忽视的是，在一些课外体育工作重要问题上，虽然国家多次强调，但问题始终存在。政策实施往往涉及教育、体育、财政等多个部门，如果不同部门在实施过程中各自为政，缺乏有效的协调、合作，政策目标就难以实现。因此，《中共中央　国务院关于加强青少年体育增强青少年体质的意见》明确提出："建立在党委和政府领导下，教育、体育、卫生部门和共青团组织等共同参加的联席会议制度，统筹协调解决青少年体育工作中的重要问题。"然而大量研究表明，虽然政策涉及不同部门的协同，但各部门之间的合作却十分困难。另外，由于学校体育资源的受限、区域差异和社会基础等各种因素的影响，不少学校在课外体育政策执行中浅表化，形式主义的不良倾向也时有发生。诚然，上述这些政策执行不到位的现象是多方面原因造成的，但体育教师作为课外体育政策执行的主体，在大环境不良的情况下，也没有积极发挥自身的主观能动性，而是常以大环境不良为理由或借口，将课外体育相关政策的执行置身事外。

（三）体育教师课外体育执行意识不强

体育教师课外体育执行意识不强是主要影响因素，即从事该项工作的主观意愿不强。在没有经济基础支持的情况下，大部分体育教师都不希望自己成为课外体育活动的领导者。目前，大部分学校认为体育教师最基本的工作任务就是上好一堂体育课，这种观念比较传统，并且已延续许多年。久而久之，体育教师的工作思维也潜移默化地受到学校的影响，想要短时间改变这种现状非常困难，如果突然将课外体育活动的任务交给体育教师完成，这对体育教师来说无疑是一种负担，体育教师执行课外体育工作时可能会缺乏激情，甚至心生抱怨。课外体育是改善学生体质健康的一种有效手段，如何提升体育教师的执行意识非常重要，学校可以调查体育教师对课外体育实施的意愿和态度，在此基础上采取激励措施，如增加绩效奖励、减轻教学工作量等来让体育教师承担课外体育相关责任。

（四）传统思维与封闭性降低了课外体育的实施质量

首先，内容陈旧，形式单一，缺乏创新。课外体育活动内容的安排与设置在不同的学校有不同的特点。一般来说，城市中小学比农村中小学好，高等院校比普通中小学好。但是，这些学校普遍体现出内容陈旧化、形式单一化的现状。其次，出于安全防护、纪律维持等多方面原因，目前很多学校的课外体育活动一直存在着封闭性，即主要在校园内开展课外体育工作，而很少考虑和校外各类教育基地、社区等联系起来开展活动，这样就降低了课外体育工作的质量。课外体育活动作为校园文化的重要组成部分，必须在正确的原则指导下，加强开放性。传统的学校课外体育活动还远远没有超越校园时空的限制，走出学校，走进社区、走进家庭、走进大自然。换言之，社区体育、家庭体育和户外锻炼也应成为现代学校体育的扩展和延续，成为学校课外体育的重要组成形式，从而为开展课外体育创造广阔天地。

二、体育教师课外体育执行能力的培养策略

（一）国家层面

1. 强化对体育教师课外体育执行能力的培训

从当前我国体育教师的职前培养来看，主要注重体育教师教学能力的提升，虽然也有和课外体育活动相关的课程，但以了解为主，因而在课外体育执行能力方面较为欠缺。因此，国家应明确要求在职后培训中强化对体育教师课外执行能力的培训。

一名优秀的课外体育执行者应该具备以下能力，即卓越的领导和协调能力；发掘运动潜力能力；掌握公共卫生知识，能够在活动中熟练应用新方法、

新技术；能够向管理人员、家长、青年和社区宣传体育活动的重要性；能够确定活动目标和选择最佳的组织形式；能够选择有效的活动方法；能够与学生以及其他参与者（如家长、课外组织机构等）进行富有成效的活动；具备协调、组织、指导学生活动的能力；能在互动中实施创造性的方案、策略以及具备反思调整自己活动的能力。因此，在开展体育教师课外体育执行能力培训时，应该尽量覆盖以上能力要素。

在培训的方式方法方面，应着眼于强化体育教师的实践能力。比如，针对运用现代教学技术（如运动训练、相关体育联赛、运动竞赛等），可邀请有经验的课外教育机构的专家参与实践培训的督导工作，可在部门研讨会和展览中展示培训成果；实践内容包括教学技能、活动方案的策划、器材的布置以及人员的组织和安排、课外体育活动理论与方法、课余训练理论与方法等。

2.健全体育教师课外体育执行能力制度保障体系

（1）建立政策反馈机制

政府应建立不同形式的针对学校课外体育活动的专项明察或暗访机制，以及制定相应的奖惩制度；通过政府相关部门的定期教育联席会议，总结各校的课外体育活动情况，参照奖惩条例严格奖惩，并向各校公布结果。在政策落实的过程中，地方教育行政主管部门应明确责任，合理调配学校体育教师、指导课外体育执行工作、统筹教育经费、管理学校教育工作，对学校的课外体育工作进行监督，实行问责制。因此，地方政府要清楚地认识到课外体育工作是学校教育工作中的一部分，不能将课外体育置于边缘地位，要把它当作是促进教育质量提升的重要手段，对课外体育工作的成绩要进行评估，加强对学校课外体育活动的监督，将评估的结果与体育教师的个人利益直接挂钩，对学校的课外体育工作全程监督、严格问责。对于在学校工作中不能有效贯彻落实课外体育工作的单位要进行相应惩罚、追究责任，如发现侵占学校体育活动时间和场地的行为，要对校长进行政纪责罚。

（2）健全法治保障体系

首先，为了更好地开展学校课外体育活动，必须完善法治保障体系，从法律的角度进行规范。国家要加强体育法律、法规的建设，针对学校课外体育活动出台相关的法律、法规，如针对学校体育场地被侵占问题出台相关规定予以约束；学校要做好《体育法》以及与体育相关的行政法规落实的保障。其次，加强学校体育法律、法规的可操作性，提高法律、法规的执行能力。各级各类部门应层层细化，上下对应，责任明晰。同时，应加强监督，做到有法可依、有法必依、违法必究。严格杜绝随意侵占、挪用学生体育活动设施、场地、经费、时间等行为。

（3）加强课外体育领域的研究

目前，我国对学校体育课程领域的相关研究颇多，但对课外体育方面的研究关注相对较少，大部分研究主要集中在学生参与课外体育的现状调查以及影响因素层面，有深度的研究有待加强。因此，未来应加强课外体育领域的研究，为提升体育教师课外体育执行能力奠定理论依据。比如，国家可以设立相关的课题项目、组织专题研讨会等，内容涉及教师能力，课外体育执行策略、政策，健康促进与体育活动，优秀实践成果的分享等，以推动课外体育高质量发展。

（二）学校层面

1.学会自力更生，积极开发和有效利用体育物质资源

首先，学校要鼓励体育教师树立正确的课外体育质量观、执行观和教学资源观。比如，很多学校出于对体育场馆建设不易的爱惜心理，把物质资源都"保护"起来，只有在上级检查工作或者举行大型体育活动时才使用，导致学校有体育场馆，但体育教师平时在执行课外体育时没有场地资源可用的怪现象出现。因此，学校应改变这种做法，树立正确的教学资源观，给予体育教师充足的课外体育执行平台。同时，学校还要鼓励体育教师积极开发和有效利用课外体育资源，总结经验，举办正式的或非正式的经验交流会，增强开发利用课外体育资源的意识和能力。

其次，鼓励体育教师通过发挥体育器材和设施的多种功能、制作简易器材、改造体育场地和器材等手段加强体育物质资源开发工作。比如，自制体育器材就是目前解决部分学校体育器材不足的重要途径。体育教师应根据本学校的实际情况，发扬自力更生、艰苦奋斗的精神，根据国家或地方制定的场地、器材、设备配备标准，自制相应的体育器材设备，特别要注意制作与乡土教材配套的器材。如可利用废报纸制作成篮球、排球、足球等球类器材，利用废弃瓶子制成保龄球，利用废弃自行车轮胎制成皮筋，利用竹、木棒制成接力棒、体操棒、跳高竿子等。体育教师自制体育器材应注意安全性和趣味性。又如，农村学校可充分利用自然地理资源来弥补体育场地匮乏的问题。农村中小学的周边一般有森林、山地、田野、沟渠、江河、沙滩等。各学校可利用当地不同的地理环境开展不同类型的课外体育，如爬山、越野跑、野外生存训练等，这更有益于学生环境适应能力、野外生存能力的提高以及体育兴趣和习惯的培养。不过，此类的体育场地设施及体育器材的开发与有效利用也应遵循安全、适用、经济和高效的原则。

2. 构建伙伴关系，提高课外体育活动社会人员参与度

为了更好地实施课外体育活动，地方、学校层面应努力构建伙伴关系，提高课外体育活动社会人员参与度，实现课外体育活动质量的提高。例如，学校可邀请地方体育协会、体育俱乐部、体育培训机构等共同组织活动，实现参与主体的多元化。另外，对于如何构建伙伴关系，学校也可以组织体育教师讨论相应策略，包括如何与课外组织机构、体育培训机构合作，如何与当地的体育企业建立合作关系，如何让当地的公司或企业对课外体育活动进行资助。此外，学校应多引导家长参与课外体育活动，充分发挥家长的特长。总之，在强调校内课外体育活动的同时，探索学校、社区、体育社会组织联动的模式及长效机制，应成为课外体育改革的重要方向。

3. 强化师资配置，提高体育教师执行课外体育活动能力

目前，我国体育教师总体处于结构性缺编较为严重的状态，在体育课堂教学都无法保证的情况下，课外体育活动开展的师资力量匮乏成为常见现象。基于我国中小学体育教师队伍的现状，特别是中西部地区县、镇以下学校的农村体育教师队伍现状，要采取切实可行的措施，分类推进，加大体育教师补充的力度，实施兼职体育教师培训和补贴制度，建立校外青少年体育活动辅导员制度，积极鼓励社会体育指导员、优秀退役运动员从事校内外青少年体育活动指导工作。同时，也可以将课外体育执行能力纳入学校体育工作评估体系，与职称评价标准、绩效考核标准挂钩，以提高体育教师执行课外体育的主动性和积极性。同时，加强体育教师课外体育执行的相关培训工作，着重培养其设计和创新能力，全面提高体育教师实施课外体育活动的能力，确保学生每天锻炼 1 小时。

4. 分清责任主体，切实落实课外体育活动的政策

教育、体育行政部门和社会组织应根据责任主体，将我国学校课外体育活动有关政策落实到位。各级教育行政部门主要负责校内课外体育活动的开展，确保行政管理到位、条件保障有力、评价监督有效、运行机制畅通；各级体育行政部门主要负责校外青少年体育活动的场地器材等条件保障，尤其是加大青少年体育俱乐部的建设和政府购买的力度，创新校外青少年体育活动管理模式，开展丰富多彩的校外体育竞赛；各类社会组织，如中国学生体育联合会、中国体育科学学会等，应根据相关政策，调整协会职能，加强对青少年课外体育活动的研究，加大社会组织的供给力度，吸引广大青少年参加课外体育活动；学校是校内课外体育活动的责任主体，校长是所在学校课外体育活动的第一责任人，要确保学生课外体育活动的具体落实。同时，学校和当地政府也应做好联动工作。学校要对课外体育活动的开展情况进行定期的自查，并且将开展的实际情况记录在案，上报到教育行政部门。政府相关部门则应建立多维监督体系，对不同的教育行政部门进行分工，发挥他们整体的监督力量，形成全方位的监督，根据课外体育活动实施情况进行奖励和惩罚，在多层面努力将国家相关政策落到实处。

（三）教师层面

1. 聚焦"教会、勤练、常赛"，丰富课外体育活动形式

第一，聚焦"教会"。"教会"通常被理解为初步建立技术动作概念，做出技术动作和战术组合。由于体育课的时间有限，体育教师通过充分利用课外体育活动时间，采用多种组织形式，让学生在体验乐趣的同时，通过大量时间反复练习运动技术，巩固自身动作技术，发展专项运动技能，为后期运动技能的形成打下坚实基础。

第二，聚焦"勤练"。"勤练"可以理解为熟悉、改进和提高所学运动项目，形成技能、发展体能。学生在初步学会技术动作和技战术组合后，就需要大量时间进行技能磨合，此时学生已经能够熟练做出单个技术，但在多个技术串联上还存在不足，不能熟练地将技战术运用在实战中。因此，该阶段的任务是以练习为主，提高学生运动技能的连贯性和运用的熟练性。体育教师在设计练习内容时，首先应与体育课中所学的内容保持一致，通过练习帮助学生在熟练的过程中提高质量，最终保证能够实现多个运动技能连贯性。其次，组织方式可采用小组形式，因为小组练习具有整体性，又比集体练习更方便管理，还有利于形成小组成员相互竞争的局面，提高学生的竞争意识和自觉性。另外，小组练习模式便于体育教师进行指导，能够清楚地知晓每个学生的不足之处和差异性，有利于针对性地完善技能。

第三，聚焦"常赛"。"常赛"是要帮助学生将形成的运动技能熟练地运用到课内外各类比赛中，尤其是在课外比赛中，这是检验练习成果的重要方式。课外体育可为学生提供充足的比赛时间，一方面，体育教师应做到比赛内容与"教会""勤练"的教学内容相一致，真正落实"学、练、评"一致性；另一方面，应该保证每个学生都有参与比赛的机会，因为在学校竞赛过程中，以往总是运动技术好的学生上场，而运动技术差的学生往往会被忽视，所以在课外体育活动中体育教师要保证每个学生都有机会参与比赛，这也是帮助弱势学生熟练掌握运动技能的有效途径。体育教师既可以采用联赛方式，也可以采用班级对抗比赛方式，还可以打通班级组建若干队伍进行对抗赛等，这既能满足每个学生参与比赛的需要，又能提高学生的好胜心。

2. 掌握必要能力，推动课外体育活动顺利开展

（1）树立正确观念，积极主动开展课外体育活动

体育教师开展课外体育活动的前提是要真正明确课外体育活动的概念、目的、意义，并树立正确的价值观念，正确认识学生全面健康发展与课外体育活动的关系。课外体育活动是在体育课以外的时间运用各种身体练习和多种组

织形式，结合自然能力和卫生保健措施，以增强学生体质、提高运动技术水平、丰富课余文化生活、养成良好生活习惯为目的的一种有组织有计划的体育活动。它对巩固和提高学生课内所学的体育知识和技能，提升学生运动能力和对体育知识的运用能力等具有重要意义。因此，要想顺利达成立德树人根本任务，就必须要把体育课与课外体育活动紧密结合起来，正确认识课外体育活动在学校体育中的重要地位。

此外，体育教师推动课外体育活动开展的另一个关键点在于具备"推销"课外体育活动的能力，让家长、学生了解课外体育锻炼、运动训练、运动竞赛和体育社团，让他们认识到课外体育活动不仅能够促进学生的身心发展，也能够促进学生的学业成功。从公共健康的角度来看，体育教师可以通过问卷、讲座等形式向学生、学校工作人员、家长或社区人员宣传课外体育活动，让他们了解体育促进健康的作用不仅仅是在体育课上。体育教师还可以在学校和社区的帮助下寻求更多机会在校内外开展课外体育活动，也可以邀请学生和家长参与和体验课外体育活动。学校也要定期为体育教师提供探索课外体育活动实施策略的机会，以期为体育教师顺利推动课外体育活动的开展做好准备。在宣传过程中，体育教师可以采用制作宣传册、小视频、微信公众号等方式，以此加强与学生和家长的沟通。

（2）强化相关能力，确保课外体育活动能正常进行

由于场地、环境不同，开展的目的不同，体育教师所选择的体育活动也不尽相同，高质量的课外体育活动要求体育教师能够设计和指导各种体育活动，以满足每位学生的运动需求。如在进行课余活动时，目的主要是促进学生的运动参与；进行运动训练时，目的是提高学生的身体素质，发展竞技水平；进行运动竞赛时，目的是培养学生的竞争意识、好胜心以及运动技能的应用能力；进行体育社团活动时，目的是让学生感受体育的娱乐性。体育教师应具备满足不同课外体育形式所需要的专业能力，如科学指导运动训练的能力、全面指导多种运动项目的能力、创新体育游戏的能力等，从而保证每种形式的课外体育活动能够顺利进行。

除了必备的指导能力外，体育教师应具备一定的领导能力、语言表达能

力，应该尽可能利用多种体育活动时间，如课间休息、午餐期间的临时活动等，并能够将体育活动与社区、相关利益者合作，为学生提供更多活动机会。此外，沟通、协调能力也是必不可少的基本技能。体育教师需要在活动管理者、家长、社区以及组织人员的支持下，为课外体育活动的有效执行提供支持环境，这就需要体育教师能够建立和保持有效的、值得信任的工作团队，能够协调不同资源之间的联系和合作，如校外体育场馆、社区、体育俱乐部等。在体育活动开展中应具备化解各部门合作可能发生冲突的能力，例如，一些活动管理者对体育教师提出的执行计划存在异议，家长可能担心孩子的安全和学习成绩受到影响等。

（3）运用现代技术，提高课外体育活动开展质量

体育与信息技术融合是体育教师专业发展的大趋势，不仅仅在体育教学中运用信息技术，体育教师也要考虑在课外体育中应用信息技术。课外体育活动运用信息技术，有助于对学生的运动能力进行评估，改善活动质量，提高学习动机，促进学生参与。技术应用可帮助体育教师开展体育活动，帮助学生转变传统学习方式等，体育教师也要明确如何使用技术设备、哪些地方适合使用技术设备等。

体育教师可以参加各类信息技术培训，也可以通过网站、App、公众号、名师讲堂、名师网络课堂等网络资源自学，以此来提升专业素养，了解课外体育活动的组织方法、指导方法、管理技巧。体育教师作为体育活动的执行者，也可以利用这些平台来推广学校的体育活动项目，通过与教师、家长以及校外体育组织的合作来传播学校体育活动，在网络平台分享运动成绩，也可以收集各方的意见和建议，从而扩大课外体育活动的影响力。在活动执行过程中，教师可以采用高清大屏展示活动内容，可以借助"互联网"应用平台以及运动手环等辅助工具，对每一位学生的运动负荷进行评估，也可以借助一些有关运动的 App 帮助学生建立自己的运动"朋友圈"。在自主运动过程中，学生可以与同伴共同运动，而体育教师则可以通过移动终端进行检查和指导，这样可极大程度地提高体育教师课外体育的执行能力。

（4）创建竞赛平台，强化课外体育活动开展质量

"教会、勤练、常赛"是近年来学校体育倡导的先进理念，每位学生都应

积极参与学校体育竞赛。参加竞赛有助于提升学生的整体运动水平。因此，课外体育活动通过"以赛带练，练赛结合"的方式，对复习、巩固与深化课堂教学效果起到关键作用，同时也能提高学生的合作能力，发展学生的好胜心和竞争意识。

首先，体育教师可以通过体育赛事周来营造氛围，制定教学比赛与考试相结合的办法，通过比赛带动训练，通过训练提高技能；每学期初公布田径室内赛，武术教学赛，足球、篮球、排球比赛，体操表演赛等赛事计划；完善各形式运动竞赛机制，以田径、足球、篮球、排球、武术、体操等为重点项目，充分发挥竞赛的牵引作用，提高运动技术和实战能力。其次，通过多种形式，大力培养学生的竞赛能力、训练能力、创新能力、管理能力等。最后，通过青少年体育俱乐部、夏令营和冬令营等活动，强化竞赛组织和训练指导能力，提高活动质量。

3. 丰富活动内容，提高课外体育活动娱乐性

学校设置的课外体育活动的内容必须具备灵活性、开放性和兴趣性的特点。灵活性是指课外体育活动的内容可以不拘一格，丰富多彩，形式活泼，讲求实效；开放性是指课外体育活动要不受场地设施等的限制，使课外体育活动的内容和形式更接近生活；兴趣性是指课外体育活动的内容、形式应是学生所喜闻乐见的，富有吸引力的，能引起他们浓厚的兴趣。例如，学校可以根据多数学生的兴趣和爱好、身体素质水平，场地设施及学校自然环境，开发和设立一些本地传统运动项目，并以这些传统运动项目为纽带，带动学校课外体育活动，形成校内外联动的新型课外体育运动氛围。

同时，学校还可以设立一些丰富多彩的智力游戏型竞赛，尽量发挥每个学生自身的特长，做到人人参与，人人都能享受胜利的喜悦。体育教师也可以针对学校规定的所有学生必须参加的体育活动，精心设计内容，改进活动形式，可以利用一个或多个学习日开展的主题性体育社团活动、运动会、体育节或体育周等，营造浓厚的节日氛围。比如，可从比赛的"参与面"和"知识面"改变形式，既要设置一定的竞技体育项目比赛，以适应学生的爱好与特长的发展，也要设置一些大众化体育比赛项目，充分保证更多的学生参与。在组织此

类活动时，学校还可以将竞赛、讲座、表演、游戏等结合起来，有效地激发学生参与的兴趣，调动其主动性和积极性。这对增强学生的体育意识、提高体育素养、提高活动娱乐性具有重要作用。

4. 做好充足准备，充分落实课外体育活动实施计划

第一，体育教师应该对学生每周参与课外体育的频次提出明确要求，同时邀请家长或其他人员对学生参与情况进行监督，并及时知晓学生的参与情况。第二，在活动落实过程中，体育教师应该考虑以下问题：学校是否有足够的设施、父母是否支持学生、学生是否有时间/技能/信心参加、体育教师是否探索过在社区进行校外体育活动的机会、学生是否能获得社区锻炼的机会、体育教师是否具备推进校外体育活动的有效策略、体育教师将如何对学生的体育活动进行评分等。第三，在体育活动选择方面，体育教师应该考虑几个问题：学校是否提供校内机会、学校的设施是否能够满足活动要求、学校周围的社区是否有场地能够进行体育活动。第四，体育教师在执行课外体育过程中，应注意观察学生课外活动参与度，积极评估学生的参与情况。总之，体育教师在执行学校体育课外活动前要做好充足准备，尽可能给予学生充分的选择自主权，体现课外体育对学生个性发展的价值。

第十二章

体育教师教研能力

　　教研能力是体育教师核心素养的有机构成部分，属于体育教师关键能力的拓展层面[1]，有助于推进学校体育发展、体育课程改革和体育教师个人能力提升。体育教师教研能力要求教师明确"培养什么人""如何培养人"的根本问题，在此基础上进行课题申报、教研论文撰写、教学技巧钻研等研究活动。当前，我国在教研的政策支持、体系设置和动机激励方面还存在一些问题，未来需要从国家、地方、学校和教师这 4 个层面入手，有效地培养体育教师教研能力。

第一节　体育教师教研能力的内涵

　　体育教师从事教研工作既可以提升自身的专业水平，又能促进积累的实践经验向理论体系转化，具有很好的实际价值。当前，在我国体育新课改纵深推进的背景下，新思想、新理念和新方法不断出现，这就需要体育教师不断地开展教研工作，为改进教育教学提供科学依据。本节将从体育教师教研能力的提

[1] 尹志华，付凌一，孙铭珠，等.体育教师发展核心素养的结构探索：基于扎根理论的质性研究 [J]. 体育学刊，2022，29（4）：104–111.

出缘由、价值定位和具体构成 3 个方面进行阐述。

一、体育教师教研能力的提出缘由

（一）新时代对于"教师即研究者"的新要求

自 20 世纪 60 年代起，"教师作为研究者"（Teacher as Researcher）的理念在全世界教育改革中逐渐兴起，也影响了我国的课程改革实践。自 20 世纪 80 年代"教师即研究者"的理念传入我国以来，经过 30 多年的倡导，培养"研究型教师"的学校改革项目在全国各地如火如荼地展开，科研室等部门在中小学比比皆是，申请课题、发表论文的一线教师不在少数，"教师研究"的理念对于我国绝大多数中小学教师已经不再陌生[1]，研究型教师也成为新时代教师发展的新要求。体育教师的教学研究主要面向与教学相关的人、事、物，为了提升教育质量，满足新时代的教育发展需求，体育教师对于教学的研究必须做到有目的、有意义。在新时代，为了落实中共中央、国务院的要求，全面深化新时代教师队伍建设改革，就必须要建设高质量的中小学教师队伍，在努力打造高素质、专业化教师队伍的同时还要依托现有资源，并结合各地的实际状况，有机地整合培训、教研和科研部门的资源，最终逐步健全县级教师发展和培训机构。新时代的教育教学应当努力实现信息化、研究化和专业化，这需要新时代的体育教师队伍满足综合素质高、专业化水平强并且创新能力大幅提升的要求。对于体育教师个体而言，应当做到重视并实际参与教学研究工作，为建设优秀的新时代体育教师队伍贡献自身力量。

在传统的教学模式中，部分教师忽视了学生独立思考的能力，在教学活动中仅凭借已有的教学经验，机械地传播固定的知识。对于学生而言，缺少对所学知识的反思和理解，限制了学生的批判思维和创新能力；对于教师而言，缺少对教学活动的反思和改进，限制了教师教学研究能力的发展，导致教师的

---

[1] 李琼，周敬天 . 教师如何理解研究：来自教育实践者的声音 [J]. 教育科学研究，2022（8）：85–92.

教学内容和教学思维难以满足新时代的发展需求；对于社会而言，相对固化的教学内容和教学思维导致人才培养受到局限，影响了社会的创新氛围与创新能力，最终限制了国家的创新发展。教师需要考虑让教学更加符合学生的实际情况，通过教学研究寻找更加合适的教学内容和教学方法，以适应国家政策和时代发展的需求。除此以外，教师还需要在教学过程中不断地落实教学研究工作，通过研究过程不断提升专业能力，改进教育教学实践，力争落实立德树人根本任务，努力培养出适应时代发展的创新型人才。因此，教研能力是新时代体育教师的必备素养，在教师成为研究者的过程中发挥着至关重要的作用。

（二）课程改革要求体育教师具备扎实的教研能力

在知识经济时代，社会对于个体的核心素养的要求在发生改变，知识的灵活运用能力显得愈加重要，因此教师的角色也在悄然发生变化。课程改革的有效实施首先要求教师能够转变观念，并且改变传统的教学模式，引导学生学会灵活地运用所学知识。这就要求教师要改变消极的知识传播者角色，通过教研活动转变教学内容和教学方法，塑造积极主动的教育者和研究者形象，有效改进教学质量。近年来，教育部发布的各类教育文件对于课程改革新时代教师的教研能力提出了明确要求，这为教师的专业成长提供了保障。早在2012年，教育部就在《中学教师专业标准（试行）》文件中指出，教师要在教学过程中主动关注教育教学信息，对教育教学工作进行探索和研究，通过研究和反思的方式改进教育教学工作。《义务教育体育与健康课程标准（2022年版）》在"教学研究与教师培训"部分，提出体育教师应树立"教学即研究"的课程意识，重视总结教学实践中的成功经验和存在问题，努力提高教研能力和水平并且促进自身的专业发展。

由此可见，课程改革的实施正在不断要求体育教师转变教学理念，关注学生的实际学习成果。过去"考什么，教什么"的做法已经不能满足知识经济时代的要求，这在与新课改的立场背道而驰的同时，也不能为学生树立正确的学习观和价值观。当前体育教师的教研能力良莠不齐，学校和教育行政主管部门对教学研究重视程度不够，在一定程度上阻碍了课程改革的深入推进。教育行政主管部门、学校和教师都应重视体育教师教学研究以及教研能力的提升，在此基础上深刻理解新课改对教育教学的新要求，推动体育教师教研能力发展，为深化课程改革做出贡献。

（三）体育教师专业发展对于教研能力的必然要求

中国特色社会主义进入了新时代，我国社会的主要矛盾已经从人民日益增长的物质文化需要与落后的社会生产之间的矛盾转变为人民日益增长的美好生活需要和不平衡不充分的发展之间的矛盾，这也意味着当前社会对于人才的需求以及人民对于教育的期待更为迫切。面对新的社会矛盾和全新的发展需求，教师必须提升专业化水平和创新性能力，切实提高自身的教学研究能力。体育教学工作有别于文化课教学，因为学生的体育学习情境非常复杂，这就要求体育教师能够对教学进行有效研究，以科学的方法破解教学难题。体育教学研究与体育科学研究的密切结合，不仅能够使教学工作表现出旺盛的生命力，又能够促进体育教师专业成长，因此教学研究是促进体育教师专业发展的重要途径。当前已有的教育教学理论可以在一定程度上指导教学实践，但是现有理论不一定适用于所有的教学情境，这就要求体育教师要能够在教学工作中发现实际问题，并且思考有效的解决办法。例如，当体育教师发现学生在体育课中的练习兴趣有待提高，就需结合具体问题，有效地运用教育理论，反思问题发生的原因并改进教学方法，从而提升课堂学习效果。

作为一名教育工作者，教学研究是教师的必备功力。对于普通教师而言，教学研究可以促进教学观念的更新，使教学实践得以改进。对于学校而言，教学研究可以促进教师间的交流与合作，长期下来能够在学校形成良好的研究氛围，提升教学质量。对于国家而言，新时代需要培养领军型和骨干型的体育教师，体育学科地位的提升也必须要有一批名师作为引领。而领军型、骨干型体育教师或体育名师都需要具备很强的教研能力，只有对教学有了深入研究，才能够提升自己的能力，指导所在的团队。由此可见，体育教师的教研能力不仅影响了教育教学质量，也与教师团队的整体素质密切相关，并且决定了体育教师专业发展高度。因此，体育教师要重视教研能力的提升，不仅为教研团队的成长贡献力量，也为自身专业发展奠定基础。

（四）通过体育与健康课程培养学生创新能力的现实需求

教育是一个国家提升国际竞争力的基础性和先导性工作。为了适应世界教育的改革趋势，提升我国教育的国际竞争力，落实立德树人根本任务，教育部在 2016 年发布的《中国学生发展核心素养》将"实践创新"作为学生发展核心素养的要素之一。其中明确提出学生应当具备改进和创新劳动方式、提高劳动效率的意识，学生要善于应对复杂环境，能够发现和提出问题并且制定合理的解决方案[1]。不难看出，新时代对于学生培养提出了新要求，创新意识和能力是学生适应现代社会生活的重要组成部分。

学生的创新意识和创新能力并非自然形成，而是需要各个学科的教师进行有针对性的培养，体育教师也需要通过体育教学做出相应贡献。对于学生的新要求也意味着教育方式的转变，这对体育教师而言也是新的挑战。如果要培养具备创新意识和创新能力的学生，体育教师首先要具备相应的意识，其次要具备很强的教研能力。因此，体育教师需要转变仅传递知识的教书匠角色，通过有效的教研活动改进教学内容与教学方法，提升教学效果。总体而言，体育教师的教研能力在很大程度上影响着体育课程的质量，对于学生创新能力的培养也有着深刻影响。而体育课程中涉及的学习情境丰富，再加上新时代对体育与健康跨学科主题学习的高度重视，体育课堂就成为了发展学生创新能力的良好载体。因此，体育教师发展教研能力，设计合理的教学情境与方法，对于培养学生的创新能力显得尤为重要。

二、体育教师教研能力的价值定位

（一）优化教研工作体系

2019 年 6 月，中共中央、国务院印发的《中共中央 国务院关于深化教育

---

[1] 林崇德. 构建中国化的学生发展核心素养 [J]. 北京师范大学学报（社会科学版），2017（1）：66-73.

教学改革全面提高义务教育质量的意见》中明确指出，应当充分发挥教研的支撑作用，提高教育质量，以达到深化关键领域改革的目的。该文件的颁布充分体现了国家层面对于教研工作的重视，也充分展现了教研工作在整个教育事业中的重要地位。不仅如此，该意见的颁布还提高了教研工作在广大基层教师心中的地位，对于推动教研工作的进步，实现教育事业的创新发展具有重要作用。2019 年 11 月，教育部又印发了《教育部关于加强和改进新时代基础教育教研工作的意见》，提出："教研工作是保障基础教育质量的重要支撑。长期以来，教研工作在推进课程改革、指导教学实践、促进教师发展、服务教育决策等方面，发挥了十分重要的作用。进入新时代，面对发展素质教育、全面提高基础教育质量的新形势新任务新要求，教研工作还存在机构体系不完善、教研队伍不健全、教研方式不科学、条件保障不到位等问题，急需加以解决。"这不仅将教师教研的重要性提上了重要位置，也为完善教研工作体系提供了方向。

通过梳理国家层面以及相关部门颁布的教育文件，可以看出国家一直在密切关注教研工作的质量，多次提出加强教研工作的要求，并且正在通过各类文件的颁布来完善顶层设计，力求提升教师的教研水平。近年来，体育学科的地位得到了有效提升，体育教研也成为教研体系的重要组成部分，对于整体的教育质量以及学生核心素养的发展有着深远影响。体育教师应当意识到体育学科正在面临前所未有的机遇，深入进行教学研究，提升教研工作质量，不仅可以提升体育学科的整体水平，更重要的是能够在体育领域落实国家有关教研工作的重要精神，促进各学科教研工作的平衡发展，从而实现优化教研工作体系的目标。

（二）深化体育教学改革

教育科学研究对教育改革与发展具有重要的支撑、驱动和引领作用。新时代深化体育教学改革的关键就在于教学，而提升体育教学质量、增强教学实效性就必然要以教学研究为支撑，具体实施路径就在于不断完善体育教师的教研能力。长期以来，体育教师在教学研究过程中已经培养了一定的教研能力，有力地推动了体育教学改革与发展。但随着实践的深入，体育教学改革亟须回应"怎样培养人"和"培养什么人"的时代课题，教学改革的实施过程中也面临着更加复杂的现实问题，传统的教学方法已经逐渐无法满足现实的需要。

身处信息化时代，面对人工智能的兴起和大数据的广泛应用，体育教学实践正在发生深刻变化，而教研能力对于教学改革尤为关键：一方面，提升教研能力有助于更新体育教学方法，提高体育教学质量，回应体育教学改革的新要求；另一方面，提升教研能力有助于进一步提高体育教师核心素养，为体育教学改革提供重要人力资源，因此提升体育教师教研能力是深化体育教学改革的关键。

（三）提升体育教师队伍建设质量

2019 年 2 月，中共中央、国务院印发了《中国教育现代化 2035》，提出的推进教育现代化的十大战略目标中，包含要建设高素质、专业化、创新型教师队伍。从教师层面来说，教师队伍的教研能力在一定程度上决定了教师队伍的建设质量，想要实现教育现代化必须推动教师终身学习，加强教学研究，推动教师专业发展；从学校层面来说，学校对于教师发展的重视程度不仅影响着教师个体的专业发展，还决定着整体的教育质量，因此学校需要重视教学研究氛围，健全教师评价制度，完善教师教研能力发展的保障制度。

新时代的中国更加注重教育的现代化发展，以及教育质量的切实提高。当前，我国正在从体育大国迈向体育强国，这需要高质量的体育教师队伍作为支持，切实提高学校体育质量。体育教研能力作为学校体育质量的决定因素之一，对体育教师和学生都产生着深刻的影响：从体育教师的角度来看，发展教研能力有助于拓展教学思维、改进教学方法，更好地把握学生的发展特点，提升教学效率。从学生的角度来看，体育教师的教研能力提升有助于学生对其产生信任，在课堂中全身心投入学练，从而提升体育学习效果。总体而言，个体由于日常的身体活动水平有别，在体育学习能力上会表现出一定的差异性，这些特点决定了体育教师必须具备一定的探究能力，从而发现学生存在的现实问题，并在此基础上进行扎实的体育教研活动。体育教师不能只是运动知识和运动技能的传授者，更要成为学生持续参与身体活动的引导者。如果想胜任体育教师这份工作，发挥育人价值，就必须具备广阔的视野、合理的知识结构、高质量的教学过程和高超的育人本领[1]。为此，提升体育教师的教研能力就显得尤为重要，这有助于改进体育教育教学工作，提升体育教师队伍的建设质量。

（四）解决体育教育中的一些"卡脖子"问题

对于绝大部分体育教师而言，其从事课堂教学和课外体育等工作主要是为了完成基本任务，大多处于"日复一日"的重复性劳动之中。但是，学校体育看似简单，却随着新时代的发展而不断面临着新问题，甚至有些新问题对于体育教师而言是"卡脖子"的问题。如果所有的体育教师都不进行教研工作，那么这些问题将无法解决，也就无法提升体育教学质量。因此，体育教师必须要转变观念，提升体育教研能力，并勇于解决这些"卡脖子"的问题。

比如，核心素养导向的体育课程改革对体育教师的课堂教学提出了很多新任务。针对课堂教学中信息技术的应用，课程标准要求将多媒体、电子白板、智能手机、运动手表、心率监测仪、计步器、加速度计等信息技术手段深度融入体育课程教学之中。针对这些新的信息技术，如果体育教师不熟悉信息技术，不以课堂教学为载体开展教学研究，就很难将课程标准的精神予以落实，也就无法跟上信息时代的教学要求。又如，课程标准提出要开展体育大单元教学，这与传统的单元教学的差异较大。如果体育教师不开展教研，不理解大单元与传统单元的区别，不知道体育大单元教学如何设计等问题，就会导致在单元教学时"穿新鞋走老路"，进而导致体育大单元教学无法有效实施，这对于指向核心素养培养的体育课堂教学而言就是典型的"卡脖子"问题。因此，推进体育教研工作有利于体育教师解决课堂教学中可能面临的关键问题。

---

[1] 刘义兵，汪安冉 . 乡村教师队伍建设高质量发展：逻辑理路、体系契机与发展路向——基于"输入—输出"一体化视角 [J]. 现代教育管理，2022（4）：73–82.

三、体育教师教研能力的具体构成

（一）掌握体育教研方法

1. 掌握体育教研活动的程序与方法

当前体力活动的减少也为全世界带来了新的健康挑战，世界上大部分国家和地区的人正在经历着身体活动水平的下降，身体健康问题愈加突出。而体育在应对健康危机中扮演着重要的角色，体育教师作为体育一线工作者，对体育教育有着关键性影响，对应对健康危机有至关重要的作用。开展体育教研是提升教师自身核心素养的重要途径，也是提升体育教学质量的关键步骤，因此掌握体育教研活动的程序与方法就显得至关重要，也是实施体育教研活动的重要保证。

体育教师在课堂教学中会遇到颇多的问题，但是有先进的教研观念指导，体育教师就会自发地审视那些原先被认为是合理的教学过程，才会发现问题、主动探索，最后解决问题。掌握体育教研活动的程序与方法可以看作是体育教师的隐形财富，帮助体育教师实现教学水平的提升。对于体育学科而言，一个完整、有效的教研活动大致包含了 5 个程序，分别为准备、分析、实践、提高和总结。在准备阶段：主要依靠体育教师个体学习来钻研教材教法。体育教师要仔细研读课程标准以及教师参考用书等相关材料，结合教学实践提出自己的疑问并有所思考，以便于保证后续集体研讨的质量。在分析阶段：主要是通过集体交流来整合优质资源。体育教师可采用"说课"等形式简洁地陈述自己的观点，并且在集体间进行交流与分析，体育教师要善于吸收来自他人的有效经验，做到扬长避短。在实践阶段：体育教师要将吸收到的经验融汇到体育课堂教学中，持续改进教学设计。在这个阶段，体育教师要关注学生的学习反馈，调整课堂教学策略以保证实效性。在提高阶段：主要依靠集体来实施交流和诊断。体育教师需要各自陈述教学反馈，而其他体育教师应当结合教学实践，进行集中研讨并解决问题、达成共识。在总结阶段：体育教师要有效整合、撰写学习材料，并且反思所学内容，争取获得进一步提升[1]。上述体育教研活动的

---

[1] 袁志欢.关注实际操作过程，实现有效体育教研 [J].中国学校体育，2010（4）：71–72.

程序中包含了教师自我学习、集体研讨、跟踪看课、集中评课等多种体育教研方法。体育教学的情境生动活泼，体育教研的方法也丰富多样，体育教师要知晓并掌握体育教研活动的程序与方法，有效改进体育课堂教学的效果。

2. 掌握常用的体育科研方法与手段

掌握体育科研方法是开展教研活动的重要步骤。对于体育教师而言，最常用的科研方法主要有 4 种，分别是文献法、观察法、调查法和实验法。

文献法可以帮助体育教师在确定教学研究问题后，收集和整理已有研究中的资料。对于体育教研活动而言，体育教师在遇到教学问题后可以查阅文献，从他人对教学问题的观点和解决措施中提取有价值的信息。处于信息时代，体育课程的教学目标和内容正在不断地发生变化，体育教师也要考虑不断地更新自身的知识结构，增强体育教学的时效性和全面性。当体育教师在开展教学研究的过程中遇到问题时，查阅和整理文献并提取有价值的观点就显得尤为重要。但是文献资料的分布范围较广并且良莠不齐，体育教师要学会对书籍、期刊和多媒体上的资料进行整理归纳，在有限的时间内提取关键的信息和方法，提升教研活动的效率。

观察法能够帮助研究者有目的、有计划地对客观事物或者社会现象进行感知，从而获取经验事实。观察法的基本程序包括制定观察方案、做好观察准备、实施观察、记录观察事项以及整理观察材料。当体育教师发现体育教学中的实际问题后，便可以设计观察方案并用于教学研究，为教研活动提供有用的材料。

调查法是教育科研的一种基本方法，主要包含问卷调查、专家调查和访谈 3 种基本手段。调查者以正确的理论和思想作为指导，运用上述 3 种手段可以有效了解和收集各方面材料，用于推进教学研究、指导教育实践。调查法的操作相对容易，并且有多种可能的方法和途径。例如问卷调查有利于在短时间内调查多名对象，获取大量的资料并且方便量化处理，能够有效提升教研活动的质量。

实验法是指研究者按照预定目的，充分控制实验环境，创设一定的实验条件，探究自变量和因变量之间因果关系的一种研究方法。体育教师采用实验法进行教学研究有助于准确解释教学措施和教学效果之间的因果关系，便于排除干扰，帮助体育教师探究教学现象背后的本质。此外，还有一些新的研究方法如文献计量分析、定性资料分析等，体育教师也可适当了解。总体而言，规范掌握常用的体育科研方法有助于发现教学问题、改善教学方法和总结教学经验，为教学研究提供重要支撑。

（二）研究体育教研问题

1. 主动发现教研工作中存在的问题

"批判式阅读""批判式教学"等教育思维炙手可热，说明社会大众已经逐渐发现，批判和思考是社会取得进步的重要源泉。敢于否定权威、勇于批判自我，反思已有的教学方法和教学手段，探索司空见惯的现象背后的问题，正是有了这些颠覆性的行为才能成就一批优秀的研究型教师。当前，许多体育教师仍缺乏反思的意识和习惯，并且将上完预定的体育与健康课程视为完成了教学任务，这样的观点已经远远落后于现代教学的发展。一名合格的体育教师需要不断地提升自己的教学效果，因此教学任务的结束恰恰是教学研究的开始。许多体育教师感到幸福、快乐，并且感到工作充满了新奇感和创造性，重要原因就在于他们总是从教学研究的角度看待教学工作问题。若是体育教师缺乏反思的意识，或者是疲于思考教研的问题，便会阻碍自身教研能力的提升。

发现教研工作问题是指体育教师从教研活动中发现教师的教学、学生的学习以及相应教学实施中存在问题的能力，能够具体反映体育教师的观察能力和反思质疑能力。结合当前体育教学的现状，仍有许多问题需要体育教师进一步发现和解决，例如在教师的教学方面，需要关注体育教师是否由于担心安全问题从而减少了学生的学练机会，以降低受伤的风险；需要关注体育教师是否只关注单个技术动作的学练，使学生不能完整地掌握一项运动技能；还需要关注体育教师是否忽视了体育展示和比赛的作用，降低了学生的技能运用水平。在学生学习方面，既要思考如何提高学生的学习动机，提高学习效率；又要促进学生对动作的思考，提高运动技术水平；还要鼓励学生参与各项运动，提升动作技能的运用水平。在教学实施方面，需要思考体育教学实施是否结合了信息技术发展的新形势，需要思考教学实施是否关注了学生思考问题的方式，还要思考教学实施是否结合了国际前沿的研究成果。体育教师要留心观察教学现象，反思自身的教学策略，质疑教学方法和教学结果，才能有效地发现教研活动存在的问题，进而引发思考，最终解决问题。体育学科具有学习情境复杂多变的特点，是培养学生发展核心素养的重要渠道，因此体育教师要提升自己的教研问题发现能力，从而有助于开展教学研究，提升教学水平。

2. 主动尝试体育科学研究

体育科学研究的形式多种多样，对于体育教师而言，开展体育科学研究主要有两条路径，分别是主动尝试申请体育科研课题和主动尝试撰写体育科研论文。

首先，申请体育科研课题反映了体育教师进行科学研究的综合能力。从决定申报体育科研课题开始，大致要经历制定研究方案、课题立项申报、研究具体实施这 3 个阶段。在制定研究方案阶段，体育教师需要根据实际面临的体育教育教学问题，确定研究主题并制订合理的研究计划。这一阶段不仅要分解研究目标，并提出合理的研究预设；也要根据体育教学特点选择合适的研究方法，明确研究思路；还要确定课题组的研究成员，并进行合理分工。在课题立项申报阶段，体育教师可以提前加入课题申报的群体，根据往年的通知提前了解项目信息。当正式通知发布之后要尽快确定申报的课题级别，并且及时提交课题申报材料。在研究具体实施阶段，教师需要根据预定计划，做好资料的收集和分析，按照相应的时间节点完成中期检查评估，最终撰写高质量的结题报告并申请结题。总体而言，申请体育科研课题十分考验体育教师的方案设计和理论应用能力，要求体育教师不仅要对教育基础理论知识和原理有所理解，还要正确规范地应用观察、访谈、问卷和实验等常用的研究方法，并且要撰写高质量的研究报告。申请体育科研课题是高效解决教研问题的重要途径，对体育教师来说也是一项具有挑战性的任务。

其次，撰写体育科研论文是提升体育教师科学研究能力的重要途径。体育科研论文常见的类型主要包含 5 种，分别是基础理论型、应用研究型、学术争论型、调查报告型、文献综述型。体育教师需要知晓主要的论文类型，并且积极尝试调查报告型和文献综述型论文的撰写。因为文献综述型论文有助于梳理同领域的研究成果，让体育教师对教学问题有更清晰的认知；调查报告型论文通常需要一手教学数据，体育教师可以发挥在一线教学的优势。在确定研究类型后，体育教师还需要了解论文撰写的主要程序。完整的科研论文写作通常包含确定论文选题、文献检索和阅读、确定研究方法、设计论文框架、解释与论证观点、规范性检查和调整 6 个步骤。体育教师需要结合自身的教学实际，理性地提出问题、分析问题，并且需要遵循以上步骤，以科学严谨的方法解决问题。在形成完整的论文后，体育教师应当积极投稿，这既是对自身研究成果的一种量化形式，又可以引发同行的关注和思考。此外，体育教师还需要将科研论文的成果应用到体育教学实践中，充分发挥科研论文的价值。总之，撰写科研论文不仅有利于提升体育教师的写作水平，还能够有效地深化体育教师的认知，逐渐培养体育教师理性的思维和严密的逻辑，促进体育教师的专业成长。

（三）应用体育教研成果

1. 主动将体育科研成果运用到学校体育中

教研活动主要以解决体育教学实际问题为目标，围绕着"发现问题—分析问题—解决问题"这一主线展开。当前正处于知识经济时代，我国对科研的重视程度和投入日益增加，体育领域也诞生了许多高质量的研究成果，但是其中的许多科研成果仍缺乏高效运用。例如，有研究成果强调体育课上要保证学生达到 75% 左右的运动密度，但仍有部分体育教师过于重视知识讲授而占用了学生练习的时间；有研究成果强调体育教师不应当只关注单个技术的学练，但是仍有部分体育教师忽视体育展示和比赛，降低了学生对运动技能的运用水平。

究其本质，体育科研成果应用于教学实践活动的问题，可以视为教学研究与教学应用的协调问题。一位合格的体育教师应当发掘科学研究成果在教学中的应用价值，并且大力推进科研成果在教学实践活动的应用和转化。科研成果的应用有助于拓展教学深度，提升体育课堂的活力，并且有效回应教学改革的目标[1]。体育教师需要从以下两个方面出发，增强对科研成果的运用。首先，体

---

[1] 朱萍，张立亚，刘德周 . 教研教改成果应用于教学的路径探索 [J]. 中国高等医学教育，2022（2）：65–66.

育教师要加强对前沿研究成果的关注。例如，随着《普通高中体育与健康课程标准（2017年版2020年修订）》和《义务教育体育与健康课程标准（2022年版）》的颁布，体育与健康课程的教学理念、教学目标、教学内容以及教学评价都发生了深刻变化，体育教师要及时关注、学习并深刻领会其中的变化。其次，体育教师要善于将科研成果运用到体育教学实践中。例如，华东师范大学季浏教授团队针对中国学生的体育学习特点开发了中国健康体育课程模式，提出了运动负荷、运动技能和体能练习这3个关键点。体育教师要将这些前沿的研究成果落实到一线课堂中，使学生体育与健康学科核心素养的培育能够切实落地。

2. 主动发挥体育教研成果对重大体育事件的作用

体育对于促进人类健康成长、提升人类生活质量具有至关重要的作用，健身、教育和娱乐也被视为体育的三大本质功能。提升体育教育质量、促进个体运动参与是一件复杂的工作，需要进行深入的研究和探讨。为了更好地发挥体育在人们生活中的重要作用，必须不断地提升体育教研的质量，通过有效的体育教研使复杂的问题得到合理解决。体育教研成果对重大体育事件的作用不容忽视，在学校体育领域，提高体育教研质量有助于引导青少年上好体育课、参与课外体育活动、参加课余体育竞赛。例如，在体育与健康课程方面，优质的体育教研有助于体育教师完善体育教学模式，提升学生的体育课堂学习效果。在课外体育活动方面，教研能够带来活动组织形式的改变，激发学生的兴趣并促进学生参与。在课余体育竞赛方面，教研活动能够推动学校体育赛事改革，保障学生有效参与和公平竞争的机会。总体而言，合理运用体育教研成果有助于推动体育与健康课程改革，促进学生核心素养能力的长效提升。

在信息技术愈加发达的时代，体育教研发展面临着更多挑战。但与此同时，体育教研也获得了更多的发展机会。体育是改进国民健康水平的重要手段，体育教研的作用就在于优化体育活动方法，促进生命质量的提升。在特定时刻，体育教研成果甚至能够起到提高生存能力、促进全民健康的作用[1]。例

---

[1] 尹志华，张古月，孙铭珠.关照健康：重大疫情下体育与健康课程面临的挑战、责任和未来转向[J].体育成人教育学刊，2020，36（2）：20–25.

如，在应对公共健康危机的过程中，针对在线体育课程、居家体育锻炼模式、运动健康促进等现实问题，体育教师积极探索出了很多经验并应用到实践中去，这使得体育教研成果的作用可得到有效发挥。这样不仅可以帮助公众发展体能，排解不良情绪，最终度过健康危机，还能够改变公众对体育教师的偏见。综上所述，未来需要以发展体育教师教研能力为突破口，正视体育教研的重大意义与价值，主动发挥体育教研成果的重要作用。

第二节 体育教师教研能力的培养

对于教研而言，体育教师应该是学生体育学习的研究者，研究的目的是服务于学生的体育学习。在这一过程中，体育教师和学生共同建构课堂教与学的过程，理解学生的生活世界。因此，提升体育教师教研能力有助于改进体育教学的方法与手段，帮助学生实现全面发展。基于此，反思体育教师教研能力的发展现状、提出教研能力发展存在的问题就显得非常关键。在此基础上，还需要明确国家、地方、学校和个人应承担的相应责任，并且提出具有针对性的培养策略。

一、体育教师教研能力的现状反思

（一）引导缺失，缺乏教研政策

当前，体育学科受到的重视程度已经有了显著提升，但是对于体育教学研究的关注仍有待提升，这包含了多方面的因素，例如体育教研政策缺乏、体育教研机制缺失等问题都十分值得重视。只有进一步优化教研政策的问题，并且自上而下做出改变，才可能为提升教师群体的教研能力提供帮助和支持。

近年来的研究表明，我国的体育教研政策还存在以下几个问题：从顶层设计角度来看，全国性的教研制度会影响教研氛围。尽管教育部在 2019 年颁布了专门文件，强调教研工作是保障教育质量的重要支撑，但是该文件对体育教研的针对性有限，体育教研的重要地位还有待明确。当前对于体育教研作用的肯定和经验的宣传仍有不足，对体育教研的发展规划还有待明确，因此难以引导体育教师产生正确的教研观念[1]。从中观的角度来看，当前在省市级层面还缺少地方性体育教研政策，难以对教研政策进行细化落实。当前在地方层面还缺少完善的体育教研支持体系，体育教研机构的行政化倾向严重，因此体育教研会受到行政事务工作的干扰，使教研工作面临很大的挑战[2]。从微观角度来看，学校也缺乏有效的体育教研支持性政策。大部分学校聚焦升学率的提升，仅有的教研政策也主要针对文化学科，很少关注体育学科。如果缺乏规范的教研管理制度，发展教研能力的要求便容易流于形式，这也会挫伤体育教师开展教研活动的积极性。学校层面缺乏详尽、可操作的体育教研管理制度，也成为限制体育教师教研能力发展的主要因素。

（二）认知局限，缺乏教研动机

体育教学研究不仅要带来教学方法与教学手段上的改变，还要引导体育教师进行思想观念的转型。只有思想观念发生了深刻变化，教学实践才会表现出长效性、实质性的转变。目前，体育教研工作大多还停留在方法层面，但是理念和认知层面的反思还需要加强。认知的局限也带来了一定问题，在一定程度上阻碍了体育教研的发展。首先，体育教研系统内部对于教研理念的阐释还存在不足，例如对于"体育教研基本职能""体育教研新兴职能"等理论的提炼还有待加强。缺乏对教研理念的阐释就容易导致体育教学研究偏离方向，使体育教学研究局限于对教学方法或者是运动技术的钻研，反而忽略了课程改革的新要求，也难以适应信息技术的发展趋势。

其次，部分地区教研行政化的思维方式需要转变。在体育教研活动中，部分教研员仍固守传统行政化的思维，将自身的角色定位于行政管理者和教研活

---

[1] 张杨杨 . 唐山市 F 区农村小学教师教研活动现状及对策研究 [D]. 石家庄：河北师范大学，2021.
[2] 韩叙 . 基于校级名师工作室的青年中学化学教师教研能力发展研究 [D]. 武汉：华中师范大学，2021.

动策划者，体育教研工作的层次还停留于帮助体育教师"弥补缺陷"。行政化的教研思维很明显忽视了教研转型的新要求，即使能够指出体育教师在教学工作中的不足，这样的教研活动也必定会呈现出零散、片面的特点。

最后，体育教师对教学研究活动的认知仍有待提高。梳理当前体育教师的教研工作状况，可以发现两个突出特征：一是体育教师通常关注良好的运动技能，但是在体育教研能力方面还存在薄弱之处；二是体育教师由于授课任务繁重容易产生惰性思维。一旦形成了教学习惯，便容易发生教学内容单一、教学方法与教学手段固化，课程创新不足的问题。当前，部分体育教师在教学中还存在技能主导的陈旧观念，在体育教学过程中缺乏创新，也缺乏参与教学研究的主动性。总体而言，教研理念阐释不足、行政化思维僵化以及教研动机不足是教研认知方面的三大障碍，限制了体育教师教研能力的提升。

（三）支持不足，缺乏教研实践

体育教学研究对于体育教师的能力提升具有重要作用，但是体育教师除了上好体育课程之外，可能还要承担课外体育工作，教学研究并非体育教师手上最为迫切的事务，也并非强制性任务。此外，教学研究难以得到即时性回报，体育教研的效果也需要长期才能体现。当前体育教研活动的开展有待加强，相关的保障制度更是不够全面。例如，缺少常规教研活动，缺少对教研能力成效评估，缺少对教研活动的评价监督[1]。如果没有外界的支持或者在教研过程中遇到阻碍，就非常容易影响教研的开展，中断教学研究。

当前存在一些客观的原因影响了教研活动的开展。首先是地方对教研活动缺乏有效的组织。目前各类教研活动缺少稳定的教研经费作为保障，使其开展形式、规模受限。由于体育教师在工作时间内必须每天在岗上课，而且还需要承担课外活动、课余训练、大课间等各类工作，所以教研培训就会存在次数少、周期短、时间安排不合理等问题，进而就会引发教研形式单一等问题，这也导致缺乏

---

[1] 谢晨，尹弘飚. 教师视角下教研工作质量与发展均衡程度的省际比较 [J]. 华东师范大学学报（教育科学版），2021，39（5）：55–67.

高效、规范的教研培训项目。其次是学校缺乏良好的教研氛围。体育教师的行政
管理方式多样，若采用学科组的形式进行管理，那么体育教师在教学之外通常还
要承担校园安全、卫生防疫等行政任务；若是分年级组进行管理，那么强调了体
育教师的群体共性特征，很难针对体育学科的特点开展教研活动，容易造成强化
行政管理、忽视教学研究的现象。如此一来，体育教师便难以随机利用碎片化的
时间对教学理念、教学方法和教学手段展开研讨。最后是体育教师个体缺乏充裕
的教研时间和精力。由于体育工作的身体活动性质，容易耗费更多的体能和精
力，一些年龄偏大的体育教师在课堂上耗费了很多精力，在课外开展教研活动时
就会感到精力不足。若没有项目的引领或其他的支持，这些体育教师很难有时间
和精力进行专门的教研。

（四）协同不畅，缺乏教研交流

体育教研工作是解决教学难点、提高课堂教学质量的重要环节，建立良好
的交流分享机制对于加强教研工作、提高体育教师的教研能力具有重要影响。然
而，目前体育教研系统内部缺少良好的交流与协同，影响了教研经验与教研方法
的深度共享。在横向方面，在不同的地区，承担体育教研职能的机构不尽相同；
在不同的机构，承担相同职责的部门也有所不同。这也导致同级教研机构之间难
以建立协同联动与资源共享机制，优秀的体育教研经验无法大范围推广，相邻的
优质体育资源也无法充分利用。这导致在横向上很难开展跨地域、大规模的教研
经验交流活动，多数教研经验交流仅局限于体育教研组内，限制了体育教师的教
研视野。在纵向方面，各级体育教研机构并非行政隶属，而是业务指导关系。体
育教研机构要受行政部门的领导，因此工作部署基本按照教育行政部门的要求展
开。这也导致体育教研机构的上下级联系较为单一，并且没有深度对接。上述情
况限制了教研信息交流的效率，降低了跨区域协同教研的成效。

目前，体育教学的要求正在发生深刻变化，各地体育教研转型仍处于自
我摸索、自我尝试的阶段，体育教研工作的发展极不平衡。例如，一些地方对
核心素养导向的体育课程改革的理解已经较为深刻，但是有的地方才刚开始摸
索；优秀的教案、示范课等教研成果未能得到及时、充分的传播；体育教研中

的一些普遍性问题也未能得到广泛的研讨。上述情况导致体育教师的交流产生了一系列问题：一方面，不平衡的发展导致教研交流效率不高，且互动交流不足，体育教师缺乏交流分享的积极性。另一方面，教研发展不平衡导致经验交流多流于表面，难以达到共享教研经验的效果。总体而言，当前教研系统内部的沟通交流机制、资源共享机制以及优秀成果的宣传推广机制仍有待完善[1]。

二、体育教师教研能力的培养策略

（一）国家层面

1. 规范体育教研制度，激发体育教师的教研意识

我国的教学管理和质量保障体系在世界范围内都具有特色，教研制度是这一体系的重要组成部分。在体育学科中，体育教研队伍对于体育教师团队质量建设具有重要影响；不仅如此，体育教学研究还是保障国家体育课程政策落地、促进体育教育质量提升的重要方法。因此，在全国性的体育政策文件或者会议中，需要充分肯定教研队伍所发挥的重要作用，强调教研工作取得的巨大成就。在国家层面，需要从以下两个方面规范体育教研的制度：一方面，针对不同地区体育教研机构设置上下错位问题，应当在国家层面出台体育教研机构建设指导意见或者标准。指导意见或标准的出台不仅有助于为体育教研机构的建设和评估提供依据，还有利于明确体育教研工作职责，使体育教研免受无关行政工作的影响，保障体育教研的工作条件。另一方面，各级体育行政部门要将教研工作纳入体育改革发展规划，将教学研究视为提高体育教育质量的重要举措。这意味着在国家层面要定期召开体育教研工作会议，并且实现会议规范化和制度化。各级体育行政部门在体育工作整体布局和规划中，需要强调教研工作的地位，完善教研相关的政策，并且有意识地建立促进教研工作发展的长效机制。

此外，国家还应特别注重从政策层面激发体育教师的教研意识，让体育教

[1] 王艳玲，胡惠闵. 基础教育教研工作转型：理念倡导与实践创新 [J]. 全球教育展望，2019，48（12）：31–41.

师认识到教研工作的重大意义和价值，如可以通过在课题申报、职称评定、教学成果评奖等工作中强化体育教研工作的重要性，从而从外部撬动体育教师的教研意识，进而让体育教师在内心产生教研动机。

2. 完善保障机制，提升体育教师的教研效益

我国的体育教研机构隶属于教育行政部门，虽然是专门性的体育业务工作机构，但教研经费等资源条件以及教师教研工作的开展均处在教育行政部门的管理和领导之下。目前，教研工作中出现的资源保障不到位、教师教研工作时间不足等情况也需要教育行政部门通过优化保障机制来解决。完善的保障机制是教研工作高质量发展的基础，对于体育教研工作而言，需要从舆论和制度两个方面出发，完善教研保障机制。在舆论保障方面，教育行政部门需要在全国性的教研工作会议中宣传体育教研工作中的典型经验，表彰体育教师队伍中的先进做法。这有助于肯定体育教师工作的成效，明确体育教学研究的重要地位，为教研工作的顺利开展提供良好的舆论氛围。在制度保障方面，首先要根据体育教研机构建设指导意见或标准，规范体育教研机构建设并完善教研组织结构，为体育教师的教研工作奠定基础。此外，在建设体育教研机构的基础上，要健全体育教研机构的制度建设，要自上而下明确教学研究工作制度，切实保障体育教师的教研资源。最后，要以文件的形式规范体育教研机构的行为，保证定期组织体育教研交流与培训活动，协调并处理好体育教师教研时间不足等问题。

（二）地方层面

1. 加强体育教师专业引领，调动体育教研资源

地方教研机构要重视体育教研系统内部的交流学习。在地方层面要构建体育交流学习的平台，落实体育交流学习的机制，并且定期开展区域间的交流学习。除此以外，还要及时在机构间分享优秀的教研案例，组织体育教研经验的讨论。具体而言，首先，要建立并维护体育教研交流的平台。例如，各省级体育教研机构要按照规定时间（季度或年度），在全国教研中心网站上提交教研工作进展并分享优秀的教研案例。就目前情况看，体育学科应更加积极，增加交流的频率。各市级体育教研机构也要建立教研交流平台并持续维护，这是提升体育教研工作地位，促进体育教学研究常态化的重要举措[1]。其次，要建立并完善地方体育教研机构的交流机制。除了省级和市级的常规教研工作会议，还需要搭建更加丰富的教研交流以及协同联动机制。例如增加分学段的体育教师教研经验会议，以更好地把握青少年体育学习特点；定期举行体育教师教研典型事迹汇报会议，在建立同行之间相互学习工作机制的同时，也能更好地把握体育教学的特点。最后，要出台行之有效的体育教研激励制度。要评选并宣传优秀的体育教研机构的先进理念，推广优秀的体育教研成果，表彰先进的体育教研团队，使各级体育教师明确教学研究的重要程度，最终促进体育教研系统的整体提升。

2. 开展有效培训，提供教研训练

在地方层面落实体育教师的教研培训同样是一项重要工作。行之有效的教研培训是引导体育教师参与教研，提升其教研能力的重要途径。地方体育教研机构的完善以及教研制度的规范可以看作有效前提，但是体育教学研究是一项复杂工作，涉及对学生情况、课堂教学以及学习效果等要素的深入分析，因此体育教学研究需要有效的方式落实到基层，也要有实际的手段来培养体育教师的教研能力。开展体育教师教研培训是落实教研要求的重要手段，能够将教研思想和教研方法落实到基层。

针对体育教师在岗时间长、教学任务繁重的特点，地方要灵活运用信息技术，有效设计教研培训的形式，通过教研训练来提高体育教师的教研能力。首先，要注意设定合理的教研培训目标，保证教研培训目标的实际化和形式多元化。例如，体育教师的教研成果不仅局限于教学方法或者是教学技巧的提升，还表现在教学思想和教学观念方面的进步，因此设计全面的教研培训目标是有效教研的前提条件。其次，要善于应用信息技术，采用线上线下相结合的形式设计培训方案。在地方层面要依托信息技术建设体育教研信息服务平台，发挥网络平台的优势，将体育教学内容、教研活动、教研要求融入基于教研能力提

[1] 王艳玲，胡惠闵. 从三级到五级：我国基础教育教研制度建设的进展与问题 [J]. 全球教育展望，2020，49（12）：66–77.

升的自主学习系统。但与此同时要保证体育教师的线下学习，细致研究和讨论体育教学过程中的动作示范时机、纠错手段等复杂问题。最后，要重视体育教师的实际参与，要保证体育教师在地方教研员的带领下实际参与教研、感受教研并且取得进步。通过课后反思、课题研究等教研活动，系统地完善教研成果，引导体育教师及时发现教研问题并予以解决。

（三）学校层面

1. 优化体育教研环境，完善校本教研实施

教学研究是学校的重要工作，也是促进体育教师相互交流和开阔眼界的有效途径，更是促进体育教学质量提升的重要手段。学校要营造体育教研工作的环境，搭建良好的校本教研平台，促进体育教学研究的顺利实施。具体而言，首先，学校要尽力创设研究型的校园文化，营造体育教研氛围。研究型校园文化建设是培养创新型和研究型教师的重要举措。体育教师可能会有教研意识相对薄弱的问题，因此学校层面要关注体育教师群体的教研环境。在学校层面可有意识地通过教研系统收集、整合体育教研信息，为体育教师提供体育教学的新动态，在确保教研内容、教学方法时效性的同时，还有利于营造体育教研的氛围。其次，要建立校本教研平台，为教研提供环境。学校需要发挥优秀榜样引导的作用，定期邀请体育教研名师进行专题授课，帮助体育教师提升。与此同时，要有意识地增加校内听课和评课的频率，促进体育教师的相互学习和进步。最后，要通过实际的教学实践推进体育教研的发展。有研究表明，专家讲座和参与式讨论仅是校本教研的知识学习部分，教学观念和行为的转变还需要教学设计的参与[1]，因此在学校层面要重视基于教学设计的课例研究，帮助教师转变教学观念和行为，提高校本教研质量。

2. 明确教研管理制度，激发教师的参与动机

体育教师的主动性研究十分需要支持条件，这对于体育教学研究质量会产

---

[1]　刘良华.课程改革与校本教研的三个方向[J].全球教育展望，2022，51（5）：117-128.

生潜移默化的影响。学校层面的政策保障对于体育教研来说非常重要，例如时间、经费的保障以及鼓励性、支持性政策的制定，都为体育教研的发展提供了良好动力。除此以外，学校还需思考如何优化教研管理制度体系，以保障体育教师参与教学研究的时间和精力，激发体育教师参与教研的自我效能感。总体而言，学校教研管理制度体系包含了"保障制度、评价制度和激励制度"，学校需要从这 3 个方面出发，激发体育教师的教研动机。

首先，要明确体育教研保障制度，这是体育教研活动顺利开展的前提条件。规范的教研保障制度使体育教研工作的开展有章可循，避免因行政事务挤占体育教研时间。其次，要完善教研工作评价制度，这是衡量教研工作成效的有效保证。有效的体育教研评价制度不是单纯考量学生的体育学习成绩，而是对体育教师的教研观念和成效的综合考量，其中体育教师的教研参与和进步情况也是重要的评价依据。最后，要加强体育教研激励制度，这是促进教研长效发展的重要手段。学校可以设立体育教研专项奖励，对于在教学研究中表现出色的个人或团队，要给予不同形式的奖励。例如在教师职称晋升、聘期届满考核、体育教学基本功大赛和优质体育课程的比赛推荐等方面，可以将体育教研活动参与情况纳入考虑范畴，以激发体育教师的教研动机。

（四）教师层面

1. 转变教育观念，强化体育教研意识

当前教育全球化竞争愈发激烈，体育课程改革也进入深水区，这要求体育教师要与时俱进，通过不断学习来完善知识结构，实现自身专业发展。体育教师的教学研究来源于教学，也服务于教学，教学和教研是相互促进、螺旋上升的过程。体育教学既可以是单调的，也可以是充满乐趣的。如果体育教师将体育教学仅仅看作是运动技能的传授，那便会觉得枯燥乏味；但是如果从教学研究的视角去看待体育教学的变化，便会发现体育教学研究的乐趣所在。因此对体育教师来说，转变教研观念，强化体育教研意识显得十分关键。首先，体育教师要树立终身学习的理念。教育处于不断变化和发展的过程中，体育学科已经不仅仅针对身心健康，而是围绕核心素养促进学生全面发展。体育教师也要不断更新自身的教

育观念，满足时代的发展需求。其次，体育教师要明确教学研究的价值。体育教学研究有助于优化体育教师的教学观念和行为，在潜移默化中提升体育教学质量，对体育教师个体的专业发展具有重要推动作用。最后，体育教师要善于通过教研实现职业追求。体育教研的过程中包含了专家讲座、同行交流等具体活动，体育教师要在参与教研过程中确定目标榜样，并且树立积极的职业规划。体育教师要通过不断地学习和研究促进自身发展，并且逐步实现预定规划。

2.注重教研实践，提升教研能力

教学研究不仅有助于教师推动课堂实践中的问题解决，还能够帮助体育教师突破简单的经验积累，养成理论反思的习惯，甚至能够帮助体育教师发展元认知能力，从而完善自身的专业判断，促成专业发展。在新课改的背景下，体育教学研究通常以教师学习或者教师培训的方式展开。在参与培训或者听讲座的过程中，体育教师的主动性学习效果其实不够显著，这就需要体育教师转换自己的角色，由教学研究的旁观者转变为教学研究的参与者。对体育教师而言，体育教学研究提供了学习和进步的机会，体育教师还需要从以下 3 个方面出发，提高自身教研能力。

首先，体育教师要树立明确的教研目标。以目标为导向来参与教研实践，才能引发更多的思考。例如，体育教师在进行课例学习之前，就要明确教研目标是关注和反思体育课中的师生互动方式，这样就会引发教师更加积极地反思，提高体育教研的效果。其次，体育教师要善于交流并合理利用身边的教研资源。在专题培训或者参与式讨论的过程中，体育教师要积极分享自身的课程方案，使参与式讨论收获更好的效果。在个人阅读的过程中，体育教师要合理利用网络资源，积极阅读一些学术期刊，提升自己的教研理解。最后，体育教师要重视教学研究实践行为。专家讲座、参与式讨论可以看作教学研究的理论学习部分，除此以外，体育教师还要主动参与具体的教研工作，促进自己在教研实践中成长。因此，除了知识学习，体育教师还需督促自己按照教研要求设计研究方案，增加自身的教研实践和反思行为，争取获得更大进步。

第十三章

体育教师学习与反思能力

知识经济时代的到来、教师教育政策的推进以及信息共享的时代背景下，学习成为永恒的主题。学习与反思能力作为体育教师核心素养关键能力维度的表现之一，在体育教师的成长与发展中起着重要作用。基于此，本章将对体育教师学习与反思能力的内涵与培养进行论述，从而为理解与发展体育教师学习与反思能力提供理论溯源与方法思路。

第一节 体育教师学习与反思能力的内涵

通过对体育教师学习与反思能力的相关文献进行梳理，结合实地考察发现，尽管当前对体育教师学习与反思能力的关注度较高，但较少有研究有针对性地阐释体育教师学习与反思能力的内涵。因此，本节将在整合教师学习与反思能力相关理论研究的基础上，从体育教师学习与反思能力的提出缘由、价值定位和具体构成3个方面进行阐述。

一、体育教师学习与反思能力的提出缘由

（一）体育教师学习与反思能力提升政策的确立

美国等教育大国率先出台了促进教师学习与反思能力的政策、文件，为本国教师的学习与反思活动提供了方向指引与行动指南。美国高质量教育委员会在 1983 年《国家处在危机之中，教育改革势在必行》的报告中提出：提高基础教育的学术标准，以实施优质教育。随后，《变革师范教育的呼吁》《国家为21 世纪的教师做准备：卡内基报告》《明天的教师：霍姆斯小组报告》等政策文件均直接表明要满足教师学习的需求，提升教师学习的质量。1999 年，八国集团首脑会议上通过的《科隆宪章——终身学习的目的与希望》中更是强调了"教师学习与素质的实质性提升是教育取得成功的重要因素"。随后，不少国家也纷纷提出了教师学习与反思能力提升的相关政策文件。如英国《教学和学习：教师专业发展战略》、瑞典教师教育政策法案、澳大利亚维多利亚州培训部成立教师学习小组等，持续推广促进教师学习与反思能力的相关政策。综上可知，促进教师学习与反思能力相关政策的呼吁早已经是国际趋势，自 20 世纪以来持续内嵌于教师教育的政策之中 [1]。

结合国际趋势，我国对教师学习与反思能力也予以关注，尽管提出教师学习与反思能力发展的政策相对较晚，但发展较为迅速。2012 年，教育部颁布的《小学教师专业标准（试行）》《中学教师专业标准（试行）》，将"勤于学习"作为教师"个人修养与行为"的重要方面。2018 年印发的《教师教育振兴行动计划（2018—2022 年）》，第九条提出建设公益性教师教育在线学习中心，提供教师教育核心课程资源。2020 年，教育部等六部门联合印发《关于加强新时代乡村教师队伍建设的意见》，提出引导各级各类教师形成学习共同体，把教师的持续学习作为教师质量提升的必然要求。对于体育教师，《义务教育体育与健康课程标准（2022 年版）》在"教学研究与教师培训"板块提出要加强体

---

[1]　张敏 . 教师学习的理论与实证研究 [M]. 杭州：浙江大学出版社，2008.

育教师学习，实现自我反思。此外，还在课程内容中创造性地提出了跨学科主题学习[1]，作为课程标准的新增内容，而体育教师若想满足学生跨学科主题学习的需求，自身就需要加强跨学科主题的学习与反思。因此，体育教师需要高度重视学习与反思能力的培养和提升。

（二）体育教师学习与反思实践活动的推进

20 世纪 80 年代，美国掀起了建设教师专业发展学校的热潮，强调教师终身学习者和科学研究者的身份，提出教师是学习者与研究者，应该通过研究的过程而形成学习与反思的习惯。1985 年，由美国教育部教育研究与改进办公室资助，在密歇根州立大学教育学院成立"全国教师教育研究中心"，1991 年该中心更名为"全国教师学习研究中心"（National Center for Research on Teacher Learning，NCRTL），明确提出了要强化对教师学习与反思领域活动的研究；英国进一步提出了更为持续、灵活的教师学习与反思实践计划，不少学校将周末用于教师学习与反思活动，教师之间形成学习与反思的共同体，每个周末围绕一个专题进行持续两天的探讨和交流[2]。此外，日本、新加坡、法国、德国等国家也纷纷开展了不同形式的教师学习与反思活动，尤其是重视不同学段的教师在学习与反思活动中的合作，为教师学习与反思活动提供别致、异质的环境，在学习与反思的形式上融合了观摩反思、课例反思、示范课互评与自评、课后研究活动小组以及暑假团体专题学习活动班等。

我国教师学习与反思行动计划的实施还处于初步发展时期，已经有不少学校开展了教师学习与反思活动。例如，大连市嘉汇中学的教师开展了"宅行动"计划，利用暑假时间学习新的义务教育课程标准，阅读《民主主义与教育》《项目教学》等教育学经典著作，并创设教师读书研讨的在线社区——"嘉之黄金屋"，每天由教师分享学习与反思心得，有效带动全员学习热潮。《义务教育体育与健康课程标准（2022 年版）》颁布后，青岛市李沧区火速开展了课程标

[1] 尹志华，刘皓晖，孙铭珠.核心素养下《义务教育体育与健康课程标准》2022 与 2011 年版比较分析 [J].天津体育学院学报，2022，37（4）：395-402.
[2] 祝怀新.封闭与开放——教师教育政策研究 [M].杭州：浙江教育出版社，2007.

准专题培训活动，采用线下集中培训学习和网络直播培训学习的双重形式；为了响应新冠病毒感染疫情下"停课不停学"的要求，天津市宝坻区体育教师组成了学习与反思行动小组，自编自创出多套适合不同年龄层次的居家健身操，通过社交媒体平台发布教学视频，切实发挥出体育教师学习与反思的重要价值。由此可见，教师学习与反思能力的发展不仅仅停留在政策呼吁上，而且已在相应实践活动中积极推进。

（三）体育教师学习与反思研究主题的兴起

20 世纪 70 年代中期前，教师学习与反思研究主题尚未成为独立的研究专题，而是内嵌在国际教师教育领域的教师认知研究中，教师认知研究涉及教师计划和课堂决策、职前教师与在职教师信息加工对比、教师知识以及教师专业发展阶段研究等 [1]。20 世纪 80 年代末后，教师学习与反思的研究逐渐成为独立研究领域，不少研究者在建构主义思潮的影响下，将建构主义理论引入教师学习与反思的研究中，为大众更深入地理解教师学习与反思能力的发展提供了全新视角。最早开始专门独立探索教师学习与反思领域的学者是索尔蒂斯（Soltis），他提出教师学习与反思的过程是对具体情境（尤其是教学情境）的独特的、个体化的知识建构过程，从建构主义角度解释了教师的学习与反思活动。

随着教师学习与反思研究的持续发展，研究者逐渐认识到客观实证主义研究范式存在诸多不足，而以建构主义为引领的教师学习与反思能力范式得到更多支持。这种研究范式转变的归因来自教师教育固有观念的革新与现有教师学习与反思活动实施效果欠佳的现实状况，此外还有一个更为现实的因素是中小学教育改革的推动。面对以上教师学习与反思研究的转型，教师教育工作者认识到如果教师想要克服以上危机，那么就需要提升个人的学习与反思能力，通过自下而上的方式应对新时代对教师核心素养提出的挑战。然而，针对体育教师，虽然以往也有一些研究关注学习与反思能力，但在教师核心素养大背景下，体育教师学习与反思能力随着时代发生了变化，因而需

[1]　张奎明 . 国外建构主义教师教育改革研究 [J]. 比较教育研究，2007（2）：81–85.

要在研究层面予以更多关注。

二、体育教师学习与反思能力的价值定位

（一）有利于体育教师贯彻终身学习理念

1972 年 5 月，联合国教科文组织在《学会生存——教育世界的今天和明天》中最先明确提出终身教育理念，随后在职教师教育与终身学习理念迅速结合。从国际经验来看，众多学者已将教师学习与反思能力发展作为一种"自为"的专业发展方式，是教师核心素养提升、终身理念贯彻落实的重要元素[1]。

进入 21 世纪，越来越强调教育的重要性和终身学习，终身学习理念成为当前体育教师专业发展的行动指南。例如，体育教师可利用社交媒体主动学习新的体能练习方法、各类运动健康的知识、运动负荷与教学计划设计策略等，从而不断更新自己的知识体系和教育理念。终身学习理念不仅体现在教育理念的变革上，还体现在体育教师职业生涯发展阶段的动态变化上。体育教师在不同的职业生涯阶段面临不同的学习与反思能力情境，包括家庭情况、业余爱好、个性发展以及意外危机等个人环境变化的影响，也受到包括人际信任关系、领导管理方式以及社会期望等多组织环境变化的影响，从而使体育教师学习与反思能力的提升会出现热情成长期、挫折倦怠期、稳定发展期等不同阶段。这就需要体育教师时刻保持终身学习理念，才能理解自身学习与反思能力面临的处境，采取适合自身职业生涯发展阶段的手段。例如，在热情成长期的体育教师热爱教学工作，更愿意学习前沿的教学方式改进教学活动。但该阶段的体育教师学习与反思能力的基础较为薄弱，容易产生浮躁心理，此时体育教师需要认识到学习与反思是贯穿整个职业生涯的活动，从终身学习视角看待当前的学习与反思活动。

总之，在终身学习理念的普及和深化中，当代体育教师教育的改革重点是

---

[1] 孙福海 . 关于教师学习的理论与调查研究 [D]. 广州：华南师范大学，2005.

通过终身学习来持续性地发展教师的核心素养。因此，仅靠职前阶段来发展体育教师核心素养还远远不够，需要将终身学习理念作为体育教师核心素养发展的重要指导思想。基于此，体育教师应该在终身学习的浪潮中迎难而上、脱颖而出。

（二）帮助体育教师成为反思实践者

美国学者凯瑟琳·福斯纳（Catherine Fosner）提出："要想拥有高水平的核心素养，教师应该学会如何在学习与研究教学过程中成为一名发现乐趣的反思实践者。"我国多年的基础教育课程改革将福斯纳的观念融入了体育教师教育发展的现实情境中，要求体育教师在体育教学实践中应用各种知识与经验，通过持续性反思不断修正原有的目的与方法，以契合体育教学情境的变化和具体需求，从而将学到的各种理论知识用于解决各种现实问题。不管是从教师学习与反思的相关研究来看，还是从我国课程改革的总体布局来看，都能感受到教师实践的反思能力是教师核心素养发展的重点[1]。因此，体育教师需要结合已有经验，直面当前体育教学的困境，通过教学日记、同事研讨以及网络研修等方式进行自省，在"理论—实践—反思—理论"的学习与反思闭环中成为反思实践者，从而促进核心素养的整体提升。

体育教师在成为反思实践者的过程中能够获得 3 个方面的益处：第一，有助于体育教师选择和利用适合的体育教学策略。体育教师在课前都需要撰写教案，基于即将面临的体育教学活动，在脑海中形成整体的印象和预设，针对教学重难点、学生学习兴趣等问题选择适合的教学策略。第二，有利于体育教师学会在实践中应用特定的教育理论来分析某个真实问题，并做出独立、客观和理性的个人决策。比如，一些体育教师对课程标准提出的运动负荷等问题有异议，而体育教师如果未进行反思就盲目跟风，则可能会产生负面认知。第三，有利于体育教师在课堂教学中对与道德和伦理或其他与敏感主题相关的问题进行批判与质疑。例如，当男生在运动项目学练赛中占据绝对主导地位时，是否需要为女生提供专门的学练机会？在课堂中为了让特殊学生有机会展示或比赛，是否会浪费其他学生

---

[1]　熊川武.反思性教学 [M].上海：华东师范大学出版社，1999.

的时间？等等。这些问题的解决都需要体育教师时刻进行学习与反思，将批判与质疑的结论应用到教学活动中，从而提升个人核心素养。

（三）有利于体育教师更好地顺应时代发展

当今的时代处于快速发展变化之中，教师教育政策也在逐步完善。第八次基础教育体育课程改革至今已历经 20 多年，每次体育课程改革都对体育教师提出了新的时代要求。以往的体育课程改革注重体育技能的传授而忽视了体育学科整体育人的作用，但近年来的体育课程改革越来越体现出对品格、能力、价值观等方面的重视，这说明不同时代背景下体育教师所需要的核心素养既存在联系，又存在一定的区别。如教育部颁布的《普通高中体育与健康课程标准（2017 年版 2020 年修订）》《中等职业学校体育与健康课程标准（2020 年版）》和《义务教育体育与健康课程标准（2022 年版）》尽管都将体育与健康核心素养划分为运动能力、健康行为和体育品德，但实际上越来越偏向跨学科素养、通用学科核心素养和体育学科核心素养三者的融合。针对这些变化，体育教师需要提升自己的学习与反思能力，从而更加敏锐和直接地捕捉到不同时代背景下对教师自身的要求。

进入 21 世纪，体育教师对新知识、新理念、新技术的学习与反思能力成为专业发展的核心主题。换言之，在新时代，那些简单重复的工作很容易被机器所替代，在体育教学中已经出现了心率带等监控学生运动强度适配性的可穿戴设备，学生对运动技能的学习也可通过线上自媒体平台的自主学习来实现。因此，秉持"教书匠"角色的体育教师将越来越难以立足，体育教师需要为学生提供人工智能所不能替代的部分，即发挥人类特有的学习与反思本领。基于此，体育教师就需要思考新时代学生的体育学习到底需要什么、在线上环境全面开放的背景下能为学生提供何种帮助等问题。体育教师持续地思考并解决面临的新问题，有利于其把握时代转型的机会，使自身的核心素养发展始终能迎合时代需求 [1]。反过来，提升体育教师学习与反思能力，同样也是服务于学生学习与反思能力发展

---

[1] 尹志华，田恒行 . 新时代体育教师应具备的核心素养与提升策略 [J]. 中国学校体育，2020，39（7）：33–36.

的迫切需要，是新时代培养具备核心素养的学生的新要求。

三、体育教师学习与反思能力的具体构成

（一）形成清晰的角色定位，知优劣而后进

体育教师学习与反思能力的发展首先需要对自身有清晰认知，这是因为该能力受到多重因素的影响。体育教师可从以下几个关键因素上思考面临的优势和劣势。

体育教师要客观地看待自身学习与反思能力发展的环境，防止形成盲目发展的信念。体育教师学习与反思的信念包括学习与反思的认同感和效能感。认同感是指体育教师要认识到学习与反思对个人的价值，而效能感是指体育教师认为自身具备能够达成学习与反思效果的能力，即要相信自己有能力将认识到的学习与反思价值转化为现实。比如，有的体育教师具备强烈的学习与反思意愿，然而调查发现学校能提供给体育教师的学习与反思培训活动主要是专家讲座与课题研究。这类活动以理论学习为主，学习内容与体育教师需要面向具体教学实际问题的需求不匹配，甚至部分偏远地区由于经费不足，很少为体育教师提供学习与反思能力发展的载体。若体育教师没有清晰地认识到自身学习与反思能力发展所面临的客观环境，就很容易产生盲目的学习与反思信念，那么在学习与反思能力提升的实践过程中则可能会产生过高期望，进而容易被失败所打击。

体育教师要察觉自身学习与反思能力发展阶段的变化，防止学习与反思目标与主观发展需求的不匹配。学习与反思能力在某种程度上应是一种技能或专长。德雷福斯（Dreyfus）提出的专长发展阶段可分为新手阶段、进阶新手阶段、胜任阶段、业务精干阶段和专家阶段，不同发展阶段下的学习与反思能力存在差异，这意味着体育教师应结合自身情况发展学习与反思能力[1]。根据体育教师学习与反思能力现有状况来看，处于前两个阶段的体育教师较多。在新手阶段，体育教师的学习与反思意愿逐渐形成与发展，学习与反思的路径主要

[1] HANDAL G, LAUVAS P. Promoting reflective teaching: supervision in practice[M]. Milton Knynes, UK: Open University Press, 1987.

依赖体育学术研究或经典名著等理论知识，但表现出缺乏学习与反思的实践经验，缺乏对体育问题情境的洞察力和甄别能力，因此较难将所学到的体育理论知识经反思后在实践活动中应用自如。随着体育教师学习与反思能力的实践经验增多，则进入到进阶新手阶段，大体上懂得利用所学的体育理论和运动技能改善教学活动，但面对复杂的教学情境和差异较大的学生学情时仍力不从心，导致体育教师在具体情境中学习与反思的知觉能力还有待提升，尤其是很难对不同类型的学习与反思问题区别对待，因而在面对复杂问题时会产生挫折感。

最后，体育教师学习与反思的具体内容应根据个人的实际需要而定，切忌盲目模仿。例如，有的体育教师来自田径专项，那么他们可能在跨栏、蹲踞式跳远项目教学中的表现较为突出，但是可能在体操类项目教学上存在困难，那么他们就应当在体操等短板教学项目上多下功夫；有的体育教师热爱体育锻炼，精通各类运动项目，但语言表达能力欠佳，这也容易使得其体育教学活动的成效与预期存在差距，那么这部分体育教师就可以利用课余时间多反思如何提升语言表达能力，如以慕课为依托搜索与沟通技巧相关的优质课程，或多观摩校内优秀语文教师的课堂，并注意在学习后进行反思与总结。可见，体育教师需要充分认识自身的特长与短板，根据现有的学习与反思能力水平，有所侧重地选择适宜的学习与反思的内容与方法。

（二）坚持与时俱进理念，争做新型教师

在终身学习型社会下，教师学习与反思的最终目的应是满足当代学生的需求，那么也就预示着体育教师应当脱离固有的体育理念、教学方法以及现有的技能水平，随着时代进步的方向而积极主动地学习各类前沿的知识、方法与技能。

一是更新前沿的体育知识。体育教师要契合自身所处的基础教育、职业教育以及高等教育等不同阶段，关注实践性知识。尽管运动人体科学知识与教育理论知识等学科知识是客观存在的，但以这些体育知识为基础的实践性知识是动态发展变化的，这就需要体育教师突出个人所处学段的特性，学习与反思不同时代对不同学段体育教师的要求，更新前沿的实践性知识，尤其要以优秀的体育教学案例为学习素材。同时，体育教师还需要提升个人知识更新换代的速度。时代的发展变化使得知识更新速度非常快，一些体育教师所掌握的知识来源于多年前的学习，已经无法跟上时代的步伐。因此，体育教师应结合信息时代的新要求，快速更新自己的通识性知识、专业性知识和教育教学知识等。

二是拓展前沿的学习方法。当代体育教师的学习方法主要包括：第一，合作学习与反思法。合作学习与反思法可以形成中心辐射型、"圆桌型"以及直线型合作。中心辐射型学习与反思方法通常由体育教研员或体育学科专家以及优秀的一线体育教师作为中心发言人，其他体育教师围绕中心发言人提出的主题进行交流研讨，遇到问题则由中心发言人来解答。这样的学习与反思方法在于中心发言人能够对学习与反思的过程进行组织、管理以及监督，防止出现冷场导致学习与反思活动"夭折"和在学习过程中出现混乱等问题，但也需要注意防止出现"权威控制"和话语权过度集中的现象。"圆桌型"学习与反思方法中没有中心发言人，每位体育教师是一个权力中心，因此较容易形成学习与反思的平等、和谐、尊重氛围。直线型学习与反思方法指的是"一对一"的合作学习，在教师"老带新"的体育见习过程中较为常见。第二，自主探究式学习与反思法。它是指体育教师主动地利用一切可利用的学习资源，将学习与反思的过程变成自己的内需，而非受制于外在压迫。第三，在线学习与反思法。社交媒体等平台的兴起为体育教师学习与反思能力的发展提供了海量资源，以国家智慧教育公共服务平台为例，平台基于大数据为不同的体育教师推送个性化的学习资源，体育教师通过个人空间记录学过的内容和学习过程中形成的新认知，这有利于提升体育教师的学习效率。

三是更新体育教学所需的技能。随着时代的变化，师生关系发生了重大变化，学生能通过社交媒体等平台轻而易举地学习相关体育教学内容。如果体育教师不想被时代淘汰，除了要巩固常见技能之外，还应该积极地更新相关技能。比如，更新信息化教学技能与答疑技能。这就需要体育教师拓宽信息面，以及增强书写、口语表达以及进行视频直播等技能。又如，在"双减"背景下，体育家庭作业引起高度重视，相关制度也在逐步建立，而学生面临着自主实施课外运动锻炼的风险，作为培养、教育与监护学生健康成长的体育教师就应加强自救和互救等现代急救技能学习，从而为学生提升急救技能提供指导，为落实体育家庭作业制度提供保障。

（三）主动参与培训活动，积极互动交流

参加各类培训活动是促进体育教师开展学习和反思的重要途径，这有助于体育教师形成学习与反思的习惯，提升学习与反思的能力。体育教师在参与培训活动时应主动探索并积极交流。

一是要理解培训活动的意义。近年来，随着党和国家对教师培训的高度重视，全国各地开展了很多教师培训活动，一些培训活动通过特邀主管领导、体育教研员、特级教师等优秀体育人才，为体育教师学习与反思活动提供了优质的智慧资源与场地资源。此外，很多学校还为体育教师提供了国培研修、观摩考察等不同形式的培训活动，也针对学生营养保健与安全知识、竞赛组织与管理等不同主题进行专题研讨。但是，少数体育教师未真正地把培训活动作为进行学习与反思的机会，而更多的是当成了一种旅游、娱乐的机会，自然就会造成学习与反思培训活动的低效性。因此，体育教师只有认识到培训活动的重要性，才能够抓住每一次进行学习与反思的机会，以此促进自身学习与反思能力的成长。

二是积极参与各种形式的培训活动。参与各种形式的培训活动并不意味着体育教师拘泥于某种形式，而是应根据自身情况选择最适合的培训活动形式。目前有很多公益性的培训活动以教学沙龙、在线研讨、课题组织和读书会等形式出现，为体育教师提供了很好的资源。例如，在教学沙龙中体育教师能够针对一到两个关键的问题畅所欲言，进行头脑风暴式的交流。这种学习与反思形式有助于体育教师形成学习与反思习惯，调动体育教师的学习与反思积极性，激活学习兴趣和思维。总之，体育教师不仅要积极参与学校要求的培训，还要充分利用社会资源参与那些优质的线上公益讲座与培训。

三是积极参与学习与反思互动。参与培训的目的是促进体育教师核心素养的整体提升，而提升的重要依托就是在培训活动中进行的学习与反思，这也意味着体育教师不仅要深度参与培训活动，更重要的是充分利用培训活动中的一切资源促进个人学习与反思能力发展，而积极互动交流就成了必然。例如，体

育教师可以通过网络记录个人在体育教学中的心得体会，在学习社区中进行分享。这样做体育教师一方面能够借鉴他人的经验来改善个人的教学实践，另一方面又能够通过互动交流中他人的评价而清醒地认识自身的不足。

此外，体育是一门涉及教育学、心理学、人体科学、社会学、统计学等多门学科的综合性学科，存在异质性。为了避免参训的体育教师在针对教育理念、教学方法或训练水平等方面的学习与反思活动上低水平重复，应吸纳不同领域的专家参与体育教师共同体建设，如体育教师积极与地方体校的教练员探讨前沿的训练方法和训练理念，或与经验丰富的体育教师或体育教研员探讨如何设计基于核心素养的体育教学计划等。

（四）利用在线学习平台，充分开拓视野

互联网已成为人们获取和传递信息的主要渠道之一，其中的在线学习平台契合了不同类型体育教师的学习需求，为其学习与反思能力的发展提供了全面的素材资源、宽松的学习时间和学习空间。比如，短视频平台为体育教师学习运动技能提供了直观的参考，知识分享平台有利于体育教师深化理论学习、了解行业动态等。总之，在线学习平台满足了不同类型体育教师进行多元学习与反思的目的，因而成为其学习与反思能力发展的重要载体。

一是体育教师要认识到在线学习平台的价值。在线学习平台为体育教师学习与反思提供了优质的体育资源和前沿的教学素材，将不同类型体育教师的教研需求进行了整合与优化，为学习与反思活动提供了便利，也方便体育教师根据不同的学习与反思能力水平基础查询与检索资料，同时体育教师还能够将在线学习平台作为自身反思的工具。现在很多在线学习平台能为体育教师推送个性化学习资源，体育教师登录与应用在线学习平台的次数与频率越高，该平台所推送的学习资源就越精准，其学习与反思的效率就更高。以上说明在线学习平台能够为体育教师提供便捷高效的学习与反思机会，因此体育教师应正确认识在线学习的价值，抓住时代机遇积极进行在线学习。

二是体育教师要主动应用各类在线学习平台。体育教师应能够正确选择适合自身的在线学习平台，如专门负责解答基础专业知识的 App、体育教师互联网教学与学习平台等。社交软件专业交流群、在线名师工作坊和体育教师网络联盟等活动形式能满足绝大多数体育教师的需求。在这些在线学习平台中，体育教师既是学习者，又是知识的塑造者和提供者，这能够激发其追求学习与反思能力提升的动力，主动参与的意识不断增强，为体育教师获得持续稳定学习与反思的机会提供保障。

三是体育教师应提升鉴别在线学习平台信息真伪的能力。各种与教育、体育相关的 App、公众号等都定期或不定期地推送关于科学健身、体育教学、营养膳食以及运动减肥或增肌等信息。在这些信息中，既有一部分来自于教育、体育相关领域的科研人员以及一线体育教师的研究与实践经验，也有一部分来自于体育爱好者的并未经过验证的经验或者感悟，这就需要体育教师能够鉴别真伪。

（五）灵活调整发展策略，优选发展路径

20 世纪 90 年代，野中郁次郎（Ikujiro Nonaka）提出的知识转换原理为体育教师理解学习与反思的原理提供了依据。诺卡阿（Nnokaa）等人基于野中郁次郎提出的知识转化原理进一步提出了"SECI 知识转化模型"，该模型认为知识转化包括社会化、外化、综合化以及内化 4 种形式[1]。在体育教师学习与反思过程中，发展策略的选择没有固定模式，而是需要及时调整，并注意在学习与反思过程中及时进行知识转换。

一是体育教师要根据知识转化的原理，理解学习与反思能力发展的转化形式。例如，在社会化的学习与反思活动中，最为常见的是"老带新的师徒模式"，如职前体育教师在实习过程中，有经验的在职体育教师为他们传授平时课堂中难以通过书面语言表达的体育教学策略，而职前体育教师通过教学技能的展示过程也能够让在职体育教师发现教学中常见的问题，从而为不同类型体育教师提升学习与反思能力提供机会。在该过程中，双方之间实现了体育教育、运动训练以及课堂管理等微观元素的隐性知识共享。

---

[1] 范良火 . 教师教学知识发展研究 [M]. 上海：华东师范大学出版社，2003.

二是体育教师要学会在学习与反思活动后进行总结，并灵活衔接多个学习与反思活动。斯特菲（Steffy）结合麦基罗（Mezirow）的转化学习理论，认为教师的学习与反思存在阶段性，而阶段的提升与发展是多个批判反思实践、重新定义假设和信念、自我价值得到强化等因素组成的学思活动的螺旋式循环过程。在此过程中，体育教师也可从他人身上学到不同角度、不同情境下的体育教学经验，发掘不同的体育教学目标以及在其他体育教师的激励和鼓舞下提升学习与反思能力发展的动机。那么，每次学习与反思活动的收获都存在特殊性，体育教师应学会将学到的知识、技能、观念进行整合与归类，从而形成系统、科学的学习与反思能力。

三是体育教师要保持学习与反思的持续发展动力，防止产生学思能力发展的高压和倦怠心理。有研究显示，我国超过半数的教师存在职业倦怠问题，而体育教师处于教师群体中的边缘化地位，更有可能存在职业倦怠。体育教师的工资待遇相对来说不高，但面临的工作量与繁琐程度却又不输其他学科教师，同时在体育课程改革背景下社会对"以体育人"的期望越来越高，这使得体育教师越来越成为一种高压的职业。为了防止高压感知和倦怠心理的产生成为体育教师学习与反思能力发展的危机与阻力，体育教师应以个体为中心，灵活调整学习与反思发展策略，包括主动改变压力源、避免高负荷、提升抗压能力以及改变对压力的认知等。

第二节　体育教师学习与反思能力的培养

体育教师是社会网络中的构成个体，其学习与反思能力发展是一项复杂的系统工程。在厘清体育教师学习与反思能力内涵的基础上，更重要的是从实践的角度出发，认清体育教师学习与反思能力培养是全社会的责任，需要依靠体育教师个体和社会各方面的共同努力，才能切实促进体育教师学习与反思能力的发展。

一、体育教师学习与反思能力的现状反思

（一）体育教师对学习与反思能力的感知

体育教师对自身学习与反思能力的定位主要参考的是当前的实际状态与自我认知状态[1]。所谓实际状态，指的是体育教师学习与反思能力发展的实际水平；所谓自我认知状态，指的是体育教师对自身具备的学习与反思能力水平的认知性评价。

当前，体育教师来源、教学环境、能力提升需求、体育教师对自身学习与反思能力发展的信念和期望是影响体育教师学习与反思能力感知的 4 个方面。从体育教师来源来看，体育教师的来源呈现多元化，包括综合院校、师范院校和体育类院校体育教育专业的毕业生，还包括从健身教练、其他学科教师甚至其他行业转行而来的人士。他们由于自身的教育背景和体育经历存在较大差异性，从而对学习与反思能力的感知也存在差异。就教学环境而言，不同专项体育教师平时教学的场所存在较大差异，包括室内运动场和室外运动场，或从功能属性上又有篮球场、足球场、健身房、武术馆等，这导致体育教师学习与反思能力发展所依赖的情境和思维也会存在差异。从能力提升需求来看，体育教师的知识学习相对较为欠缺，同时体育教师又是学校教育中居于从属地位的群体，而学习与反思能力的提升又是专业发展的必经之路，因此需求旺盛。最后，体育教师对自身学习与反思能力发展的信念和期望相对统一，不论是城市还是乡村体育教师，都具备一定的学习与反思能力发展意愿，能够认识到该能力是能通过训练和习惯养成而发展的。

然而，体育教师对学习与反思能力的构成感知和现有水平感知还较为模糊：首先，体育教师对学习与反思能力的具体构成感知不清晰，不同运动专项、教龄、地区、学段的体育教师对学习与反思能力构成维度的认识存在一定差异。据体育教师反映，他们在职前教育和在职培训的过程中较少关注学习与

[1] 尹志华，付凌一，孙铭珠，等.体育教师发展核心素养的结构探索：基于扎根理论的质性研究[J].体育学刊，2022，29（4）：104-111.

反思能力，因而缺乏学习与反思能力发展的机会。再者，相比其他学科教师，体育教师更多地表现为性格活泼开朗、大大咧咧，这种外向的性格大多好动，他们具备冷静反思习惯的可能性相对要低。而高强度训练的压力也使体育教师缺乏精力深入思考何为学习与反思能力。此外，体育教师对自身学习与反思能力水平的定位缺乏客观清晰的认识，导致体育教师比较迷茫，对自身学习与反思能力现有水平究竟处于什么状态不太清晰。

（二）体育教师学习与反思能力发展平台

体育教师学习与反思能力发展平台包括实体平台和虚拟平台两种形式。相对而言，体育教师对实体学习与反思平台的应用时间更长，参与的频率和熟悉程度也较高，因为具有固定的学习时间、地点，还有专家莅临授课或指导，为体育教师学习与反思能力的发展提供了较为系统的知识结构。虽然实体平台在质量上有所保证，但是实际上体育教师大多处于被动完成任务的状态，而非自发进行，因此在学习与反思的成效上很可能存在"过目即忘""学用不一"的问题。因为学校培训为体育教师提供的资源素材相对有限，辐射范围相对狭窄，较难突破地域距离为所有体育教师提供适合的学习与反思内容[1]。例如，除了篮球、足球、武术等学校的常规运动项目以外，实体平台的各类培训为一些新兴运动项目提供的资源较少。因此，体育教师应该更加主动地进行学习与反思，思考如何学习和应用新的资源，而不是被动地成为知识的接受者。

与实体平台相比，互联网能够整合体育教师所需要的各类学习与反思素材，从而提供了更加灵活、宽松的自由学习时间和空间，使得越来越多的体育教师不谋而合地应用社交媒体主导的网络虚拟平台促进自身学习与反思能力的发展[2]。如拉赫马瓦蒂（Rahmawati）发现个人虚拟学习、活动日志个人账号、虚拟话题组织者等线上的主动学习模式能帮助体育教师加深对田径的了解。当前，

---

[1] 曹宇.高等体育院校教师构建 SNS 协作学习平台的实验研究 [J].北京体育大学学报，2014，37（2）：91-95.

[2] 马志强，王刚卷.泛在学习理念在体育教师专业能力提升中的作用分析 [J].当代体育科技，2018，8（14）：232-233.

人们对虚拟学习与反思平台的关注度与参与度越来越高，例如一些社交媒体和视频网站中就存在各种各样的体育知识分享，如鲁伊斯·桑奇斯（Ruiz Sanchis）发现面向奥林匹克格斗运动（柔道、摔跤、击剑、跆拳道和拳击）教师的在线学习促进了其个人知识、专项技能和教师学习共同体认同感等维度的发展。

然而，由于虚拟学习与反思平台的建设还处于初步阶段，面向体育教师的板块较少，因此缺乏针对性。此外，传统媒体向自媒体的变革过程中，由于缺乏严格的审核机制，导致虚拟空间中的学习与反思平台的内容质量也存在较大问题，即体育教师在线上虚拟学习平台中学习的内容可能存在虚假、过时问题，甚至是出于营销目的的诈骗信息。虚拟学习与反思平台建设有别于实体平台，尤其是在学习监督与反馈方面要求学习者自发进行，那么对体育教师的自律品质就提出了更高要求，需要体育教师更加自觉、主动地了解、掌握虚拟学习平台的应用。

（三）体育教师学习与反思共同体的参与

社会互依理论提出，个人主义和以竞争为主的成员关系不仅不利于个体实现目标，也不利于群体发展和组织发展。长期以来，体育教师处于边缘化、孤立化的窘境，学习与反思能力的提升要想取得高效的成就，仅靠单个体育教师的力量显然无法满足，需要依赖体育教师群体力量的整合[1]。

体育教师学习与反思共同体的建设还处于初步阶段，当前已经出现了 3 种类型的共同体：指导型的学习与反思共同体，这主要是由校外体育专家、体育教研员以及体育学科带头人对教师的指导，例如最为典型的就是国培计划；表现型学习与反思共同体，主要是指一系列的体育教学公开课、体育教学成果展示以及课外训练心得汇报等，例如观摩优秀体育教师的课堂、参与体育教学竞赛等；研究型学习与反思共同体，包括体育专题讨论、体育课题研讨。由于体育教师的科研能力相对薄弱，研究型学习与反思共同体相对来说较为少见，以体育教学微观问题为依托的讨论相对较多，而深入理论层面的深度探讨在体育

---

[1] 黄正夫. 教师专业合作的模式及策略研究 [D]. 成都：四川师范大学，2005.

教师中相对较少。

尽管体育教师学习与反思共同体已经得到了部分体育教师的认可与赞赏，并自觉主动地加入到了其中，但实际上体育教师学习与反思共同体的持续发展活动仍旧存在一系列的困难，最主要的困难莫过于学校固有文化的抵制，形式表现为如下几种：第一，来自学校管理结构的阻力。学校中人与人之间的关系不是一个平行的组织结构，而是按照部门与层级来编排，这导致体育教师之间存在管理与被管理的等级关系，相互之间难以形成互惠氛围，从而导致学习与反思共同体的发展受到各自身份的制约。第二，缺乏相应制度的保障。体育教师学习与反思共同体的长效发展依赖于合理的制度规范。而现有的体育教师学习制度大多按照控制、竞争、约束的理念来设计，强调惩罚机制，但却忽视了对体育教师学习与反思共同体发展的激励与支持，那么体育教师就很容易丧失动机，甚至还会产生畏难和逃避心理。第三，缺乏资源支持。体育教师学习与反思共同体的建设不仅需要体育教师内心的支持，更需要实际资源为依托。体育教师举办课堂观摩、专题研讨、读书会甚至体育学术沙龙等活动都需要学校提供实际的学习空间、设备、环境或平台等一切有利于共同体建设的资源。相对其他学科而言，学校体育经费短缺，能够为体育教师提供的人力、物力、财力、时间与空间以及信息等各方面资源都有限，直接阻碍了体育教师学习与反思共同体的建设与发展。

（四）体育教师学习与反思能力发展方式

体育教师属于教师群体中的重要组成部分，因此其学习与反思能力发展方式与其他教师在某些方面具有相似性：第一，以学校教育为依托，体育教师属于学校教育中的重要角色，因此其学习与反思也以学校提供的研修培训为契机，如前所述，学校所提供的研修培训为包含体育教师在内的教师群体提供了较为丰富的学习资源。例如，以信息化为依托的国家智慧教育公共服务平台就为教师提供了"教师研修"建设的部分，还有针对性地上线了体育的板块。学校所能够提供给体育教师的学习与反思资源相对较为系统，为服务体育教师自主学习与反思提供了适宜的方案。不过也由于学校所提供的数字化学习资源还处于初步建设阶段，因而推广与普及力度还有待提升，同时板块内部的功能还处于建设阶段，体育教师对这种新兴学习与反思方式的把握还不够熟练，缺乏相应的教师教育培训课程以及教师评价体系。第二，学习与反思方式相对固化。当前，体育教师的学习与反思方式主要依赖于国培研修、教学观摩、座谈研讨会等形式，尽管体育教师已经对这类方式较为熟练，能够非常迅速地适应这种模式下进行的学习与反思活动，但实际上由于班级授课制和学习反馈机制的固化，可能会导致体育教师容易形成思维定式，从而阻碍了体育教师学习与反思能力发展。例如，体育教师的学习与反思大多针对运动技能强化或教学观念转变，前者常在运动场进行，则很容易使体育教师认为学习与反思只能在运动场中得以实现；后者常常在室内进行，又很容易陷入照本宣科的困境，可见以上两种方式都容易造成体育教师学习与反思能力发展方式而产生固化。

当前，体育教师学习与反思方式的差异性主要体现在：第一，依赖于身体实践。体育学科本身的属性决定了体育教师学习与反思方式不仅是一种内在的心理过程，还需要身体上的习练。即学习与反思不仅是在头脑中的演练，还需要体育教师进一步通过自身的运动实践加以体会。第二，单打独斗的学习形式居多。体育教师在学校中所占的数量相对较少，尤其是在中西部地区学校中，大多数体育教师学习与反思主要采用个人学习的形式，而较少采用合作学习的形式，这对体育教师的学习和交流形成了阻碍。

二、体育教师学习与反思能力培养的策略

（一）加强体育教师学习与反思意识的培养

体育教师如果想要具备学习与反思的能力，首先必须要具备较强的学习与反思意识，可从里到外考虑 4 个层次 [1]：

首先，针对最里层，应激发体育教师内心深处的学习与反思动机，主要

[1] ALEXANDER P A, WINNE P H. Handbook of educational psychology[M]. 2nd.Mahwah，N J.；Lawrence Erlbaum Associates，2006.

是指教师职业身份认同感和学习与反思效能感，这是防止学习与反思倦怠感产生的关键。体育教师不仅要认识到学习与反思能力的重要性，还要从职业身份的角度出发反思以下问题：自己为什么要成为一名体育教师？体育教师肩负何种任务担当？有研究显示，服务学习项目是教师学习与反思能力发展的内在动力，能够最大化地满足教师对隐性知识与技能学习的需要。因此，设计体育教学服务学习项目可用来激发体育教师学习与反思的内在动机。体育教学服务学习项目的框架如果遵循以下 5 点——循序渐进地融入主题、参与教学的情境、赋予教师自主践行权、鼓励同伴间对话协商、强调反思与定期反馈，那么就可以将此框架纳入体育教师学习与反思意识的培养计划中，为具有不同学习与反思能力水平的体育教师提供不同基准的主题课程，鼓励体育教师参与到学习与反思活动的情境中，赋予体育教师将学习与反思的内容在体育教学活动中加以应用的自主权。体育教师通过在活动中积极向同事请教收获了经验与反馈，从而在双向反馈过程中强化学习与反思意识。

其次，针对第二层，是指应培养体育教师在教育教学情境下产生的学习与反思的意识，包括关于学生、体育教学内容以及师生互动或技能展示等方面的学习与反思意识。在体育教学中，体育教师常常需要反思究竟在体育课堂中应该与学生建立良好的师生关系和友善的互动氛围，还是只需要高度关注体育教学的过程即可。例如，体育教师想要姿势优雅地为学生提供运动技能示范与课堂展示，或考虑完整地展现一堂课，就应对学习与反思保持敏觉，既要考虑到学生在体育课堂中的需求变化与互动需要，又要进一步学习与反思如何提升教学本领，及时针对教学中面临的棘手问题进行学习与反思。

再次，针对第三层，考虑国家政策对体育教师学习与反思意识的影响，包括问责制度、体育与健康课程标准变革和健康中国等背景。近年来，世界各国均致力于教师教育标准化，也就是说为体育教师制定出学习制度的统一质量测量标准，从而方便考量和反馈。例如，有研究发现，一个国家所推行的考试政策是否能够得以顺利实施，完全取决于教师如何理解该政策和在教学活动中学习与反思如何学以致用。当前，随着健康中国、体育强国等国家制度建设的不断推进，体育教师应抓住机遇，学习与反思体育教育政策、体育家庭作业制度以及体育中高考等对自身工作的影响，在国家政策的学习过程中提升学习与反思能力。

最后，针对最外层，激发宏观的体育文化和价值观对体育教师学习与反思意识的影响，这包括促进青少年身心健康发展、形成包容性体育课堂文化以及营造整体学校体育氛围等。促进青少年身心健康以师生互动为纽带，而师生互动则需要考虑到青少年文化。据同伴学习理论，年龄相仿者之间比长辈之间更容易产生信任关系，在体育学习与反思中体现为运动基础、运动兴趣以及体育价值观相近的个体更容易拉近距离。因此，体育教师若想提升最外层的体育文化与价值观的学习与反思能力，就需要主动加强对当代青少年体育文化、运动兴趣以及交往方式等方面的学习与反思。此外，体育教师还需要对体育教学、运动训练以及体育竞赛等具体情境中学生的个体差异进行学习与反思，包括身体素质、运动基础、性别与年龄、家庭体育锻炼习惯等，从而为青少年身心健康发展提供个性指导。

（二）搭建体育教师学习与反思的平台

如前所述，体育教师学习与反思能力的发展离不开平台的依托，包括实体平台和虚拟平台。体育教师学习与反思的平台应与时俱进，随着互联网时代的普及化，虚拟平台的建设受到越来越多的关注。

一是通过虚拟平台强化体育教师学习与反思所需的内容资源，包括内容资源的整合和内容资源质量的审核。从虚拟平台建设的角度出发，针对虚拟平台中大数据资源的杂乱无章，平台建设者应对当前互联网中的体育学习与反思能力发展的相应资源进行归类整理，将现有资源进行"贴标签"式处理，为体育教师筛选合适的学习与反思资源，帮助体育教师节约时间和精力以提升效率。体育教师自身应注意在虚拟平台中积极地进行分享与交流，充实虚拟平台中的内容资源，将体育教师个人的学习与反思成果转换为体育教师群体的学习与反思成果，从而最大化地发展体育教师整体的学习与反思能力。而内容资源质量的审核则需要从平台方出发，鼓励优秀的体育教师、体育学科专家、体育教研员，甚至是生理学、心理学、教育学等不同学科的专家参与虚拟平台的内容审核，共同为体育教师学习与反思的虚拟平台建设做出贡献。而体育教师则需要主动地参与到学习与反思的过程中，时刻保持信息甄别的意识，以批判性思维看待虚拟平台中的内容。

二是利用虚拟平台整合体育教师学习与反思所需的制度保障。摒弃过去传统观念的约束、控制以及惩罚制度思维，防止将体育教师应用虚拟平台进行学习与反思变成一种形式化任务。由于虚拟平台的应用还未上升到体育教师的责任范围，而是一种自主选择，因此对那些不积极主动地应用虚拟平台的体育教师应当采取鼓励措施，例如将虚拟平台的应用纳入到体育教师考核评价的体系中，成为绩效考核的指标之一。另外，对那些不熟悉信息技术应用方法的体育教师（主要是那些教学经验丰富的老教师），各方应为他们提供相应的技术支持，通过"结对子"措施将青年体育教师和中老年体育教师联合起来，利用青年体育教师对虚拟平台的熟悉程度，为中老年体育教师提供学习与反思的线上指导；利用中老年体育教师认真负责的工作态度，为体育教师虚拟平台的持久应用提供模范榜样，防止青年体育教师由于缺乏监管而难以形成虚拟平台应用的习惯。

近年来，我国已经建立了"国家智慧教育公共服务平台""学习强国""超星学习通""慕课MOOC""微信订阅号""UMU""世界大学城""Moodle""中国教师教育视频网"等虚拟平台，体育教师应充分发挥这些虚拟平台在学习与反思中的作用。以国家智慧教育公共服务平台为例，平台二期已经上线了大量的体育、美育课程和劳动教育资源，为体育教师学习与反思提供了充足资源。那么，体育教师就应抓住应用国家智慧教育公共服务平台的学习机会，尤其是其中与体育教师学习与反思能力发展息息相关的"教师研修""体育教育"板块。体育教师应积极主动地利用该平台加强对体育课程、运动技能、体育竞赛以及健康服务等的学习与反思，尤其要关注对体育板块中一贯强调的"健康知识＋基本运动技能＋专项运动技能"的学校体育教学模式的学习与反思。

总之，体育教师实体平台的发展仍应继续维持，同时更需要进一步加强虚拟平台的建设，虚拟平台中的学习与反思不仅应是体育教师自发、主动的行为，还需要参照实体平台的成熟体系，让多元主体加入到学习与反思虚拟平台建设中，为体育教师学习与反思能力的发展提供制度保障、内容保障以及技术保障等。

（三）构建体育教师学习与反思共同体

当下，个体若期望实现高效地学习与反思，仅仅依靠自身的力量难以达成，而需要加强体育教师群体间的合作与交流，才能又快、又好地获得经验。体育教师学习与反思共同体的要素包括：形成领导核心、打造共同目标、发展管理策略、激发沟通交流、提升社交技能[1]。

领导核心是共同体形成的组织与管理系统，共同体中的领导核心并非学校体育中的行政科层结构，而是需要那些具有奉献精神的个体进行组织和领导，这可以为体育教师学习与反思能力的发展提供保障。例如，设立学习与反思共同体理事长和副理事长，体育组长和教研员起好带头作用，通过与体育教师互动，为体育教师提供学习与反思的精神支柱，同时行使监督职能。同时，领导者自身应具备较高水平的学习与反思能力，才能为体育教师学习与反思能力的发展提供指引方向。

共同体成员形成的共同目标是体育教师学习与反思能力发展的坚实基础，即体育教师群体都期望能够通过系列学习与反思活动促进自身能力的发展，达成共同反思、资源共享、合作共赢的理念，但目标过大、过远则会让学习与反思基础还不牢固的体育教师感到为难和迷茫。基于此，需要将共同目标进一步细化，考虑体育教师学习与反思中存在的现实共性问题，如针对科研短板和跨学科思维短板，应当筑牢体育科研与跨学科思维学习与反思共同体的建设，夯实一线体育教师的反思理论功底。此外，还需注意学习目标的一致并不意味着学习与反思模式的统一化，共同体内部成员之间的分组也应该尽量体现跨专项、跨地区、跨学段的特征，从而打造异质性的体育教师学习与反思共同体。

管理策略是体育教师学习与反思能力发展的有力保障，而管理最终是为了实现自治。尤其是当前体育教师学习与反思能力发展可利用的资源相对有限，体育教师应更加积极主动地谋求机会，不仅是从学习与反思的内容资源上着手，还应开拓思维，以开放、包容的眼光鼓励内部成员共同加入学习与反思共

---

[1] 邓涛.教师专业合作的理论与实践研究[D].长春：东北师范大学，2008.

同体的管理。因此，激发成员的自主性就自然成为促进体育教师学习与反思能力发展的基本前提。

沟通交流是体育教师学习与反思能力发展的重要途径，体育教师通过相互交流学习与反思的经验，能够纠正自身存在的主观偏差，同时沟通交流也是一种维系学习与反思活动的信念纽带。这就要求打通体育教师之间的沟通壁垒，建立融洽、和谐、平等、包容的互动合作氛围，弱化成员间的科层等级关系，加强体育教师学习与反思共同体内部不同身份成员的互惠性；在学习与反思成效检验与评估方面，应防止以功利的方式激发体育教师学习与反思的内在动机，而需要利用信息化平台的大数据来提升评估学习与反思共同体的效率。

（四）重视体育教师学习与反思方式的多元化

学校或教育行政部门应注重体育教师学习与反思方式的多元化，除了将实体平台与虚拟平台相结合，还应从以往"自上而下"向"自上而下"与"自下而上"相结合的学习与反思方式转型，从单向传导向单向传导与多向互动相结合的学习与反思方式转型。

一是"自上而下"与"自下而上"相结合的学习与反思方式。"自上而下"的学习与反思形式是以学校或教育行政部门为主体，通过直接安排的方式进行学习和反思，如通过校内师徒结对帮扶、专家引领等形式进行。"自上而下"的学习与反思形式存在规范化、全程化、细节化的优点，但主要不是从体育教师的内在需求出发，因而在针对性方面有待提升。因此，体育教师应认识到仅仅参加"自上而下"的学习与反思培训活动还不够，更应该根据自身学习与反思的需要，"自下而上"地探索其他适配的策略与方式。例如，针对国家智慧教育公共服务平台中"健康服务"板块的学习与反思需求，体育教师不仅要根据上级的要求观看运动急救、健康方式养成、传染病防控等相关视频，学习"心理健康"咨询与服务内容，更要积极反思自身存在的知识缺漏，记录观看视频的过程中遇到的体育与健康学习的难点和疑点，然后通过社交媒体、体育学科专家或相关领域专家等多方面、多渠道、多途径地搜索相关资料，实现两种不同方式的结合。

二是单向传导与多向互动相结合的学习与反思方式。所谓"单向传导"，主要是学校与体育教师之间管理与被管理的关系，专家团队与体育教师之间辅导与被辅导的关系。但仅靠单向传导的方式会产生对体育教师学习与反思的过程性评价关注不足的问题。为此，基于"学习者中心"与"学习与反思能力发展的动态性"观念，还需要在体育教师学习与反思过程中开展多向互动结合的学习与反思形式。例如，佛朗哥·索拉（Franco Sola）教授鼓励拉蒙鲁尔大学的体育教师通过共享互动的方式进行学习与反思活动，教会体育教师应摒弃竞争思维和功利主义思维，形成对学习与反思能力发展的大格局，从而实现以体育教师整体学习与反思能力的提升来倒逼体育教师个体学习与反思能力的提升。该项目持续了5年之久，取得了明显成效。而安·麦克菲尔（Ann MacPhail）教授在服务学习计划中，不仅设置了体育教师学习与反思能力发展的领导，还为导师和体育教师学习者的对话创造了大量空间，特别关注体育教师之间服务学习伙伴关系（service-learning partnership，SLP）建立和每周的反思。通过双方讨论教育教学热点问题，并在课程中为体育教师学习者创造用于学习与反思互动的足够空间和时间，有效促进了体育教师学习与反思能力的发展。

主要参考文献

[1] 埃利亚斯，门内尔，古德斯布洛姆.论文明、权力与知识——诺贝特·埃利亚斯文选 [M].刘佳林，译.南京：南京大学出版社，2005.

[2] 安桂清，方明生.儿童学视角下教师教育课程的创新 [J].教育发展研究，2015，33（2）：19–25.

[3] 安相丞，陈蓉晖.问责视角下我国师德失范问题处理现状的质性分析与提升策略研究——基于387个师德失范问题通报案例 [J].江苏大学学报（社会科学版），2022，24（4）：92–103.

[4] 常海洋，杜静.新时代教师专业知识建构的理性审思 [J].中国教育科学（中英文），2019（6）：130–136.

[5] 车锦途.贝斯特之后体育与艺术关系研究评述 [D].济南：山东师范大学，2015.

[6] 崔乐泉，陈沫.基于体育教育视角的中华优秀传统文化研究 [J].北京体育大学学报，2020，43（2）：35–44.

[7] 崔允漷，张紫红，郭洪瑞.溯源与解读：学科实践即学习方式变革的新方向 [J].教育研究，2021，42（12）：55–63.

[8] 邓涛.教师专业合作的理论与实践研究 [D].长春：东北师范大学，2008.

[9] 杜高山，王欢，韩春利.从远古到现代体育艺术的形式逻辑与艺术限度考察 [J].体育学刊，2019，26（5）：44–48.

[10] 杜志强.领悟课程研究 [D].重庆：西南大学，2006.

[11] 段碧花.教师职业认同：内涵与结构 [J].智库时代，2020（16）：255–257.

[12] 范良火. 教师教学知识发展研究 [M]. 上海：华东师范大学出版社，2003.

[13] 方曙光. 关于体育教师社会地位的反思 [J]. 体育文化导刊，2017（3）：143–146.

[14] 冯博. 网络新闻标题的失范现象及其规避路径 [J]. 传媒，2019（9）：89–91.

[15] 付凌一，孙铭珠，尹志华. 体育教师发展核心素养构建的缘起与现实意义 [J]. 运动精品，2019，38（4）：11–14.

[16] 戈夫曼. 污名：受损身份管理札记 [M]. 宋立宏，译. 北京：商务印书馆，2009.

[17] 郭戈. 教材是个专业，也是门学问 [J]. 中小学教材教学，2020（10）：1.

[18] 韩叙. 基于校级名师工作室的青年中学化学教师教研能力发展研究 [D]. 武汉：华中师范大学，2021.

[19] 核心素养研究课题组. 中国学生发展核心素养 [J]. 中国教育学刊，2016，37（10）：1–3.

[20] 胡敏中. 论认同与信任 [J]. 首都师范大学学报（社会科学版），2022（3）：53–60.

[21] 黄文武，戴雨婷. 专业发展视域下教师人文素养提升的路径 [J]. 教学与管理，2019（18）：65–67.

[22] 黄正夫. 教师专业合作的模式及策略研究 [D]. 成都：四川师范大学，2005.

[23] 季浏，钟秉枢. 义务教育体育与健康课程标准（2022 年版）解读 [M]. 北京：高等教育出版社，2022.

[24] 季浏. 坚持"三个导向"的义务教育体育与健康课程标准（2022 年版）解析 [J]. 体育学刊，2022，29（3）：1–7.

[25] 季浏. 使命与光荣：我国基础教育阶段体育与健康课程改革 20 年回顾 [J]. 首都体育学院学报，2021，33（6）：581–587.

[26] 季浏. 中国健康体育课程模式的思考与构建 [J]. 北京体育大学学报，2015，38（9）：72–80.

[27] 贾积有，颜泽忠，张志永，等. 人工智能赋能基础教育的路径与实践 [J].

数字教育，2020，6（1）：1-8.

[28] 解猛，朱朋.角色理论视域下体育教师污名化归因研究 [J].辽宁体育科技，2021，43（3）：81-86.

[29] 荆雯，李洋，安丽娜，等.刻板印象视域下体育人形象的分析 [J].体育学刊，2017，24（1）：71-75.

[30] 孔庆玲.体育教师师德师风失范事件负面清单构建与应对策略研究 [D].上海：华东师范大学，2022.

[31] 李秉德.教学论 [M].北京：人民教育出版社，2001.

[32] 李梅敬.理论层次视域中的马克思道德思想 [M].上海：上海社会科学院出版社，2019.

[33] 李琼，周敬天.教师如何理解研究：来自教育实践者的声音 [J].教育科学研究，2022（8）：85-92.

[34] 梁凤华.教师职业认同研究综述 [J].当代教育理论与实践，2021，13（1）：138-144.

[35] 林崇德.构建中国化的学生发展核心素养 [J].北京师范大学学报（社会科学版），2017（1）：66-73.

[36] 刘春燕，侯京卫.论"体育品德"核心素养 [C]// 中国体育科学学会.第十一届全国体育科学大会论文摘要汇编.北京：[出版者不详]，2019：3064-3066.

[37] 刘聪，高嵘，屈国锋.品格教育视域下青少年体育品德教育的困境与发展 [C]// 中国体育科学学会.第十二届全国体育科学大会论文摘要汇编——专题报告（学校体育分会）.北京：[出版者不详]，2022：220-222.

[38] 刘皓晖，尹志华，孟涵，等.基于美国国家课程标准的体育素养评价指标体系内容、特点及启示 [J].成都体育学院学报，2022，48（4）：84-90.

[39] 刘建豪.我国职业观的历史嬗变及其对职业教育发展的影响 [D].金华：浙江师范大学，2016.

[40] 刘良华.课程改革与校本教研的三个方向 [J].全球教育展望，2022，51（5）：117-128.

[41] 刘武军，刘晨．智慧文明视域下高校体育教师专业素养提升路径的多元研究 [J]．体育科技文献通报，2018，26（11）：53-56.

[42] 刘妍，马晓英，刘坚，等．文化理解与传承素养：21 世纪核心素养 5C 模型之一 [J]．华东师范大学学报（教育科学版），2020，38（2）：29-44.

[43] 刘义兵，汪安冉．乡村教师队伍建设高质量发展：逻辑理路、体系契机与发展路向——基于"输入—输出"一体化视角 [J]．现代教育管理，2022（4）：73-82.

[44] 卢元镇．体育人文社会科学概论高级教程 [M]．北京：高等教育出版社，2003.

[45] 陆道坤，张芬芬．论教师专业道德——从概念界定到特征分析 [J]．教师教育研究，2016，28（3）：7-12.

[46] 伦斯基．权力与特权：社会分层的理论 [M]．关信平，陈宗显，谢晋宇，译．杭州：浙江人民出版社，1988.

[47] 马志强，王刚卷．泛在学习理念在体育教师专业能力提升中的作用分析 [J]．当代体育科技，2018，8（14）：232-233.

[48] 孟庆男．基于核心素养的科学精神教育 [J]．思想政治课教学，2019（6）：11-15.

[49] 潘建芬．我国体育教师称谓的历史演变研究 [J]．体育文化导刊，2016（2）：189-192.

[50] 潘凌云，赵震．体育与健康课程政策执行中的"上下互动"问题省思 [J]．吉林体育学院学报，2021，37（5）：6-13.

[51] 饶从满．美国"素养本位教师教育"运动再探——以教师素养的界定与选择为中心 [J]．外国教育研究，2020，47（7）：3-17.

[52] 尚力沛．国外体育教师能力研究新取向：核心素养的视角 [J]．南京体育学院学报，2020，19（10）：62-67.

[53] 沈光银，尹弘飚．从"离身"到"具身"：道德教育的应然转向 [J]．全球教育展望，2022，51（2）：25-38.

[54] 舒宗礼，王华倬．教育生命视阈下的体育教师专业发展的现实状态及未来

愿景 [J]. 北京体育大学学报，2018，41（12）：91–98.

[55] 宋增伟，邓陈缘. 制度化人与人化制度：马克思主义人学制度观 [J]. 社会科学论坛，2022（2）：33–41.

[56] 孙福海. 关于教师学习的理论与调查研究 [D]. 广州：华南师范大学，2005.

[57] 孙立. 体育应用人工智能的价值、困境与对策研究——李世石完败于 AlphaGo 的启示 [J]. 南京体育学院学报（社会科学版），2017，31（5）：98–101.

[58] 孙铭珠，尹志华. 基于教师专业标准的职前体育教师教育改革价值与推进策略 [J]. 体育师友，2022，45（2）：56–59.

[59] 汪晓赞，尹志华，李有强，等. 国际视域下当代体育课程模式的发展向度与脉络解析 [J]. 体育科学，2014，34（11）：3–15.

[60] 王会会，薛奥传，黄涛. 学生运动能力发展要点与有效实施的策略研究 [J]. 青少年体育，2021（9）：111–113.

[61] 王美君，顾銮斋. 论国际视野中的教师核心素养 [J]. 天津师范大学学报（社会科学版），2018（1）：44–50.

[62] 王泉泉，刘霞，莫雷，等. 中小学生人文素养的内涵与表现水平研究 [J]. 北京师范大学学报（社会科学版），2022（1）：46–54.

[63] 王晓鹏. 探究高中生物教学中培养学生理性思维的策略 [J]. 数理化解题研究，2022（24）：128–130.

[64] 王艳. 我国教师责任实现的影响因素及现实对策研究 [D]. 长春：东北师范大学，2008.

[65] 王艳玲，胡惠闵. 从三级到五级：我国基础教育教研制度建设的进展与问题 [J]. 全球教育展望，2020，49（12）：66–77.

[66] 王艳玲，胡惠闵. 基础教育教研工作转型：理念倡导与实践创新 [J]. 全球教育展望，2019，48（12）：31–41.

[67] 谢晨，尹弘飚. 教师视角下教研工作质量与发展均衡程度的省际比较 [J]. 华东师范大学学报（教育科学版），2021，39（5）：55–67.

[68] 熊川武.反思性教学[M].上海：华东师范大学出版社，1999.

[69] 徐悦，尹志华.社交媒体应用时代体育教师专业发展面临的挑战、机遇与抉择[J].体育成人教育学刊，2021，37（6）：52-60.

[70] 徐正旭，龚正伟.当代我国体育教师"污名化"现象分析[J].体育学刊，2018，25（5）：89-94.

[71] 杨丹丹.亲和力：道德与法治课堂教学的气质——以"尊重他人"为例[J].中学政治教学参考，2020（24）：39-40.

[72] 杨志成.核心素养的本质追问与实践探析[J].教育研究，2017，38（7）：14-20.

[73] 叶澜，白益民，王枏，等.教师角色与教师发展新探[M].北京：教育科学出版社，2001.

[74] 尹金萍，李兆元.新时代我国竞技体育伦理与道德异化的哲学阐释和实践扬弃[J].广西社会科学，2020（4）：100-104.

[75] 尹志华，付凌一，孙铭珠，等.体育教师发展核心素养的结构探索：基于扎根理论的质性研究[J].体育学刊，2022，29（4）：104-111.

[76] 尹志华，贾于宁，孙铭珠，等.新型冠状病毒肺炎疫情下我国高校体育教育专业建设的挑战与治理策略[J].北京体育大学学报，2020，43（3）：142-148.

[77] 尹志华，贾于宁，叶静雯，等.成为"社会人"：体育教师社会化的探索与思考——美国普渡大学 Thomas Templin 教授和阿拉巴马大学 K.Andrew Richards 教授跨代际学术访谈录[J].体育与科学，2019，40（1）：18-27.

[78] 尹志华，刘皓晖，侯士瑞，等.核心素养时代体育教师专业发展的挑战与应对——基于《义务教育体育与健康课程标准（2022 年版）》的分析[J].体育教育学刊，2022，38（4）：1-9.

[79] 尹志华，刘皓晖，孙铭珠.核心素养下《义务教育体育与健康课程标准》2022 与 2011 年版比较分析[J].天津体育学院学报，2022，37（4）：395-402.

[80] 尹志华，毛丽红，孙铭珠，等.20 世纪晚期社会学视域下体育教师研究

的热点综述与启示 [J]. 北京体育大学学报，2014，37（5）：98–105.

[81] 尹志华，孙铭珠，孟涵，等. 新时代核心素养导向体育课程改革的缘由、需求机理与推进策略 [J]. 沈阳体育学院学报，2022，41（4）：22–28.

[82] 尹志华，孙铭珠. 论体育教师专业发展的逻辑起点与终极追求 [J]. 体育成人教育学刊，2016，32（2）：87–91.

[83] 尹志华，田恒行. 新时代体育教师应具备的核心素养与提升策略 [J]. 中国学校体育，2020，39（7）：33–36.

[84] 尹志华，张古月，孙铭珠. 关照健康：重大疫情下体育与健康课程面临的挑战、责任和未来转向 [J]. 体育成人教育学刊，2020，36（2）：20–25.

[85] 尹志华. 基于国家课程标准的线上体育课程设计要点解析 [J]. 中国学校体育，2020，39（3）：8–10.

[86] 尹志华. 论核心素养下体育品格与体育品德的关系 [J]. 体育教学，2019，39（12）：4–7.

[87] 尹志华. 论运动能力、健康行为和体育品德三个方面学科核心素养的关系 [J]. 体育教学，2019，39（1）：13–16.

[88] 尹志华. 体育教师发展核心素养研究 [M]. 上海：华东师范大学出版社，2022.

[89] 尹志华. 体育学科核心素养的解构与阐释 [M]. 上海：华东师范大学出版社，2021.

[90] 于素梅. 一体化体育课程内容体系的建构 [J]. 体育学刊，2019，26（4）：16–21.

[91] 余晓东. 耦合、困境与出路：具身德育嵌入体育品德教育的思考 [J]. 体育视野，2022（4）：13–15.

[92] 张爱莲. 职前小学教师人文素养教育：困境与突破 [J]. 当代教育科学，2019（11）：76–81.

[93] 张大力. 中学体育教师教学中非理性行为研究——以太原市为例 [D]. 太原：山西大学，2006.

[94] 张敏. 教师学习的理论与实证研究 [M]. 杭州：浙江大学出版社，2008.

[95] 张远秀 . 提高公众科学素养的路径研究 [D]. 西安：长安大学，2012.

[96] 张志斌 . 体育教师污名化的成因、逻辑与自我救赎 [J]. 体育与科学，2020，41（3）：66-71.

[97] 张中印，马凌波，尹志华 . 指向核心素养的体育教学设计：理论与路径、问题与策略 [J]. 北京体育大学学报，2022，45（3）：58-68.

[98] 赵洪波，王祖冬，都晓娟 . 具身德育视域下的体育课堂教学设计研究 [J]. 教学与管理，2022（18）：97-99.

[99] 赵钟泉 . 体育与艺术：身体美学下的审美体验 [J]. 武汉体育学院学报，2022，56（7）：22-30.

[100] 中央教育科学研究所，厦门大学 . 杨贤江教育文集 [M]. 北京：教育科学出版社，1982.

[101] 钟启泉 . 基于核心素养的课程发展：挑战与课题 [J]. 全球教育展望，2016，45（1）：3-25.

[102] 周斌，赵继琛 . 青少年人文素养培育 [J]. 中学政治教学参考，2019（36）：1，4.

[103] 周济 . 爱与责任——师德之魂 [J]. 人民教育，2005（8）：2-3.

[104] 朱萍，张立亚，刘德周 . 教研教改成果应用于教学的路径探索 [J]. 中国高等医学教育，2022（2）：65-66.

[105] 朱伟文，宫新荷 . 高等工程教育教师专业能力可持续发展的思考 [J]. 高教发展与评估，2020，36（5）：68-76.

[106] 朱小蔓 . 关注心灵成长的教育：道德与情感教育的哲思 [M]. 北京：北京师范大学出版社，2012.

[107] 朱智贤 . 心理学大辞典 [M]. 北京：北京师范大学出版社，1989.

[108] 祝怀新 . 封闭与开放——教师教育政策研究 [M]. 杭州：浙江教育出版社，2007.

[109] ALEXANDER P A, WINNE P H. Handbook of educational psychology[M]. 2nd.Mahwah，N J.：Lawrence Erlbaum Associates，2006.

[110] COOMBE C，VAFADAR H，MOHEBBI H. Language assessment literacy:

what do we need to learn，unlearn，and relearn?[J]. Language testing in Asia，2020，10（3）：1−16.

[111] HANDAL G, LAUVAS P. Promoting reflective teaching：supervision in practice[M]. Milton Knynes，UK：Open University Press，1987.

[112] MAJOKO T. Teacher key competencies for inclusive education： tapping pragmatic realities of zimbabwean special needs education teachers[J]. SAGE open，2019，9（1）：2158244018823455.

[113] RINK J. Designing the physical education curriculum： promoting active lifestyles[M]. New York，NY：McGraw Hill−Higher Education，2007.

后记

　　毫不夸张地说，《培根铸魂——体育教师核心素养的内涵与培养》一书得以顺利完成并出版，完全是因为多种"缘分"所致。这些"缘分"既是我个人长期关注和研究核心素养的必然结果，也有一些偶然的促成因素。

　　缘分之一，对核心素养的长期关注。本人的研究领域主要聚焦于体育教师教育、体育课程与教学。在读硕士和博士以及工作后的早几年，我更多地关注体育教师专业标准、体育教师社会化、体育教师培养等议题，并在这一领域发表了不少成果。后来，随着2014年我国启动新一轮的基础教育课程改革，核心素养成为关键词。我个人也有幸在华东师范大学季浏教授和汪晓赞教授的提携下，全程参与了教育部《普通高中体育与健康课程标准（2017年版）》和部分参与了《义务教育体育与健康课程标准（2022年版）》的修订工作，因而对核心素养给予了更多的关注。核心素养更多聚焦于课程与教学，而我本人又有长期的体育教师研究经验，因而我在有意识和无意识之中就将核心素养和体育教师联系在一起。基于此，近几年我先后主持了3个有关核心素养的国家社科基金项目，即2016年度国家社会科学基金青年项目"体育教师发展核心素养研究"（16CTY013）、2021年度国家社会科学基金后期资助一般项目"体育素养国际比较研究"（21FTYB006）和2023年度国家社会科学基金后期资助重点项目"基于核心素养的体育与健康跨学科主题学习研究"（23FTYA004）。在此基础上，我又先后出版了3本有关核心素养的著作，即《体育学科核心素养的解构与阐释》（华东师范大学出版社，2021年）、《体育教师发展核心素养研究》（华东师范大学出版社，2022年）和《体育素养国际比较研究》（华东师范大学出版社，2024年）。也因为此，我与核心素养结下了不解之缘，而完成本书则成为我在学术研究的传承方面顺理成章之事。

缘分之二，与研究团队的共同旨趣。参与本书编写的除了上海工程技术大学体育教学部的孙铭珠副教授和种静萍两位老师之外，其他均为本人研究团队的硕士生。我于 2018 年开始独立指导研究生，全日制和在职研究生加在一起人数不少。他们在入学之后，对研究的关注和毕业论文选题，均以课程改革的新思想、新理念和新方法为核心而展开。为了尽可能将研究生拧成一股绳，获得有一定影响力的研究成果，我确立了以专题为中心的研究生培养思路，期望通过研究专题的形式形成共同的研究旨趣，以避免"东一榔头西一棒槌"似的分散式研究。而本书的撰写就是确立的研究专题之一，一部分研究生深度参与了写作，他们在参与撰写本书过程中的成长是显而易见的，也让我感到很欣慰。比如，田恒行同学是 2019 级体育教学专业硕士生，后来于 2021 年考入北京体育大学体育教育训练学专业攻读博士学位；孟涵同学是 2019 级体育人文社会学专业硕士生，后来于 2022 年考入上海交通大学公共管理专业攻读博士学位；徐悦同学是 2020 级体育教学专业硕士生，后来于 2022 年考入爱尔兰利莫瑞克大学（University of Limerick）攻读体育教师教育专业博士学位；刘皓晖同学是 2021 级体育人文社会学专业硕士生，后来于 2024 年考入清华大学体育人文社会学专业攻读博士学位；徐丽萍同学是 2021 级体育人文社会学专业硕士生，后来于 2024 年考入上海体育大学体育管理专业攻读博士学位；陈莉林同学是 2021 级体育教学专业硕士生，后来于 2024 年考入华中师范大学体育教育训练学专业攻读博士学位。而未升学已毕业直接参加工作的张古月、万雪、田越、黄帅、贾晨昱、刘嘉欣等同学，也在工作或者学习方面获得了长足的进步，很好地展示了他们的优秀。与研究团队成员之间的共同成长，也是促使本书完成和出版的重要原因。

缘分之三，与北京体育大学出版社赵海宁老师的结识。如果说前两个缘分只是基础条件，那么第三个缘分则是最直接的因素。2019 年 11 月初，在南京大学参加第十一届全国体育科学大会期间，一次非常偶然聚餐的机会结识了北京体育大学出版社的赵海宁老师，因而相互留下了联系方式，之后与赵老师也保持一些联系。在此期间，赵老师多次谈及北京体育大学出版社想组织编写一批高质量的著作，并询问我是否有参与意愿。我感到诚惶诚恐，因为深知自己的学术水平离高质量相去甚远。但赵老师多次鼓励，所以我鼓起勇气将《培根铸魂——体育教师核心素养的内涵与培养》一书上报，因而这本书的选题最终作为"迈向体育强国之路：中国体育改革与创新发展研究文丛"的构成部分，成功入选国家新闻出版署发布的《"十四五"时期国家重点图书、音像、电子出版物出版专项规划》和国家出版基金项目。北京体育大学出版社团队的工作极其高效，而赵海宁老师平易近人、干练、思维开阔的工作作风也给我们留下了深刻的印象。

除了以上三个"缘分"之外，本书的出版也还需要感谢很多人：首先，要感谢季浏教授和汪晓赞教授两位领导为我提供进入核心素养研究领域的机会。在参与国家课程标准修订的过程中，北京体育大学田麦久教授、首都体育学院钟秉枢教授、北京体育大学杨桦教授、武汉体育学院吕万刚教授、华南师范大学谭华教授、人民教育出版社耿培新编审、扬州大学潘绍伟教授、北京师范大学毛振明教授、广东省教育研究院庄弼教授、天津市滨海新区汉沽第一中学正高级教师张金生老师等也给我提供了很多启发。首都体育学院章柳云老师在核心素养研究方面也提供了很多关心和帮助。我的博士后合作导师，清华大学体育部主任刘波教授和125研究团队的郭振副教授也给予了很多支持！

作为一名青年学者，能在学术研究道路上得到各位前辈、同行的这么多帮助与支持是幸运的，虽然开展研究工作是极其"孤独"和"寂寞"的进程，但人生又何尝不是一个深度体会生命复杂性的过程呢。感谢我的父母、岳父岳母和爱人对我的理解和宽容，没有他们的无私支持，恐怕要困难许多。这本书也同样完成于我的儿子尹茂煊学涯初启之时，这是送给他的成长礼物。

最后，本书顺利出版，衷心感谢北京体育大学出版社李光源编辑的辛勤工作！

尹志华

2024 年 5 月

于华东师范大学闵行校区